JN439819

명주목도리

명주목도리

김 중 양 지음

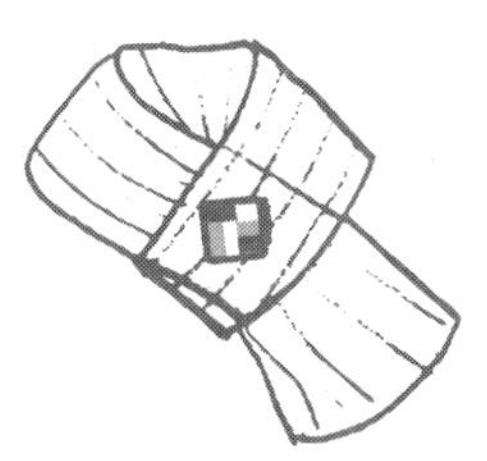

법우사

책을 내면서

지나간 것은 모두 아름답게 비치는 법이다. 실연(失戀)으로 쓰라린 가슴을 움켜쥐고 눈물을 흘렸을지라도 그것은 아름답다. 청춘의 불타는 정열이 있었기 때문이다. 사업에 실패하고 달을 쳐다보며 한숨을 내쉬더라도 그 모습 역시 아름답다. 일에 대한 집념과 투혼이 있었기 때문이다. 이렇듯 지나간 것은 긴 인생행로에서 보면 모두 아름답다.

기쁨과 슬픔도 지내놓고 보면 별개의 것이 아니라는 생각이 든다. 기쁨이 슬픔으로 되고, 슬픔이 기쁨으로 전환되는 것과 같다. 기쁨이 다하면 슬픔이 오고(興盡悲來), 고통 끝에 낙이 오게 된다(苦盡甘來). 이로보면 잘 되었다고 기뻐할 것도 아니고, 또 무엇이 잘못 되었다고 해서 낙담할 것도 아니다.

사람들은 살아가면서 누구나 실수를 하게 마련이다. 이러한 실수는 고의적이라기보다는 부주의해서 일어난다. 저지른 실수를 계속 곱씹는 사람인 가의 여부에 따라 인생이 달라진다.

과거에 누군가가 나에게 나쁜 말이나 행동을 했다 하더라도, 그건 그 사람 자신이 그러한 언행이 잘못된 것이라는 사실을 깨닫지 못한 채, 흥분상태에서 저질렀을 가능성이 크다. 어떤 경우에는 내 자신이 그러한 행동을 유발케 했는지도 모른다.

마음먹기에 따라 원한이나 후회, 분노는 훌훌 털어버릴 수 있다. 지난 일은 지난 일일 뿐이다. 그냥 강물이 흘러가듯이 기억 속에서 흘려버려야 한다.

물론 누구에게나 '나쁜 기억'과 '쓰라린 상처'는 있다. 하지만 인생의 성공인이 되기 위하여는 '나쁜 기억'은 털어내야 한다. 그리고 그 나쁜 기억 속에서 긍정적인 면을 찾아내 그것을 오히려 나의 인격을 발전시킬 수 있는 원동력으로 삼아야 한다.

오직 앞으로 나아갈 뿐이다. 지난 일을 훌훌 털어버리고 새로운 마음으로 미래를 열어가야 한다. 세월의 흐름에 따라 인생의 빛깔을 생각하게 된다. 어느덧 새해가 밝았다.

2022. 1.

목차

제 1 부 지난 것은 모두 아름다워라

꽃의 향연(饗宴) ······13
기분 좋은 날 ······16
단장(斷腸)의 세월 ······20
10년 회상 ······23
노전암(爐殿庵) 가는 길 ······27
선릉단상(宣陵斷想) ······32
개성을 둘러보며 ······36
명주목도리 ······42
모정만리(母情萬里) ······48
남산 길을 걸으며 ······51
두만강 푸른 물에 ······54
정(情) ······60
플랫폼에 서서 ······65
원상회복 ······67

제 2 부 산은 구름을 탓하지 않는다

금수저 흙수저 ······77
극빈(極貧)의 시절 ······80
삼천배 고행 ······83
삼사순례(三寺巡禮) ······90
자기를 이기는 자가 강한 사람이다 ······97

미운사람 사랑하기 ······100
고개를 숙이면 부딪치는 일이 없다 ······102
여유 있는 사람이 승리한다 ······104
성공한 사람들의 공통점 ······106
액 땜 ······108
인생의 지혜 ······113
산은 구름을 탓하지 않는다 ······116
자연대로 살리라 ······121

제 3 부 인생은 한번 뿐인 것을

상대방 인정(認定)하기 ······127
사랑은 주는 것 ······130
사람다운 사람 ······133
버리기 ······135
인생무상(人生無常) ······138
장수하는 사람들의 특징 ······141
누구나 한 가지 재주는 있다 ······144
내가 바둑을 즐기는 이유 ······147
군자삼락(君子三樂) ······151
주례이야기 ······153
감당(甘棠)나무 ······157
수덕사(修德寺)의 종소리 울리네 ······159
일체동심(一切同心) ······163
인생과 죽음 ······166
인생부운(人生浮雲) ······170
나라는 존재 찾기 ······171
산행단상(山行斷想) ······174
아름다운 변산반도 ······179
석모도 단상(斷想) ······187
산행의 즐거움 ······194

오봉 능선길 따라 ……198
설해만산(雪海滿山) ……201

제 4 부 행복은 가까이 있는 것을

화초 네그루 ……209
행복은 가까운데 있는 것을 ……216
볼 수 있다면 행복하다 ……219
애처가 늑대, 효자 까마귀 ……222
아름다운 얼굴 ……224
생각을 바꾸면 세상이 달라진다 ……229
상사병(相思病) ……232
카사노바와 박인수 ……236
뜸북새 노래 감상 ……239
마음이 팔자다 ……243
행복한 인생 ……246
버드나무 ……250
거문고 줄을 끊은 뜻은 ……253
느리게 사는 즐거움 ……255

제 5 부 웃는 것이 보약이다

너무 짜다. 낭비하지 마라 ……261
시선(詩仙) 김삿갓 ……263
미륵반가사유상의 미소 ……267
공처가와 경처가 ……270
처칠 경(卿)의 유머감각 ……273
내가 좋아하는 유머들 ……275
닭 빌려 타고 돌아가리라 ……279
파자묘미(破字妙味) ……281
사나이 인생 6단계 ……283

제 6 부 학이시습(學而時習)의 즐거움

학이시습(學而時習)의 즐거움 ······289
한자를 통해본 생활 지혜(智慧) ······291
우리말을 제대로 쓸려면 한자를 알아야 한다 ······298
베트남 전쟁의 교훈 ······307
알권리와 정보공개제도 ······314
21세기형 리더십 ······317
모방과 경청 ······321
오수(五守)원칙 ······325
고령화 사회와 사회안전망 ······328
갈등 해결 전문가 양성이 시급하다 ······331
고객만족 행정 ······334
실질의 추구 ······337
인재를 제대로 쓰면 길이 보인다 ······341
인사와 그릇크기 ······344
충무공과 공인(公人)의식 ······350
춘래불사춘(春來不似春) ······353
대동강(大同江) ······355
물(水)에 대한 노자와 공자의 생각 ······359
불언장단(不言長短)의 처세 ······361
오상고절(傲霜孤節) ······363
다반향초(茶半香初) ······365

제1부

지난 것은 모두 아름다워라

꽃의 향연(饗宴)

일요일 아침 8시에 배낭을 짊어지고 아파트를 나섰다. 날씨가 꾸물거려 비옷을 하나 챙겨 넣었다. 이렇게 산행을 할 수 있다는 것에 감사할 뿐이다. 전철을 타고 서울대공원으로 향했다. 동물원을 둘러싸고 있는 삼림욕장의 둘레길을 트래킹하기 위함이다.

동물원 매표소에서 주민등록증을 제시하고 무료입장권을 받았다. 지하철을 공짜로 타는 거사 즉 '지공거'이기 때문이다. 동물원에 입장해서 오른쪽 '호주관'을 끼고, 계단을 따라 능선길로 올라갔다. 등산로 옆길에는 진달래가 이슬을 머금고 반기고 있었다.

본격적으로 능선길을 접어드니, 벚꽃들이 여기저기 화사한 자태를 뽐내고 있다. 여기에 하얀 벚꽃이 있는가 하면 저 멀리에 자주빛 벚꽃도 피어있다. 마치 잔칫집에 잘 차려입은 여인들이 부지런히 왔다 갔다 하는 듯한 풍경이었다. 이처럼 철따라 인간에게 무한한 기쁨과 감동을 주는 자연이 그저 고맙기만 하다.

서울대공원 둘레길은 반원형으로 총 7km인데 대충 2시간 반 정도면 된다. 군데군데 하산길이 있어서 자기 체력에 맞게 산행할 수 있어 편리하다. 한시간 넘게 꽃구경을 하면서 걸어 나갔다. 휴게의자와 전망대가 나온다. 물 한모금 마시고 다시 능선길을 따라 나갔다.

그러다가 참으로 예쁜 홍매화(紅梅花)가 눈에 들어왔다. 등산을 수십년 하면서도 이렇게 아름다운 빨간색 매화는 처음으로 보았다. 인간이 아무리 그림을 잘 그려도 저 자연상태의 새빨간 매화나무를 그려내지는 못하리라. 사람이 아무리 채색을 잘해도 저 자연의 매화 빨간색을 만들어 내지는 못하리라. 진정으로 봄을 반기는 매화가 아름답고 사랑스럽기만 하다.

행복하다. 건강해서 능선을 걸으며 이처럼 매화를 통해 봄을 감상할 수 있으니 행복하다. 옛 사람이 봄을 찾아 온종일 짚신이 다 닳도록 롱두산을 해메였건만 종내 봄을 찾지 못했다. 그러다가 집애 오는 중 매화가지에 꽃이 피어있는 것을 보고, 비로소 천하에 봄이 온 것을 깨달았다고 한다. 이러한 무명씨의 심춘(尋春)이 불현듯 생각났다.(진일심춘불견춘 盡日尋春不見春 망혜편답롱두운 芒鞋遍踏朧頭雲 귀래우과매화하 歸來偶過梅花下 춘재지두이시방 春在枝頭已十方)

행복은 결코 멀리 있는 것이 아니고 우리 주변에 가까이 있는 것을... 꽃 잔치에 정신이 팔려 시간가는 줄도 모르고 봄을 즐겼다. 3시간 만에 대공원 아스팔트길로 내려섰다. 아스팔트 양 옆에는 큰 벚꽃나무가 즐비했다. 바람이 쏴아~ 하고 불면 벚꽃이 흩날린다. 마치 하늘에서 흰 눈이 내리는 것과 비슷하다. 바닥에 쌓인 꽃잎이 눈이 쌓인 것처럼 수북하다.

동물원 안쪽으로 내려갔다. 휴일이라 그런지 부모 동반한 어린이들이 무척 많다. 언제 보아도 어린아이들은 귀엽고 사랑스럽다. 동물이건 사람이건, 어렸을 때가 천사 같고 제일 예쁘다. 그래서 꽃도 반만 피었을 때가 예쁜 법이다(화간반개: 花看半開). 술 역시 취토록 마시기보다는 적당히 마시는 것이 좋다(주음미취: 酒飮微醉).

아기를 보모차에 태우고 가거나, 또는 아이를 안고 가는 젊은 부부의 모습이 그림같이 아름답다. 청춘은 아름답고 싱싱한 법이다. 만물이 생동하듯이 인생도 봄철이 가장 좋은 시절이다.

사람이나 자연이나 봄은 꽃이요, 꽃은 봄이다.
봄날의 꽃잔치에 초대한 자연에게 감사할 따름이다.(2019.04.22.)

기분 좋은 날

설명절 3일은 연휴이다. 추석과 더불어 고향친지들을 만나보려고 민족이 대이동하는 기간이다. 금년은 황금돼지띠인 기해년(己亥年)이다. 설 하루전인 입춘이 2월4일이다. 금년의 절기(節期)가 시작되는 날이다.

설날 새벽에 제사를 지낸 후, 할머님 묘소가 있는 분당메모리얼 공원묘지에 갔다.

1976년에 모신 후 한 해도 거른 적이 없다. 세월이 강물과 같이 흘러 43년이라는 세월이 휘딱 지나갔다. 날씨는 청명하고 겨울 햇볕은 따스했다. 절을 하고 묘소 앞에 앉으니 지나간 일 들이 주마등 같이 스쳐간다.

나도 이제 노인이 되어 머리에 하얗게 서리가 앉았다. 제행무상(諸行無常)이 실감된다. 할머니 묘소를 둘러보고 언덕길을 내려오는 중, 납골당 부근에서 웬 노파(老婆)한 분을 만났다. 왼손에 음식꾸러미를 든 그 할머니는 나에게 물었다.

"여기가 성남공원묘원 납골당인가요?"

나는 대답했다.

"할머니, 여기는 분당 납골당입니다. 잘못 찾아오신 것 같아요."

"아니, 버스운전기사가 이 쪽으로 데려다 주길래 여기 왔는데…내 생각에도 성남 납골당은 고속도로가 보이는 길로 가는데 잘못 온 거 같아서 물어본 거예요.."

할머니는 난감한 표정으로 어쩔 줄 몰라 했다.

할머니는 몸이 여의였고, 그동안 세파에 시달렸는지 안색도 좋지 않았다. 얼굴에 주름살이 많고 표정도 밝지 못했고, 몸 전체에서 가난이 풍기는 것 같았다. 나는 물었다. "할머니, 왜 혼자 다닙니까? 아들 딸들 하고 같이 다니면 길을 잘못 들지 않을 텐데요" 할머니가 즉답했다. "아들 며느리가 따라와야 같이 오지요. 딸도 그렇고 애들 키워봐야 아무 소용없어요."

할머니와 함께 비탈길을 내려가는데, 할머니는 묻지도 않은 말을 털어놓기 시작했다.

자기는 폐휴지를 모아서 생활해도, 죽은 남편의 납골당은 매번 찾아간다는 것이었다. 남편이 일흔여섯에 세상을 떠났는데 중풍과 당뇨로 고생하는 남편 병수발을 10년간 했다는 것이다.

"할머니, 그래도 70넘어서까지 부부생활을 했으니 다행 아닙니까, 인명(人命)은 재천(在天)인데, 팔자로 생각해야죠." 나는 팔자론(八字論)으로 할머니를 위로하느라고 했다.

"내가 남편 오줌똥 받아낼 때 며느리는 기저귀하나 채워준 적이 없어요." 며느리에 대한 원망을 털어놓기도 했다.

팔십대 후반의 할머니와 함께 분당메모리얼 파크 입구에 왔다. 거기서 안내하는 젊은이에게 성남공원묘지 가는 길을 물었더니 모른다고 했다. 결국 버스를 타고 다시 야탑역으로 가서 성남공원묘지를 찾는 수밖에 달리 방법이 없었다.

야탑역으로 가는 57번 버스를 탔다. 할머니는 교통카드가 없었다. 천원짜리 지폐로 버스비를 내려고 했다. 나는 내 카드로 할머니 버스요금을 함께 찍었다. 할머니가 미안해 하길래 말했다. "할머니가 버스를 잘못 탔기 때문에 내가 대신 요금을 내 준 것입니다. 야탑역에서 성남묘원 가는 버스나 알아 보자구요."

야탑역에 도착하여 버스정류장에서 여러 사람들에게 성남묘원을 물어보았다. 세번 허탕을 쳤다. 이재는 할 수없이 버스는 포기하고 택시를 타고 가는 수밖에 없다고 생각했다.

그러던 중 보도 공간에 노인 세 분이 있길 래 혹시나 해서 거기로 갔다. "이 할머니가 성남 납골당 가는데, 분당 납골당으로 잘못 찾아와서 버스타고 다시 야탑역으로 나왔어요, 혹시 성남공원묘원 가는 길을 아시는지요? 할머니 사정이 하도 딱해서요. 폐휴지로 생활하면서 그래도 남편 묘소를 찾아가겠다는 할머니 정성이 지극하기도 하구요" 두 사람은 잘 모르겠다고 하고, 다른 한사람은 경기도 광주 가는 택시를 타고 가야 한다고 상세히 설명해 주었다. 다행이다.

그런데 놀라운 것은 이 말쑥하게 차려입은 80대 노신사가 지갑을 열고 만원짜리 한 장을 꺼내 할머니에게 주는 것이었다. "할머니, 택시비에 내가 만원을 보태 드릴게요." 할머니는 극구 사양했다.

나는 할머니에게 말했다. "할머니, 받으세요. 다른 사람의 정성은 고맙게 받고 감사하면 됩니다." 내 말에 할머니가 받으려 하자, 노신사가 "기왕 도와 드릴 바에는~" 하면서 만원짜리 한 장을 더 꺼내어 합계 2만원을 할머니에게 건네주었다. 할머니는 눈시울을 붉히면서 어쩔 줄 몰라했다.

길 건너편에 빈 택시 한 대가 눈에 띄었다. 나는 그 노신사와 함께 할머니를 모시고 가서 택시 옆으로 다가갔다. 다행히 택시운전기사는 성남묘원 가는 길을 잘 안다고 했다. 고마워서 울먹이는 할머니를 택시에 태워 전송했다. 노신사에게 좋은 일 하셨다고 감사의 인사를 한 후, 야탑역 지하철 입구로 내려갔다.

세상이 각박하다고 하여도, 아직은 살만 하다고 생각했다. 모르는 할머니에게 선뜻 지갑을 여는 노신사가 존경스럽고 감동적이었다. 아마도 그 할머니는 남편 납골당에서 오늘 일을 넋두리 할른 지도 모른다. 복합적인 심정에서 눈물 흘릴지도 모른다. 참으로 기분 좋은 날이었다.(2019.02.07.)

단장(斷腸)의 세월

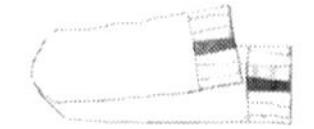

사람은 누구나 크고 작은 한(恨)을 가지고 인생을 살아가고 있다.

그 한(恨)은 이루지 못한 사랑일 수도 있고, 성취하지 못한 사업이나 학업일 수도 있다. 휘영청 뜬 보름달을 보고 한없이 눈물짓는 사람도 있고, 설한풍(雪寒風)몰아치는 긴긴 겨울밤을 가슴 저리며 지새우는 사람도 있을 것이다.

한(恨) 중에는 육친이나 배우자간의 별리(別離)가 제일 극심하리라 생각된다. 창자가 끊어질 듯한 슬픔을 단장(斷腸)의 비애(悲哀)라고 한다.

진나라 때 환온이라는 사람이 촉나라로 가던 도중 삼협을 지날 때의 일이다. 환온을 따라 온 종자가 숲에 들어갔다가 원숭이 새끼 한 마리를 잡아가지고 배에 돌아왔다. 그런데 어미원숭이가 뒤를 따라와 물을 사이에 두고 강가에서 슬프게 울어댔다.

배가 떠나자 어미원숭이는 강기슭을 따라 배를 계속 쫓아오면서 새끼를 보고 계속 울부짖었다. 이윽고 백리도 더 간 곳에서 배가 기슭에 닿았다. 어미 원숭이는 배로 뛰어들었으나 끝내 그대로 죽고 말았다.

나중에 그 원숭이의 배를 갈라보니, 너무나도 슬퍼했던 나머지 창자가 토막토막 잘라져 있었다. 이때부터 참을 수 없는 슬픔을 단장의 슬픔이라고 하게 되었다.

6.25때 전쟁에 나간 지아비를 그리워하는 '단장의 미아리고개'라는 노래는 아직도 불리워지고 있다.

지난 6월6일 동작동 국립묘지광장에서 현충일 추모행사가 있었다.

추모식장 맨 앞줄에 머리가 하얀 할머니 한분이 휠체어에 앉아 있었다. 6.25때 학도병으로 출전했다가 백천지구 전투에서 전사한 병사의 부인 김모할머니(93세)였다.

아직까지도 유해가 수습되지 않았다고 한다.

위패봉안관을 찾아 남편 성명을 어루만지는 할머니의 애절함이 눈시울을 적셔준다. 할머니의 한(恨)은 그야 말로 통한(痛恨)이라고 할 수 있다.

범인으로서는 감히 상상할 수 없는 인고(忍苦)의 세월을 할머니는 살아오셨다. 슬하에 자녀를 둘 겨를도 없이 학도병으로 나가 산화한 남편. 할머니는 너무 생(生)이 고달파서 목숨을 끊을 가도 생각했었다고 한다. 그러나 낳아준 친정어머니 때문에 모진 목숨 그대로 살아온 인생...

옛 절도를 지켜 시부모를 정성껏 봉양하면서 살아온 인생..

긴 세월동안 남편 생일에 제사상을 차려 주었다.

이제는 힘에 부쳐서 큰조카에게 제사차리는 것을 부탁했는데, 조카가 선뜻 응해 주어서 고맙다는 할머니.

남편 유품이라곤 달랑 사진 한 장 뿐. 할머니는 남편유해를 찾아서 함께 묻히는 것이 소망이라고 한다.

아, 누가 이 착하고 성실한 여성의 삶을 송두리째 파헤쳤는가.

그렇게 할 권리는 그 누구에게도 없을 것이다.

할머니! 남은 세월 부디 건강하게 수(壽)를 누리시다가—, 천국에서 오매불망(寤寐不忘)하는 님을 만나소서.(2019.06.10)

10년 회상

2016년 9월 28일자로 평안남도 도지사(차관급 공무원)로 정부발령이 나서 정든 양산 캠퍼스를 떠나게 되었습니다. 평남출신 실향민(170여만 명)과 북한이탈주민(3만여 명)을 돌보는 정무직으로서 저에게는 과분한 직책이라고 생각됩니다.

제가 공직을 마감하고 영산대에 내려온 것이 2006년 9월이었습니다. 어느덧 10년이라는 세월이 흐른 것입니다. 백구과극(白駒過隙)이라는 말이 생각납니다. '흰 망아지가 달리는 것을 문틈으로 언뜻 보는 것'과 같이 세월 참 빨리도 갔습니다. 나이가 들수록 세월은 더 빨리 가는 것 같습니다.

그러나 저는 행복합니다. 흘러간 10년의 세월 속에 아름다운 추억들이 많았기 때문입니다. 세월이 흘러도 사람은 추억을 먹고 살아가는 존재입니다.

서울이라는 각박한 도시생활을 벗어나 천성산 명산 자락에 자리잡은 영산대에 왔을 때 막혔던 숨통이 터지는 것과 같은 신선함과 편안함을 느꼈습니다.

교직원들은 성실했고 학생들은 순진했습니다. 그야말로 인간냄새가 물씬 나는 대학분위기에 관료출신인 저의 얼굴이 펴지기도 했습니다.

저는 학생들의 두뇌는 서울대학이나 영산대학이나 다름이 없다고 개인적으로 생각합니다. 제가 서울대 출신이기 때문에 이런 말을 해도 괜찮다고 생각되기도 합니다.

그래서 영산대에 재직하는 10년 동안 기숙사에서 학생들과 기거하면서 고시반을 지도했습니다. 이사장님과 총장님의 적극적인 지원과 배려에 힘입어 공직시험지원위원회가 설치되고 드디어 우리학교에서도 최초로 사법시험 최종합격자 2명이 배출되는 감격을 맛보았습니다. '홍민정과 백혜인' 두 여학생인데 정말 피눈물 나는 노력을 한 학생들이었습니다. 당시 이 학생들의 책임 교수님의 정성도 대단했습니다. 이들은 사법연수원을 마친 후 변호사활동을 하는데 좋은 배필을 만나 잘 살고 있습니다. 2년 전에는 '이정미' 여학생도 사법시험에 최종합격했습니다. 사시합격자 3명이 모두 여학생들이라 과연 21세기는 여성이 남성을 앞서는 시대가 아닌 가 생각이 들기도 했습니다. 남성인 제가 다소 위축되기도 합니다.

어쨌든 저는 국가시험 준비하는 학생들과 숙식을 같이하면서 수험생활에 대한 얘기를 나눈 것이 더할 나위없는 즐거움이었습니다. 행정고시 출신인 저는 과거 고시공부경험을 살려 '고시공부를 하려면 일주일간 잠을 전혀 자지 말고 공부해보라'고 권하기도 했습니다. 철야공부가 아주 미욱한 공부이기는 해도 공부습관을 들이고 자기신념을 기르는 데는 특효약이기 때문입니다. 저의 말을 따라 철야 공부과정을 거친 학생들은 100% 합격하여 지금 공직 각 분야에서 영산대를 빛내고 있습니다.

행정학을 전공한 저는 기말시험에는 학생들에게 open book으로 시험을 치르게 했습니다. 장단점은 있겠습니다마는 치사하게 쪽지를 감추거나 심지어 손바닥에까지 써오는 비겁한 행위가 싫었던 것입니다. 어느 학기말 시험 때 한 남학생이 답안지를 내고 나간 후 다시 강의실에 들어왔습니다. '성명기재를 빠뜨렸는가' 하고 의아해 하는 나에게 그 학생은 쭈빗거리더니 손에 쥔 박카스 1병을 탁자 밑에 놓고 부리나케 강의실을 빠져나가는 것이었습니다. 이 박카스를 마셔야 할지 말아야 할지 문제보다도 참으로 순진한 학생이라는 생각이 들었습니다. 되바라진 도회지에서는 도저히 맛보기 힘든 정(情)을 느끼면서 박카스를 맛있게 마셨습니다.

언젠가 기숙사 식당에서 저녁식사를 하는데 내 강의를 듣는 학생이 나에게 반찬을 접시에 듬뿍 담아 내 식탁에 놓기에 '내가 먹을 만큼 덜어왔다'고 해도 '교수님 더 드세요' 합니다.

알고 보니 그 학생 어머니도 기숙사 주방에서 일하시고, 또 학생도 이 식당에서 아르바이트를 하고 있었습니다. 모자가 가난하지만 근면하게 일하면서 아들을 대학공부 시키는 것이었습니다. 나도 이북에서 선친이 공산당에게 희생되신 후, 홀어머니 모시고 피난생활을 하면서 어렵게 학창생활을 했던 추억이 오버랩 되기도 했습니다.

어쨌든 학생들과 동고동락하는 가운데 10년의 세월은 흘렀습니다. 그간 이사장님의 학생들에 대한 각별한 애정과 총장님의 적극적인 지원, 그리고 고시반 책임교수님들의 열성에 힘입어 150명에 달하는 각종국가시험 합격자가 배출되었습니다. 지금 유능한 교수님이 공직아카데미 운영을 맡고 계셔서 든든한 마음으로 양산 캠퍼스를 떠날 수가 있습니다.

영산대를 떠난다고 해도 마음은 그대로 정든 캠퍼스에 놓아두렵니다. 영산대의 발전을 기원합니다. 어느 곳에 있더라도 영산대를 위하는 심정으로 벽돌 한 장 얹는 노력을 계속하겠습니다. 감사합니다.

(2016.9.26)

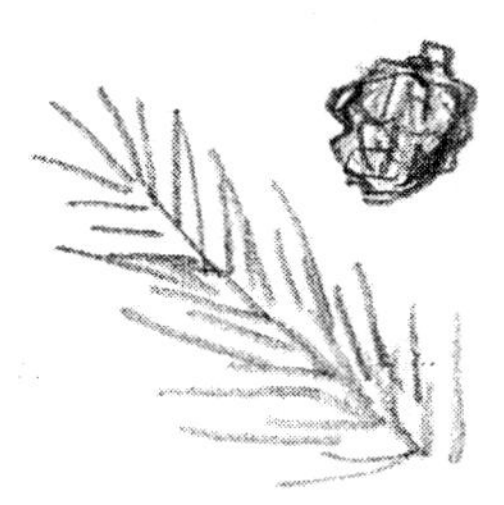

노전암(爐殿庵) 가는 길

노전암은 경남 양산의 천성산 기슭에 있는 암자이다. 신라시대 원효대사가 천성산에서 득도하고 이곳에 세운 수십개의 암자중의 하나다. 내원사가 본찰(本刹)이다. 내원사처럼 노전암 역시 비구니 사찰이다.

작년 봄에 천성산을 등산하다가 노전암에 들렸었다. 마침 점심공양 시간이라 사찰음식을 먹게 되었다. 그런데 그 음식맛이 기가 막힐 정도로 훌륭했다. 식물성 반찬가지 수만도 열다섯가지가 넘는 절 음식이었다. 정갈할 뿐 아니라 맛이 뛰어나서 집어 먹으면서 계속 감탄사의 연발이었다. 나는 그간 수십년간 절을 다니면서 사찰음식을 많이 접해 보았으나, 노전암 음식처럼 풍성하고 맛있는 것은 처음이었다.

나는 등산을 무척 좋아한다. 그래서 우리나라 100대 명산을 거의 다 다녀보았다. 산행을 하고 나서는 산행기를 썼다. 그 중 40개의 산행기를 묶어 금년 초에 "명산에 오르면 세상이 보인다"라는 제명으로 산행수필집을 출간했다.

그 산행수필집 '천성산'편에 노전암의 음식 맛과 주지(능인: 能忍)스님의 이야기를 실었다.

내가 근무하는 대학은 천성산 자락에 위치하고 있다. 학장일을 보느라고 금년에는 천성산에 오르지 못했다. 마음속으로는 항상 천성산을 넘어가서 노전암에 들려 주지스님께 나의 수필집을 건네드리고 싶은 생각이 간절했다.

그러다가 어제(2010.11.11.), 마침 시간이 나서 배낭속에 책을 한권 집어넣은 채 산행길에 나섰다. 가을이 한창이라 만산은 홍엽일색으로 울긋불긋 화려했다. 삼거리에서 짚북재로 가는 능선길은 특히 환상적으로 아름다웠다. 온 몸에 행복감이 절절히 느껴진다. 건강해서 이렇게 아름다운 산천을 구경할 수 있다니~ 이 얼마나 행복한가!

나뭇잎들이 나뭇가지에 매달려 있다가 바람이 쏴아~ 불면 마치 굵은 우박이 쏟아지듯이 우수수 흩날린다. 평일이라 등산을 시작한지 1시간이 넘었으나 아직 숲에는 나홀로만의 산행이었다.

낙엽이 나의 어깨에 내려앉기도 하고 나풀거리며 내 귀를 간질이기도 한다.
낙엽이 귓가에 속삭인다. "단풍이나 낙엽이나 질 적에 이렇게 아름다워야 하는거야!"
나도 모르게 고개를 끄덕였다.

천성산 샘에서 목을 축인 후 짚북재가 보이는 등성이에 올라섰다. 산죽나무 우거진 산허리에 초라한 무덤하나가 쓸쓸하다. 예전에 이 무덤을 쓸 적에는 그래도 행세깨나 하는 집안이라 이곳에 자리 잡았을 것이다. 세월이 흘러 자손이 끊겼거나 집안이 조락(凋落)하여 이

지경에 이르렀는가? 무덤가 잡풀에 잠자리 몇 마리가 한가롭게 즐기고 있었다.

짚북재를 둘러본 후 다시 되돌아 나와 왼쪽 길로 들어섰다. 노전암 가는 길이다.

작년과 달리 나무다리가 많이 설치되어 있었다. 역시 그만큼 국력이 좋아졌다는 증거일 것이다. 하긴 오늘 단군이래 세계 20개국 정상들이 서울에 모여 세계경제를 논하고 있다.

코리아가 G20정상회의 의장국이 되어 주최하는 것이다. 기적 같은 일이다.

원조만 받아먹고 춘궁기를 넘기기가 어려웠던 나라가 이만큼 컸다니, 상전벽해(桑田碧海)란 이를 두고 하는 말일 것이다.

그 옛날 관자(管子)가 "곳간이 차야 예절을 안다"라고 말했듯이 나라가 먹고 살만큼 되니까 각종 편의시설과 도로 등이 제대로 갖추어지고 있다.

노전암에 이르는 길의 계곡에는 맑은 물이 끊이지 않고 밑으로밑으로 흘러가고 있었다. 가파른 곳에는 제법 물살이 하얀 포말을 그리며 햇빛에 반짝이고 있었다. 아름답다!

무릉도원이 따로 있는 것이 아니라 여기가 바로 무릉도원이다.

산행 출발한 지 세시간 반만에 노전암에 도착했다. 오후 한시경 무렵이었다.

노적암은 비구니 절답게 고즈넉하고 깨끗했다. 대웅전에 삼배(三拜)하고 주지스님을 찾았다.

주지스님은 그때 공양간에서 점심준비를 하고 있었다. 스님 몇 분과 보살 몇 분이 상을 한창 차리고 있었다. 나는 주지스님이 일러

주는 대로 공양간에 들어갔다.

식당안에는 수십명의 손님(신도님)들이 앉아 있었다. 대부분 여신도들이고 개중에는 남성들도 몇 명 눈에 띄었다.

장방형의 큰 상과 원형의 작은 상 여러 개에 음식이 풍성하다. 모두들 차례로 둘러앉아 점심공양을 한다. 나에게도 작은 상 하나를 준비해서 앞에 놓아준다. 둘러보니 반찬가지 수만도 십수가지에 이른다. 배추쌈을 하나 먹어보니 고소하다. 주지스님 말씀에 의하면 모두 절에서 재배하는 유기농 배추라고 한다. 특히 도토리묵은 진품이라 삽쌀하면서도 향기로웠다.

식사를 하고 난 후 나는 주지스님에게 내 수필집을 건네면서, “하두 절 음식이 맛있고 주지스님이 자비로워서 수필집에 담았지요. 오늘 시간이 있어서 드리려고 천성산을 넘어온 것입니다”

주지 스님은 반가워했다. 그러면서 올해는 벌이 많이 죽어서 꿀을 제대로 따지 못했다고 한다. 그래서 토종꿀 값이 백만원 씩이나 호가하기도 한다는 것이다.

백장정규(百丈淸規)에 이르기를 “일하지 않으면 먹지마라(一日不作 一日不食)” 이듯이 노전암은 절 뒤편에 벌통을 여러 개 놓아 꿀을 생산하고 있었다. 노전망 음식이 일품인 까닭은 엄청난 숫자의 장독규모를 보아도 알 수 있었다.

점심공양도 하고 주지스님에게 수필집도 드렸으니 이제 산을 다시 넘으려 배낭을 짊어지었다.

출발하는 나에게 능인스님은 찰떡을 얼만큼 싸주었다. 절에서 떡메로 치고 녹두고물을 한 특별한 떡이었다. 스님은 또 나에게 팔목에 차는 단주들도 한웅큼 주었다. 부처님 믿는 사람들에게 나누어 주라는 것이었다.

노전암을 나서서 다시 귀로의 산길을 접어 들었다. 더할 나위 없이 마음이 홀가분했다. 무언가 밀렸던 숙제를 마친 것 같은 기분이었다. 어두어지고 있는 산길에 이따끔 이름 모를 산새들이 나뭇사이에서 소리 내고 있었다.

이렇게 가을은 가고 또 겨울이 오고, 그리고 세월은 계곡물 따라 덧없이 흘러간다.

산길 접어든지 1시간 반 만에 천성산2봉이 바라보이는 산등성이에 올랐다.

붉게 물든 산야와 더불어 찬연히 스러지는 석양이 무척 아름다웠다.(2010.11.12)

선릉단상(宣陵斷想)

날씨가 무척 덥다. 본격적인 여름 더위가 한창 기승을 부리는 것 같다. 지난 일요일, 친구들과 청계산 산행을 했을 때 온몸을 땀으로 멱을 감았었다. 확실히 더위는 사람을 맥없이 하는 것 같다.

같은 청계산도 봄, 가을에 산행하는 것 보다 여름에 산행하는 것이 훨씬 힘이 든다. 내 경우에는 이런 더운 날에는 직장에서 가까운 선릉(宣陵)으로 가서 울창한 숲 그늘에 앉아 있으면 잠시 더위를 식힐 수 있다.

선릉은 우리 연구원에서는 도보로 10여분 거리의 지척지간에 있다. 작년만 해도 선릉 입장료가 500원이어서 아무 부담없이 상당한 주화 한 닢을 내면 그만이었다. 금년에는 1,000원으로 인상되었다. 사실 1,000원이라고 하더라도 다른 물가에 비하면 싼 편이다.

선릉은 조선 제9대 성종임금의 능을 지칭한다. 그 동쪽에 계비 정헌왕후의 능도 있다. 들어가서 재실을 지나 그 바로위에 보이는 것이 선릉이고 좀 떨어진 오른쪽의 능이 정헌왕후 尹씨의 능이다. 성종은 38세에 승하했는데 비하여 정헌왕후는 69세에 세상을 떠난 것으로 기록되어 있다.

언덕을 올라보면 숲과 건물 사이로 저 멀리 봉은사(奉恩寺)가 보인다. 봉은사 뒷산이 수도산(修道山)이다. 이제는 산이라고 하기에는 볼품이 없고 도심속의 자그마한 언덕에 불과하다. 원래 봉은사는 신라시대 때 창건된 고찰로서 처음 이름은 견성사(見惺寺)라고 불리어 졌다고 한다. 그 견성사가 성종의 계비인 정헌왕후가 성종이 묻힌 선릉의 원찰(願刹)로 삼고 절 이름을 봉은사라고 개칭했다고 한다.

봉은사는 전국에서 알아주는 큰 절의 하나로 손꼽힌다. 역사적으로 명종의 모후인 문정대비(文定大妃)가 당시 주지인 보우(普雨)대사를 중용한 것을 계기로 사세(寺勢)를 크게 떨치게 되었다. 스님들의 과거시험인 승시(僧試)가 치러졌었던 대가람이기도 했었다.

봉은사 대웅전 현판글씨는 추사 김정희선생의 글씨이고 신검당 이라든지 선불당의 기둥에 쓰인 글씨는 모두 근세의 명필 성당 김돈의 선생의 작품이기도 하다. 경판을 보관하고 있는 판전(板殿)의 현판 역시 추사 선생이 썼다고 한다. 굵고 어눌해 보이는 듯하면서도 중후한 필체는 추사의 숨결과 고아한 정신을 느끼게 한다. 추사가 말년을 이곳에서 보내다가 병중에 판전현판을 썼다고 해서 '칠십일과병중작(七十一果病中作)'이라는 관서(款書)가 더불어 써져 있다. 그리고 보면 현판은 추사 선생의 최후 작품인 셈이다.

선릉에서 동남쪽으로 좀 떨어진 곳에 정릉이 있다 정릉은 성종의 아들인 중종의 능이다. 선릉과 정릉을 합쳐서 삼릉공원이라고 부르기도 한다. 황량한 도심속에서 보기 드문 녹지 공간으로서 도시직장인들이 즐겨 찾는 휴식공간이라 할 수 있다.

선정릉에 올라 봉은사를 바라보면서, 500년 전의 성종, 중종, 보우, 추사 등 옛 사람들과 조우를 하게 되면 인생이 덧없음을 새삼 느끼게 된다. 특히 선릉에서 정현왕후릉 사이의 등성이에 앉아 두둥실 흘러가는 여름 한 낮의 뭉게구름을 쳐다보면 더욱 그렇다. 재실과 함께 저렇게 문무관(文武官)의 석물(石物)을 잔뜩 차려 놓은들 무슨 소용이 있다는 것인가, 도무지 부질없는 일이 아닌가?

유행가처럼 인생은 잠시 머물다 가는 나그네에 불과한 것이며, 여름날의 한 조각 뭉게구름 같은 것이 아닌가! 태어난다는 것은 한 조각, 구름이 일어나는 것이고, 죽는다는 것은 한 조각, 구름이 스러지는 것, 흘러 다니는 구름 자체가 실체가 없는 것이니, 나고 죽고 오고 가는 것 역시 이와 같음을.(生也一片浮雲起, 死也一片浮雲滅, 浮雲自體本無實, 生死去來亦如是)

선정릉은 온통 푸른 소나무와 떡갈나무로 뒤 덥혀 있다. 소나무 밑에 턱을 괴고 나는 가만히 허공을 바라본다. 마음이 차분히 가라앉는다. 그래, 마음이 저 허공(虛空)처럼 되면 얼마나 좋을까, 허공은 높거나 낮음이 없다. 생기는 것도 없고 멸하는 것도 없다(不生不滅). 더 함도 없고 덜 함도 없다(不增不減). 밝음도 없고 어둠도 없다.

햇빛이 공중을 비춘다 해도 기뻐할 것도 없고, 비바람이 세차게 몰아쳐도 괴로울 것도 없다. 날카로운 칼로 찔러도 아픔이 없고 불을 질러도 타지도 않는다. 대지는 움직일 수 있으되 허공만은 움직일 수 없는 것이다. 그래서 空을 아는 이가 삼라만상을 깨달은 각인(覺人)이 된다고 하는 것일까.

결국 육신과 눈에 보이는 모든 물질은 꿈속과 같고, 거품 같은 것,

그림자 같고 이슬 같으며 아지랑이 같은 것, 영원히 소유할 수도 없는 육신과 물질에 대한 욕망과 애착 때문에 온갖 번뇌와 망상에 헤매다가 결국 스러지는 것을. 모든 것이 인연 따라 잠시 이루어진 것인데 누구를 미워하고 누구를 원망할 것인가, 허공 같이 마음을 비우고 살아가는 것이 편할 것이다.

십 여분 정도 언덕에 앉아 이 생각 저 생각하다가 툭툭 털고 자리에서 일어섰다. 가서 또 일을 해야 월급 타서 처자식 부양할 것이 아닌가, 내려오는 길목에 가게가 하나 있다. 라면, 콜라, 과자 등을 팔고 있다. 40대 아주머니가 넉살좋게 손님들을 맞이하고 있다. 사발면 하나를 시켜 먹는데 귀에 익은 유행가소리가 들린다.

아낙은 나훈아 노래를 제일 좋아한다고 묻지도 않은 말을 한다. '청춘을 돌려다오, 젊음을 돌려다오...' 라는 노래를 따라하는데 고저장단이 제법 그럴 듯하다. 그 아낙을 보니 인생이란 공연히 복잡하게 생각할 것이 아니라, 주어진 여건 하에서 단순하게 살아가는 것이 행복이 아닐까 생각해 보기도 한다. 나훈아는 노래를 참 잘 부른다. 감정과 성량이 모두 그윽하고 풍성하다. 가게 문을 나서는 뒷전에 또 나훈아의 노래가 들린다.

'미워도 한 세상~ 고와도 한 세상~ 마음을 달래며~ 웃으며~ 살리라~ (한국문인 2007. 6-7월호. 신인문학상 수상작품)

개성을 둘러보며

오백년 도읍지를 필마로 돌아드니
산천은 의구하되 인걸은 간데 없네
어즈버 태평연월이 꿈이런가 하노라.

고교시절, 인구에 회자하던 길재선생이 읊은 유명한 시조를 우리는 아직도 잘 기억하고 있다.

지난 주말 통일문제연구협의회의 주관행사에 참여하여 개성공업단지를 방문할 기회를 가졌었다. 서울(광화문)에서 개성공단까지는 자동차로 1시간 정도 밖에 안 걸렸다. 하긴 거리상으로 60km정도라고 하니 그럴밖에.

주행시간은 이렇게 짧은 반면에 남북은 아직도 국가간 경계선이 있어 거쳐야 할 절차가 상당히 번거롭다. 도라산 CIQ(출입국 사무소)에 도착하여 남측공무원으로부터 수속을 거친 후 MDL을 통과한 후 북측 CIQ에서 입국절차를 밟아야 하기 때문이다.

북쪽의 산야가 남쪽과 다른 점은 남쪽은 산에는 나무가 울울창창한데 비하여 북쪽산은 거의 민둥산이라는 점이다. 두만강에서 바라본

산야가 그러하고 또 이번에 다녀온 개성의 산들이 모두 그러했다.

개성공단은 이미 수십개의 한국업체들이 들어와 가동 중인데 아직도 도로공사 정지작업이 한창이다. 공단 들어가는 길목에 군인들이 서 있기도 하고 도로공사도 하고 있었다. 수년전 금강산에 갔었을 때와 마찬가지로 북한 군인들은 키가 작고 왜소하다는 것을 느꼈다.

지금 50, 60대의 세대와 10대, 20대 세대와의 평균 키의 차이가 10cm이상 나듯이 남북한 군인의 신장차이가 그러할 것이라고 생각된다. 출국수속을 마친 후, 북한 땅으로 접어들기까지 경의선은 반듯하게 잘 다듬어져 있었다.

「철마는 달리고 싶다」라는 저 유명한 낡고 찌그러진 옛 기차가 철길 주변에 웅크리고 있다. 그 주변을 둘러싼 들길과 산등성이에는 억새풀이 한창 흐드러져 가을 정취를 흠씬 풍기고 있다. 가을 하늘은 한없이 높고 푸르며 투명해서 보는 이의 마음을 시원하게 해준다. 바람이 부는 대로 길가의 코스모스와 들판의 억새풀이 간단없이 어깨춤을 춘다.

저 멀리 자유의 마을이 보인다. 태극기가 높이 바람에 휘날리고 있다. 그 맞은편에 역시 인공기가 높이 펄럭이고 있다. 남북의 국기가 마주보고 있는 것을 보니 묘한 기분이 든다.

좀 더 가니 그 유명한 송악산이 병풍처럼 둘러 쳐 있는 것이 눈에 들어온다. 송악산은 그 형태가 마치 임신한 여인이 머리를 풀어 젖힌 후 하늘을 보고 누워있는 모습이다.

개성 공업지구는 공단자체가 800만 평이며, 배후도시가 1,200만 평으로 모두 완성되면 창원공단규모가 된다고 한다. 현재 북한 주민 4,600여명이 고용되어 있는데, 내년 말에 100여개 업체가 본격적으로 입주하면 북측근로자가 2~3만명 정도에 이르게 될 것이라고 한다.

북측근로자에 지급되는 한달 임금은 50달러이고, 사회보험료 7.5달러를 합치면 1인당 한달 비용이 57.5달러인 셈이다.

한달에 5~6만원 주고 일을 시킬 수 있다니... 인건비가 대단히 싼 편이다.

수년전 몽골에 갔을 때 몽골한국대사관에 일하는 몽골여인의 한달 월급이 50여 달러에 불과하다는 말을 듣고 놀랜 적이 있는데 그와 흡사하다.

공단에서 일하는 북한근로자는 젓가락문화의 탓인지, 손놀림이 탁월하고 또 근면성실하다고 한다. 특히 언어의 장벽이 없어 작업지시와 생산 활동에 큰 도움이 된다는 것이 공장책임자들의 한결같은 설명이다.

개성시내에 들어가니 개성에서 제일 크다는 백화점, 그리고 제일 크다는 호텔(려관)이 모두 4-5층의 오래된 우중충한 건물들이다.

시내에는 자동차 다니는 것을 구경하기 어려웠다. 바구니가 앞에 달린 자전거만이 통행수단이었다.

개성으로 말할 것 같으면 고려조 475년간의 도읍지일 뿐 만 아니라 1958년에 직할시로 승격한 도시임에도 볼품없는 모습을 보이고 있는 것이다.

개성의 인구는 약 20만명 정도라고 한다.

시내 곳곳에 높은 아파트들이 눈에 띄는데 이는 과거 60~70년대 북한의 국력이 한창 좋았을 때 건축한 것으로서 지금은 많이 후락해 있다.

다만 개성시내를 흐르는 시냇물은 맑고 깨끗해서 북한 어린이들이 벌거숭이로 물놀이를 하는 가하면 여인들이 옷가지를 빨래하는 모습을 볼 수 있다. 마치 한국이 근대화되기 이전 깨끗한 물과 자연상태를 연상케 하고 있다.

유명한 선죽교를 둘러보았다.

전통적인 검정치마 하얀 저고리를 입은 여성이 설명하면서 안내하고 있다.

선죽교의 원래 이름은 마을이름을 따서 선지교 이었으나 정몽주선생이 피살되고 난 후 충신의 절개가 대(竹)와 같다고 하여 선죽교라고 명명했다고 한다.

선죽교 옆에 놀다리를 만들어 사람들이 오가게 하고, 선죽교 자체는 돌난간을 만들어 보존해오고 있다는 것이다.

안내원이 가리키는 곳을 보니 아직도 돌 바닥에는 포은(圃隱)선생께서 당시에 흘리신 핏자국이 희미하게 남아 있음을 볼 수 있었다.

충신의 혈흔은 700여년 세월이 지났어도 지워지지 않는 고고한 것임을 알 수 있다.

이 몸이 죽고 죽어 일백번 고쳐 죽어
백골이 진토되고 넋이라도 있고 없고
님향한 일편단심이야 가실 줄이 있으랴.

정몽주 선생의 단심가(丹心歌)에 이방원의 하여가(何如歌)가 또 그럴듯하여 사람들의 탄식을 불러 일으킨다.

이런들 어떠하며 저런들 어떠하리
만수산 드렁 칡이 얽혀진들 어떠하리

우리도 이렇게 얽혀져 백년까지 누리리라.

선죽교를 지나면 바로 옆에 한석봉선생이 쓴 선죽교(善竹橋)라는 비석과 하마비(下馬碑; 누구나 말에서 내려 존경의 뜻을 표해야 한다는 뜻)를 볼 수 있다.

비각 안에는 "큰 충의가 만고에 뚜렷하다."는 「일대충의만고절상; 一大忠義萬古絕常」 글이 큰 돌에 힘차게 새겨져 있다.

안내원의 말로는 개성 사람들은 옛날부터 장사에 능하다고 한다.

그래서 조선 팔도 사람들을 상대로 장사를 했는데 언제나 가게를 지키므로 「가게쟁이」라고 불렀다고 한다.

그 「가게쟁이」가 「각쟁이」로 변했고 나중에 「깍쟁이」로 변화되어 오늘날 「개성깍쟁이」로 불리게 되었다고 한다.

믿거나 말거나 인데, 재미있는 얘기라고는 생각된다.

장사 잘하는 개성 땅에 조성한 개성공단은 제대로만 운영된다면 남북경협의 창구로서 또 민족화해와 통일의 장소로서 상당한 역할을 할 수 있을 것이라는 생각이 들었다.

돌아오는 길에 북측의 CIQ에서 방문객들이 찍은 디카의 장면 하나 하나를 체크했다.

촬영금지구역에서 촬영한 것이 있는지를 점검한 것이다.

남측 CIQ에 맡겨논 휴대폰을 찾아 귀경길에 올랐다.

짧은 하루의 일정이었으나 긴장해서 그런지 며칠동안 먼 여행을 다녀온 것처럼 피곤했다.

임진강이 보인다. 강변에 흔들리는 갈대숲은 남북한이 모두 같은 데, 사람 사는 생활형태와 사고방식은 왜 이리 현격하게 다른 것일까.

석양에 떼지어 날아가는 철새들은 남북한 국경에 가림이 없이 자유롭게 날아다니며, 자연을 만끽하고 있는데, 탐욕스러운 인간만이 서로 간에 울타리 만들어 자승자박하는 것은 아닌지?

생각에 잠겨 피곤한 김에 깜빡 졸다가 「다~왔다」는 소리를 듣고 눈을 떴다.

냇가에서 빨래하는 개성시내를 보다가 사람과 자동차가 물결치는 광화문 거리를 보니, 마치 타임머신을 타고 시대를 넘나들고 있는 듯한 느낌이 든다.(2006.3)

명주목도리

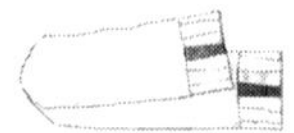

어머니는 한(恨)이 많은 분에 속한다. 나이 삼십에 남편이 공산당에게 희생이 되었기 때문이다.

어머니는 시신이라도 찾으려고 백방 노력했으나 허사였다. 잔악한 공산당에게 희생된 시신이 너무 많아 분별이 불가능했었다. 졸지에 청상과부가 되었던 것이다.

하늘이 무너져 내린 상태에서 어린 삼남매를 데리고 대동강 다리를 건너 월남했다. 시장바닥 한 모퉁이에서 고춧가루 장사 등 갖은 고생을 하며 아이들을 키워냈다.

그 삼남매 중 아들은 나 하나였다. 어머니는 외아들인 나를 참으로 소중하게 키웠다. 온갖 정성을 나 하나에 쏟아 부었다. 옛날 여인들이 그랬듯이 어머니는 철저하게 남존여비(男尊女卑)사상을 지녔다. 아들이 집안의 기둥으로 대를 이어가는 중심점이었다.

여자들은 그 아들을 떠받들고 살아가는 것을 당연지사(當然之事)로 여겼다.

이른바 삼종지의(三從之義)를 부덕(婦德)의 표본으로 삼았다. 여자란 시집가기 전에는 아버지를 따르고, 시집가서는 남편을 따르고, 남편이 세상을 떠난 후에는 아들을 따른다는 캐캐묵은 조선의 윤리강령(倫理綱領)을 당연한 것으로 받아들였다.

어머니는 항상 아들 잘 되게 해 달라고 정안수 떠놓고 지극정성을 다 했다. 그 덕에 나는 서울대학교 법과대학에 합격했다. 신문에 난 합격자 명단을 보고 눈물 흘리던 어머니 모습이 아직도 눈에 선하나. 행정고등고시에 합격하여 중앙청 사무관으로 능정하던 아들을 모습을 보고 감격해 하던 어머니 얼굴도 생생하다.

아들이 장가든 후 어머니는 두 번 눈물을 흘렸다. 첫 손녀를 보았을 때, 아들이 아니어서 너무 섭섭해서 눈물을 흘렸다. 다행히 둘째가 고주를 단 아들이 태어나자, 어머니는 기쁨의 눈물을 흘렸다.

손주는 같은 손주인데 아들과 딸에 따라 흘리는 눈물의 질(質)이 틀렸던 것이다. 조선 봉건시대의 사고방식 그대로였다. 하긴 어머니 연세가 금년에 98세이니 그럴 법도 하다.

어머니는 손자를 '금이야 옥이야'하며, 끔찍이 애지중지했다. 손자는 장성해서 역시 서울대 공대를 거쳐 하버드에서 박사학위를 취득했다. 어머니 기쁨은 말할 수 없이 컸다.

아들과 손자가 모두 서울대를 나왔고, 또 모두 박사학위를 취득했으니 피난 나와서 성공한 셈이다. 기뻐할 만했다. 갖은 고생을 한 보람을 찾았던 것이다.

그러나 다른 사람들에게는 아들이나 손자 자랑을 하지 않았다. 자랑을 하면 복(福)이 새어 나간다고 믿었던 것이다. 손자며느리를 맞이했을 때에도 '그저 아들을 낳아라~' 하고 당부했다. 손자며느리 입장에서는 듣기에 부담이 가는 말이 될 수도 있다.

어머니의 머리 모양은 과거 평안남도 평원군 숙천면에서 살던 그 모양 그 모습 그대로 간직하고 있다. 이십여 년 전에 내가 정부의 국장급 공무원 해외연수로 1년간 미국에 공부하고 있을 때 어머니를 초청했다. 하얀 모시 치마저고리에 머리에는 은비녀를 꽂은 채 이었다. 더욱이 하얀 버선에 하얀 고무신을 신었다.

공항에 어머니 마중을 나갔더니, 미국사람들이 신기해서 자꾸 쳐다보았다. 외국인들의 요청에 따라 사진도 몇 번 찍히기도 했다.

어머니는 칠십대에 안압이 올라 녹내장 수술을 두 번 했다. 그러다가 팔십이 넘어서는 눈이 희미하게 되면서 결국 실명하게 되었다.

어머니는 이것도 팔자라고 체념하고 살아간다.

어머니의 늙어가는 모습을 보니, 사람의 일생은 어린아이로 태어났다가 한 세상 살다보면 다시 어린아이로 돌아가는 것이 아닌가 생각된다.

강보(襁褓)에 싸였을 때, 어린 아기는 방안이 활동 공간이었다. 장성하여 학교에 들어가면 마을이 활동 무대로 넓혀진다. 그러다가 중고등학생이 되면 국내를 누비기도 한다. 대학을 졸업하고 사회인이 되면 세계를 누비게 된다. 그러다가 나이 들어 은퇴하게 되면 활동 공간이 좁아지기 시작한다.

거동이 불편하게 되면 동네가 고작이다. 더 불편해지면 마루나 방안에만 활동하게 된다. 개인적인 차이가 있겠으나, 구십세가 넘으면 주로 방안에만 기거하게 된다. 지금 어머니 상태가 그러하다. 어린 아기처럼 활동무대가 방안과 고작 마루가 전부이다.

나는 지금 칠십을 넘긴 나이에 이르도록 어머니 곁을 떠나지 않고 있다.

어머니는 말씀하신다. '여자가 남편 밥은 누워서 뒹굴면서 먹고, 아들 밥은 앉아서 먹고, 사위 밥은 서서 먹는다'고 ...

그러니 외아들인 나에게 시집와서 평생 동안 시어머니를 모시는 아내의 고생이 말이 아니다. 그래서 나는 아내에게는 죄인의 심정으로 살아가기도 한다. 조금이라도 덜어보려고 설거지와 집안청소는 내가 도맡아 하곤 한다.

우리 아파트 쓰레기 버리는 날은 매주 수요일이다. 쓰레기 버리는 날은 잊지 않고 꼭꼭 챙긴다.

이북에서 맨몸으로 나왔기 때문에 아버지 사진도 없고 아무런 자료가 없다. 나는 평원군 숙천면 덕수리에서 태어났으나, 6살 때 피난왔기 때문에 고향땅에 기억되는 것은 사과나무 과수원과 논두렁만 어렴풋이 생각 날 뿐이다. 다만 어린 나이에도 뒷산에 유엔군들이 낙하한 사실만은 분명히 기억하고 있다.

그것은 알록달록한 낙하산 줄이 소 힘줄보다도 더 질기다고 해서 동네 개구쟁이들이 낙하산 줄을 주우려고 산과 들판을 쏘다녔었기 때문이다.

이번에 평원군지(平原郡誌)를 낸다고 한다. 그래서 어머니에게 고향과 아버지에 관한 것을 생각나는 대로 말씀 좀 해보라고 간청 드렸다.

아버지는 1950년 음력으로 8월 14일 보름달이 휘영청 뜬 밤에 불리어 나갔다고 한다. 민주당 계통의 아버지 형제는 6형제 집안이었다. 아버지를 포함하여 3분이 공산당에게 희생되었다.

보름을 하루 앞둔 달빛이 환하게 비치는 밤에, 아버지 친구가 대문밖에서 부르기에 무심코 옷을 입혀 내보냈다가 변을 당했다고 한다.

피신시키지 못한 것을 어머니는 지금도 통탄한다.

집 밖에는 인민군들이 대기했다가 불리어 나온 사람들은 모조리 굴비 엮듯이 묶어서 산길로 끌고 갔다고 한다. 그 후 어머니는 산과 들을 헤매면서 수많은 시체들을 들쳐보았으나, 시체가 너무 많고 무거웠다고 한다. 그래서 부녀자 힘으로는 도저히 가려낼 수가 없었다고 한다. 옛날을 회상하는 어머니의 슬픔과 회한이 방안 가득히 흐르는 것만 같았다.

새삼스러이 공산주의의 잔혹성(殘酷性)에 치가 떨린다. 이들을 지지하는 무리들이 참으로 어리석고 한심하게 보이기만 할 뿐이다.

두어 시간 지난 후 어머니는 말씀을 끝냈다. 그리고 장롱에서 무언가를 찾기 시작했다. 장롱에서 찾아낸 것은 자그마한 하얀 명주목도리였다. 어머니는 명주목도리를 나에게 주면서 잘 보관하라고 당부했다. '피난올 때 그래도 가지고 나온 아버지 물건은 이 명주 목도리 뿐이니, 이제는 애비(나)가 잘 간직하도록 하시게'

내 방으로 건너온 나는 그 명주 목도리를 유심히 살펴보았다. 70년의 세월이 흐른 지금에도 아버지의 체온이 살아 있는 듯 했다. 명주 목도리를 만지면서 아버지 생각을 했을 어머니의 심정이 어떠했을까. 애절하고도 처연한 생각이 들기도 했다.

나는 그 하얀 명주목도리를 몇 번 걸쳐보았다. 그러나 지금시대에는 적합하지 않는 것 같았다. 그래서 넥타이 걸어두는 옷장 안쪽에 고이 걸어두었다. 아침에 출근하려고 넥타이를 고르려면 하얀 명주목도리를 반드시 보게 된다.

언젠가 이 명주목도리를 아들에게 전해주면 제대로 그 의미를 알기나 할까. 그렇다면 내가 갈 때 가지고 가서 아버지에게 전달할까?

이러저러한 생각을 하는 동안에 봄날은 저만큼 가고 있었다. (평안남도 평원군 70년사, 평원군민회, 2017)

모정만리(母情萬里)

세상에는 어려운 일이 많다. 그 중의 하나는 타인을 위하여 자기의 목숨을 아끼지 않는 일이다. 세상의 어머니들의 모정이 그러할 것이다.

모친은 아들인 나를 위해서라면 불길에도 서슴없이 뛰어들 것이라고 나는 확신한다.

공산치하에서 삼십의 젊은 나이에 청상과부가 된 모친은 어린 삼남매를 데리고 남으로 피난 왔다. 삼남매 중 내가 유일한 아들이었다. 집안의 호주였으며 기둥 격이 되었다.

모친은 시장 모퉁이에서 고춧가루 장사를 하시면서 "나는 일만 할테니, 너는 공부를 열심히 해라"라고 당부했다. 그 정성에 나는 일류고를 거쳐 서울대 법대에 진학할 수 있었다. 고시에도 합격하여 높은 관직에 오를 수 있었다. 합격소식 때 마다 어머니는 감격의 눈물을 흘렸다.

학창시절, 나는 그저 홀어머니에 외아들인 줄만 알았었다. 그러나 나이 육십. 칠십에 이르니 내가 단순한 아들이 아님을 느끼게 되었다. 홀어머니에게 있어서 피붙이 외아들은 자신의 생명이자 종교이었던 것이다.

젊어서 남편을 잃은 과부에 있어서 장성한 외아들은 남편과 같은 든든한 기둥이고 믿음 그 자체였다. 당신의 목숨보다 더 귀중한 존재였던 것이다.

10.26사태가 나고 북한이 밀고 내려온다는 뒤숭숭한 시절에, 모친은 나 하나만이라도 미국으로 가 있으라고 했다. 다른 식구들은 어떻게 하냐고 물으니 "우리 같은 여차(餘次)식구들이야 아무렇게 되어도 상관없으니 아범하나라도 온전하게 살아야 한다."라고 하는 것이었다.

피난 내려 올 때 나는 피난행렬에서 이탈한 적이 있었다. 우리집안 소와 색깔이 같은 검정소를 따라가느라고 집안식구들과 동떨졌었다. 그때 어머니는 길에 주저앉아 더 이상 피난길을 가지 않겠다고 했었다. 아들 없이 살 필요가 없다는 것이었다. 남존여비와 남아선호사상이 유별했던 시내에 어머니에게 있어서는 그저 아들만이 당신의 전부였던 것이라고 생각된다.

그러던 어머니가 100세에 접어들면서 급속하게 쇠약해지기 시작했다. 피골이 상접한 상태에서 걷지도 못하시고 손가락 마디에 감각이 없어지기도 했다. 그러나 정신만은 또렷했다. 기억력도 증손주들의 생일까지 알 정도로 온전했다.

녹내장으로 고생하신 어머니는 앞이 안 보이는 상태애서도 불경을 2시간 가량 매일 같이 독송했다. 눈이 보이지 않으면 눈이 손끝으로 오는지 모르겠다. 전화도 손끝으로 눌러서 통화하셨고, 바늘귀를 꿰주면 저고리 동정도 손수 달아 입으셨다. 당신 옷은 당신이 손수 빨아 입으셨다. 일가친지들이 모두 놀라고 신기하게 생각했다. 내가 지방에서 새벽에 귀가하면 어머니는 현관에 놓은 내 구두속에 손을 집어넣어서 그 온기 여하로 아들의 귀가시각을 짐작하곤 했었다,

평생 어머니를 모시고 산 나는 행복하다고 할 수 있다. 반면 시어머니를 한평생 한 집에서 모시고 산 아내에게는 미안하기만 하다. 그저 고맙다는 말 이외에는 달리 표현할 길이 없다. 그래서 봉급은

물론 아파트 먼지까지도 아내의 것이라고 생각하면서 살아가고 있다. 나는 어렵고 괴로운 일에 부딪칠 때는 속으로 어머니를 떠올리면서 도와달라고 기도하곤 했다. 그러면 일이 제대로 풀리곤 했다.

모친은 당신이 돌아갈 날을 짐작하고 임종 열흘 전에 당신이 받았던 물건들을 모두 되돌려주었다. 임종 사흘 전에 노래하고 싶다고 하시면서 '동해물과 백두산이' 시작되는 애국가를 부르기도 했다.

그리고 임종하시던 날 아직도 기억이 생생하다. 나는 밤 9시부터 새벽 6시까지 어머니를 눕혔다가 일으켜 세웠다가 하는 동작을 수없이 반복했다.

임종하시기 세시간 전부터 양팔이 경직되기 시작했다. 어머니 머리를 내 무릎에 올려놓고 아무리 양팔을 주무르고 비벼도 감각이 없었다.

나는 어머니 귀에 대고 "어머니, 어머니!" 하고 외쳐보았다. 어머니는 가느다랗게 대꾸하는 시늉만 할 뿐이었다. 나는 어머니와 늘 함께 되뇌이던 "관세음보살, 관세음보살~"을 연호했다. 어머니는 그렇게 관세음보살 연호 속에 세상을 떠나셨다.

어머니 돌아가실 때 날씨는 청명했다. 그 다음날은 비가 왔다. 장례식 날은 비가 그치고 햇빛이 있는 좋은 날씨였다.

어머니를 공원묘원의 양지바른 곳에 안장했다. 49재 때는 날씨가 맑고 온화하여 참석자들 모두 봄날씨 같다고들 했다. 나는 평소 어머니와 같이 독송했던 천수경과 반야심경 등을 낭송하면서 천도(薦度)했다.

어머니 묘비에 이렇게 새겼다.

"어머님께서는 한평생 자식을 돌보시면서 깨끗하고 올곧게 사시다가 청명한 가을 날 떠나시었습니다. 어머니 감사합니다." (2019.12.6.)

남산 길을 걸으며

2018년 10월 26일은 109년 전에 안중근 의사가 이토를 할얼빈 역에서 처단한 역사적인 날이다.

가을비가 촉촉이 내리는 아침이다. 나는 오전 10시에 시작하는 기념식에 참석하기 위해 남산에 자리 잡은 안중근 의사 기념관에 갔다.

돈암동에서 출발하기 때문에 길이 막힐 것 같아서 서둘러 출발했다. 그러나 의외로 교통소통이 원활했다.

아마도 안중근 의사의 염력(念力) 덕분이 아닌가 생각되기도 했다. 남산 올라가는 길의 가로수들은 온통 노란색, 빨간색으로 가을을 장식하고 있었다.

한 시간쯤 일찍 도착했다.
1시간 여유라면 남산 타워를 올라갔다 와도 충분한 시간이다.

우산을 받쳐 들고 남산 길을 오르기 시작했다.

안중근 의사 기념관에서 남산타워 올라가는 길은 매우 잘 정비되어 있었다.

60년~70년대의 돌멩이 계단이 아니라 반듯한 층계식 계단과 나무계단으로 이어져 있었다.

단풍이 너무 아름다워 이를 배경으로 한 장 찍고 싶어 젊은 사람에게 부탁했다.

그런데 우리말을 잘 알아듣지를 못했다. 알고 보니 중국 관광객이었다.

그러고 보니 아침에 남산 타워를 구경하려고 빗속의 남산 계단길을 오르고 있는 중국 관광객들이 수십 명이었다. 과연 중국 관광객들이 많구나 하는 실감이 들었다.

20분쯤 계단길을 올라가니 남산 타워에 이르게 되었다.

저 아래 내려다보이는 서울 장안 거리에 흐릿하게 수많은 고층건물이 군집(群集)을 이루고 있다. 팔각정과 타워를 배경으로 사진을 찍고 싶어 이번에는 환경미화원 아주머니에게 부탁했다.

마음씨 좋게 생긴 아주머니가 쾌히 내 휴대폰을 받아들고 사진을 찍어준다. 그리고 나보고 활짝 웃으라고 한다.

무어 웃을 일도 없는데 하면서 억지로 웃음을 지어보았다.

그러면서 나는 한마디 했다.

"다 늙어서 그런지 웃어도 웃는 건지 우는 건지 표정관리가 잘 안 되네요." 주위 사람들도 함께 웃는다.

인생은 흔히 풀잎의 이슬과 같다고 한다.

한바탕의 꿈인지도 모른다.

내가 60년 전에 용산중·고등학교를 다니면서 남대문의 전차를 타려고 후암동에서 이 남산 길을 수없이 걸어 넘어 다니던 기억이 생생하다.

이제는 70고개를 넘어 머리에 서리가 내린 상태에서 우스갯소리나 한다. 참으로 순식간에 세월이 흐른 것이다.

세월 지내고 보면 모두 별 차이 없이 되는 것 같다.

그런 것을 '너 잘 났다. 나 잘났다'하고 티격태격하는 것이 얼마나 부질없는 짓인지.

그래서 그 옛날 선사(禪師)가 '구름은 하늘에 있고 물은 병에 있다'(雲在靑天 水在甁)라고 했는가.

팔각정 오른쪽에 봉수대가 있고 그 아래쪽에 케이블카 타는 곳이 있다.

계단에 떨어진 낙엽을 밟으면서 천천히 내려왔다.

산은 언제나 고맙고 숲은 언제나 푸근함을 주고 있다.

나뭇잎마저 채색되어 자연의 아름다움을 실감하게 한다.

안중근 기념관 뜰에는 큰 돌에 의사께서 쓰신 글씨들이 잘 새겨져 있었다.

견리사의 견위수명(見利思義 見危授命): '이익을 보면 그것이 의로운 것인가를 먼저 생각하고, 나라가 위급하면 목숨을 바친다.'라는 안중근 의사의 말씀이다.

오늘의 혼탁한 세상에 사는 우리에게 교훈을 일깨워 주고 있다.

사람은 가도 그 정신과 위업(偉業)은 영원함을 알 수 있다.

이제 이 가을비가 그치고 나면 날씨가 쌀쌀해진다고 한다.

사계절은 변함이 없다.(2018.10.26.)

두만강 푸른 물에

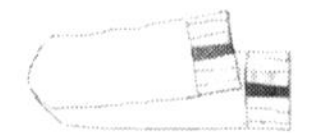

송추계곡을 따라 1시간정도 치고 올라가면 여성봉에 오를 수 있다. 여성봉에 가까이 다가가서 보면 봉우리 양 옆에 갈라진 모습이 영락없이 여인의 비처(秘處)와 같다. 오르는 사람마다 경탄한다.

여성봉을 감상하고 그 왼쪽능선을 따라가면 오봉에 이를 수 있다. 여성봉과 오봉을 잇는 능선은 편안하고 아늑하기 그지없다. 눈이 흩날리는 겨울철에 이 능선을 같이 가다가 아주 진지하고도 진솔한 표정으로 「당신을 사랑하고 있다」는 말을 나지막이 속삭인다면, 아마도 십중팔구 상대방 여성은 감동해서 남성쪽으로 살포시 기대어 올 것이다.

그럴 만큼 여성봉에서 오봉가는 능선은 포근하고 아기자기한 산길이다.

어쨌든 오봉을 거쳐 야영장에서 중식을 한 후 도봉산역으로 하산하게 되는데, 도봉산 매표소 조금 못 미쳐서 구성지게 불어제끼는 「색소폰 소리」를 들을 수 있게 된다. 부시시한 중년남자가 색소폰연주를 하면서 등산객들의 동정심을 유발하고 있다.

지난번 하산길에 또 예의 그 색소폰소리를 들을 수 있었다.

곡목은 「눈물젖은 두만강」

누구나 크고 작은 한 (恨)을 품은 채 세상을 살아가듯이 그 색소폰 남자도 한 (恨)을 실어 구슬픈 노래를 연주하고 있었다.

「두만강 푸른 물에~ 노젓는 뱃~사공~」

언제 들어보아도 가사가 가슴에 와 닿고 가락이 구성짐을 느낄 수 있다. 그 노래를 듣다보니 최근에 다녀왔던 두만강 풍경이 overlap된다.

두만강!

민족의 恨이 서린 이 강을 직접 보려면 중국의 토문(土門)으로 가면 된다. 토문은 연길에서 자농자로 한시간 정도 거리에 있는 비교적 작은 접경도시이다. 토문에서 북한으로 들어갈 수 있는 유일한 통로가 약 100m의 다리이다. 다리이름은 걸맞지 않게 토문대교(土門大橋)라고 불리우고 있다.

다리 중간에 파란색과 빨간색으로 국경선이 구분되어 있다.

그 다리 아래로 두만강물이 하염없이 흐르고 있다.

실제 두만강을 가보면 푸른 물이 아니라 누런 색깔의 강물이다.

그 옛날 인구에 회자하던 「두만강 푸른물」은 아닌 것이다.

강폭도 협소해서 한강의 절반도 안되는 것이 두만강이다.

그러나 두만강이 가지는 의미는 대단히 크다. 북한과 중국의 경계가 되는 곳이기 때문이다. 중국쪽의 토문은 날로 번성한데 비하여 강 저쪽의 북한은 도무지 사람 그림자, 자동차 지나가는 것 등이 별로 눈에 띠이지 않고 적적하기만 하다. 북한에서 건너와 구걸하는 꽃제비가 애처롭기만 하다.

「눈물젖은 두만강」의 노래에는 그 가사만큼이나 애절한 사연이 깃들어 있다.

일정시대때 함경도의 한 촌부의 남편이 3년을 기약으로 만주로 건너갔는데, 약속한 3년이 지나도 지아비가 돌아오지 않자 아낙이 두만강을 건너 간도지방으로 남편을 찾아 나서게 된다.

천신만고 끝에 남편의 행방을 수소문해 본 즉, 남편은 1년 전에 이미 객사(客死)했던 것... 아낙은 하늘이 무너지고 땅이 꺼지는 슬픔과 충격을 받게 되는데... 남편을 잃은 처지에서 살길도 막막하고 또 조선에 돌아갈 수도 없고... 아낙은 토문의 여관방에서 보름간 투숙하며 흐르는 두만강 물만을 하염없이 바라보다가... 결국 넋두리처럼, 실성한 상태에서 망부가(望夫歌)를 읊조리게 된 것이 「두만강 푸른 물에 노 젓은 뱃~사공, 흘러간 그 옛날에 내님을 싣고~ 떠나간 그 배는~ 어디로 갔나~」

「아 아~ 그리운 내님~이여, 그리운 내님이여~언제나 오려나~」

결국 아낙은 두만강에 몸을 던지고 만다.

그때 두만강 물빛은 푸른 색깔이었을 것이다.

어쨌든 그 노래가 만주지방에서 연극으로 꾸며져 대단한 인기를 끌었었다고 한다.

그 뒤 한반도로 내려와 누구나 부르는 애창곡으로 되었다고 한다. guide의 말을 옮겨 놓아 본 것인데 이 노래의 생성기원에 대하여는 이설(異說)이 있을 수 있다.

어쨌든 이와 같은 망부(望夫)story는 중국의 "오작녀 이야기"도 같은 맥 (脈)이다.

북경에서 만리장성을 올라가보면 저쪽 먼 산위에 오작녀 비(碑)가 세워져 있음을 볼 수 있다.

그 옛날 진시황제 시절 만리장성을 쌓을 적에 강제로 동원된 수많은 젊은이들이 축조과정에서 희생되었음은 우리 모두가 들어서 아는 사실이다.

꽃다운 나이의 오작녀는 결혼한지 사흘 만에 새신랑 남편을 만리장성 축조공사로 떠나보내게 된다. 그로부터 수십일이 되던 어느 날, 오작녀는 꿈에 남편이 나타나 「춥구나, 추워」하면서 몸을 웅크리고 떠는 모습을 보게 된다. 불안하고 이상스럽게 생각한 「오작녀」는 두툼한 솜바지 저고리를 정성껏 만들어가지고 집을 나서게 된다.

물어 물어 남편의 공사현장에 도착하게 된다. 그러나 남편은 이미 이 세상 사람이 아니었다. 얼마 전에 벼랑으로 추락하여 사망했었던 것이다.

그런데 남편이 사망한 날이 바로 오작녀의 꿈에 남편이 나타나 「춥다」고 하면서 우둘우둘 떨던 바로 그 날이었음이랴!

오작녀는 절벽 아래 내려가 남편의 뼈를 추슬러 안장한다.

그리고 절벽에 앉아 도도히 흐르는 강물을 하염없이 바라보기만 하다가 결국 투신하게 된다. 바로 그 자리에 열녀(烈女)오작녀의 기념비가 세워져 있는 것이다.

흐르는 두만강을 바라보면서 한 없이 남편을 그리워하다가 투신하는 조선 아낙이나, 장강(長江) 위에서 역시 망부가(望夫歌)를 부르며 남편 뒤를 따르는 북경 아낙, 모두 애틋한 사연과 한(恨)을 품고 세상을 떠났다.

부디 저 세상 가서 잊지 못하였던 지아비를 만나 화락한 나날을 지내도록 천도(薦度)할지니... 지아비를 섬기기를 하늘과 같이 하고 또 목숨 바쳐 사랑했던 그 옛날 아낙들의 지고지순(至高至純)한 사랑에 오로지 가슴이 뭉클한 뿐이다.

괴테가 말했다.
「언제까지나 변하지 않아야 진정한 사랑인 것이다. 일체를 주어도, 일체를 거부당해도 언제까지나 변하지 않아야만 그것이 진정한 사랑인 것을...」

돌아서기가 무섭게 잊혀지는 요즘의 사랑행태, 남편이 버젓이 있음에도 그가 무능력자라 하여 집을 떠난다는 요즘 일부 아낙들에 대한 신문기사를 보노라면 금석지감(今昔之感)이 아닐 수 없다. 두만강 푸른 물이 누런 물로 변색되었듯이 오늘날 아낙들의 지아비에 대한 사랑과 정성도 이렇듯 약화된 것인가? 아니면 세상이 그 만큼 각박해진 것일까?

인간미가 풍성했던 그 옛날이 그립고, 비록 가난했지만 그 때가 좋은 시절이 아니었는가 하는 생각이 들기도 한다.

그런 의미에서 오래간만에 눈물젖은 두만강이나 한번 불러 볼까...

「두만강 푸른 물에~ 노젓는 뱃~사공 흘러간 그 옛날~에 내님~을 싣고.....」(2007.8.17)

정(情)

확실히 요 며칠 전부터 떠도는 말이다. 그것은 집에서 일년 가까이 길러오던 '부둑이'를 개장국하는 사람에게 판다는 것이다. 내가 학교에서 좀 일찍 돌아오자, 어머니께서는 나를 불러 앉히고는 "네 학비를 댈 도리가 아무 것도 없으니…"까지 말씀하셨을 때 나의 머리에는 무슨 불길한 생각이 스치고 지나갔다.

계속해서 어머니께서는 "할 수 없이 저 개를 팔기로 했다. 개장국집에다가…할 수 있니? 나도 생각 생각 하다가 이렇게 말미를 지어 놓은 것이다," 하시며 말씀을 끝맺으시는 것이었다. 나는 내 학비에 충당할 돈을 마련한다는 정당한 아니 오히려 내가 미안한 감(感)까지 드는 그런 이유에 꿀먹은 벙어리처럼 검뻑검뻑하고 있었던 것이다.

그런 일이 있은 후, 한 이틀이 지났을 무렵에, 내가 학교에 갔다 오자마자, 어머니께서는 "오늘 저 개를 개장국하는 사람에게 끌고 가라고 주었더니, 갑자기 "쉭" 하는 소리와 함께 우리 가게 안으로 들어오는 것이 있어서 봤더니, 아, 그놈이 부둑이가 아니야! 그래서 자세히 보았더니 머리에서 피가 났더구나! 그리고 그 가죽끈을 끊고 왔잖니 글쎄! 하시는 어머니의 말씀이 채 끊나기도 전에 나는 '부둑이'를 불렀다. 나를 보더니 반가워서 꼬리를 흔들며 나오는 부둑이를 보았더니. 과연 머리가 조금 깨져 피가 엉켜있지 않는가! 나는 한동안 눈시울이 시큰했다. 그것은 내가 너무 감상적(感傷的)인 인간때문은 결코 아니었으리라.

저녁을 먹고 나는 '부둑이'를 데리고 언제나 같이 가던 공터로 갔다. 하늘에는 별들이 총총히 떠있어 제각끔 반짝반짝 거리고 있엇다. 나는 공터에서 아무것도 모르고 좋아서 컹컹거리는 '부둑이'를 보니 내 눈에는 별빛이 스며들었다. 공터에는 아무도 없었다.

나는 '부둑이'를 쓰다듬으며 아까 저녁을 먹을 때 어머니께서 하신 발씀을 되뇌어 보았다. "내일은 일요일이니까 네가 그 사람들에게 개를 끌어다 주고 오너라…" 이런 말씀을 생각하지 않으려고 하면 더 생각이 나곤했다. 한시간이나 지났을 무렵 나는 개를 데리고 집에 왔다.

잠자리가 좋지 않아 자는둥 마는둥 했는데, 어머니께서 부르시는 소리를 듣고 나가 보았더니, 개장국하는 사람이 와서 우리 '부둑이'를 끌고 가려고 한다. 나는 입술을 꾹 깨물었다.

어머니께서는 빨리 끌고 가라고 재촉하신다. 이윽고 나는 정신없이 개를 데리고 그 개장국하는 사람의 뒤를 따랐다. 얼마 가지 않아 골목길로 접어들었다. 한참 골목길을 지나니, 내 눈 앞에는 쓰레기가 지저분하게 흩어져 있고, 그 앞으로는 작은 개울이 흐르는 빈 공터가 나타났다.

거기에는 청량리에서도 이름 있는, 개를 때려 죽이는 것을 업으로 삼는 말라빠진 사람이 개울가에다 개 사형대를 만들어 놓고 빨리 오라고 재촉한다. 나를 인도한 그 개장국하는 사람과 개 잡는 사람은 나더러 개목을 좀 매어달라고 한다. 나는 단호히 "안돼요!" 하고, 그 개장국하는 사람에게 손 줄만 넘겨주었다. 그 때 다른 사람이 내 눈을 보았으면 틀림없이 내 눈에서 횃불이 번쩍인 것과, 얼굴은 일종의 증오감에 사로잡혀 잔뜩 이지러져 있는 것을 눈치 챘으리라.

나는 내가 일년동안이나 애지중지 키워오던 '부둑이'의 깨갱! 깨갱! 하는 소리를 들으며, 골목길로 접어든 순간, 숨이 다 넘어갈 듯하던 개 소리가 잠깐 그치고 그 대신

"저런, 저런, 저걸 어째!"하는 소리가 들려 뒤를 돌아 보았더니, 아! '부둑이'가 막 달려오는 것이 아닌가? 입에는 거품을 품은 채…. 나는 달려오는 '부둑이'를 쓸어 안고 보니, 머리에 쇠망치로 얻어 맞아서 거의 다 깨져서 피가 흐르고 있다. 목에 매었던 가죽끈을 끊은 채로…

개장국 하는 사람이 밧줄을 나한테 던지며 "학생! 그 밧줄 좀 개에다가 매 줘! 빨리 좀!" 하는가 하면, 개 잡는 이도 "아, 거 좀 매 주면 매 주면 뭐 잘못되나? 피차가 다 좋고"

나는 기가 질려 악에 받힌 목소리로 "못해 주겠어요. 당신들도 알지만 사정이 어쩔 수 없어서 개를 파는 건데, 거기다가 또 내가 일년동안 길러온 개를 어떻게 목에다가 줄을 매서 죽인단 말이오. 나는 못해 주겠소" 하면서 '부둑이"를 껴안고 노려보니까, 그 사람들은 기가 막힌 지 멍하니 서 있다가," 그럼, 본래 그 개 줄로 다시 매어라, 뭐! 그 밧줄로 매주면 안 된다던, 아무래도 죽을 개를 가지고…."

그 말에 나는 밧줄을 쳐다보았다. 쳐다보다가 나는 저 밧줄로 죽은 개 들이 얼마나 많을까 하고 생각하니 몸서리가 친다. 그 밧줄이 마치 징그러운 뱀 같은 생각이 들었다.

"그러면 본래 이 개 줄을 줘요!" 하고 '부둑이' 끈을 받아서 내 품속으로 피투성이가 되어 내 품으로 기어드는 '부둑이'를 끝내 살리지 못하고 개잡는 사람에게 끈을 돌려주어야만 했다.

"자아! 여기 있어요. 얼른 받아줘요. 빨리욧!" 하고 내가 다급하게 신경질적으로 말하니까, 그들 둘이서는 거의 동시에 "학생! 왜 이렇게 서둘러!" 하며 끈을 받아 쥔다.

나는 여러 말 하지 않고, 뒤도 안 돌아보고(그것은 내가 '부둑이'의 원망하는 눈초리를, 또 애원하는 눈초리를 차마 볼 수가 없어서) 집으로 달음박질을 해 왔다.

일요일이라 늦잠을 자고 일어난 동생은 '부둑이'가 죽었다는 말을 듣고 운다. 나도 코가 시큰했다. 어머니께서는 한 숨을 지으신다.

나는 집에서 과히 멀지 않은 뚝으로 나갔다. 날씨는 맑았다. 햇빛을 담뿍 받으며 나는 뚝방길을 하염없이 걸었다. 걷다가 나는 뚝 잔디밭에 앉았다. 건너편에는 소가 풀을 뜯고 있고, 어떤 아주머니가 배추를 솎아주고 있었다. 나는 턱을 고인채 오늘 아침 '부둑이' 일을 생각해 보았다.

생각하면 할수록 피투성이의 참혹한 '부둑이'의 형상이 나타나 나를 괴롭힌다. 그러다가 나는 문득 6.25때 공산당 놈들에게 납치당하여 아무 소식도 없는 아버지를 혹시나하며 기다리면서 서러워 하시는 어머님과 그리고 아침밥상을 받아서 막 숟갈을 뜨려고 하는 순간, 큰아들의 사망통지를 받고 숟갈을 든 채 넋 없이 바보처럼 문에 기대어 서서 서럽게 우시던 넷째 큰어머님을 생각할 때, 나는 아무것도 아닌 한갓 미물(微物)에 지나지 않는 개에 무어 그처럼 구애되어 슬퍼하나? 곰곰히 생각하니 그것은 정(情)이란 것 때문이라고 단정을 내렸다.

'부둑이'의 몇 시간 전의 피투성이가 눈앞에 삼삼히 환영(幻影)으로 나타나건만, 나는 어머님과 넷째 큰어머님을 생각함으로써 그것을 지울 수가 있었던 것이다.

그러나 아직도 완전히 '부둑이'의 참혹했던 모습이 사라지지 않는 것은 무엇 때문일까? 그것은 확실히 정(情)때문인 것이라고 나는 다시금 결론을 내렸다.(용산고 문예지 문원 제15호. 1962.)

플랫폼에 서서

법대 교문으로 들어설 때 학교 담 옆에 쓰레기 처리장이 있어서 별로 기분이 좋질 않았다. 또한 법대 건물 자체가 붉은 벽돌로 지은 철공장 같은 느낌이 들어 볼 품이 없었다. 그러나 일단 강의실로 들어가면 자기대로의 가치관과 이상을 가진 반가운 학우들이 있어 즐거웠었다. 유머러스하고 인간미 넘치는 교수님들의 강의는 재미있고 귀중했다.

학교 담너머 들리는 엿장수의 가위소리와 라디오 가게의 노래소리는 강의 중에도 묘한 조화를 이루는 것만 같이 들렸다. 그런 와중에 대학시절은 고등학교 때 보다 무척 세월이 빨리 간 것 같다.사실, 부푼 가슴을 안고 법대에 입학한 따뜻한 봄날, 선배들에 이끌리어 반강제적으로 막걸리를 들이킨 결과 오장육부가 뒤틀리는 고통을 받았던 기억이 아직도 생생한데, 학기말 시험도 끝난 눈 내리는 토요일에 이제는 후배들이 베풀어 주는 졸업생 환송회에서 술잔을 기우리게 되었다. 새삼스러이 세월의 빠름을 느끼지 않을 수 없다.

이제 23호 열차가 서서히 떠나려고 한다. 플랫폼에 늘어선 승객들을 둘러보니 모두가 낯익은 얼굴들이다. 눈동자에 빛은 잃지 않았어도, 거개가 조그마한 보따리 하나씩을 들고 서 있다. 외관상으로 볼 때 파리하고 초췌한 모습들이다.

사회로 떠난다는 신호가 울린다. 나는 내 보따리를 들고 올라가는데 무척이나 보따리가 가볍다. 교양이라든가 인격이라든가 학업 등이 하나도 제대로 된 것이 없음을 깨닫고, 다시금 성실하지 못한 내 성격과 노력이 부족했던 자신을 반성해 본다.

스스로 못마땅하게 생각하는 점은 되도록 많은 학우들과 어울려서 얘기하느라고 했고, 또 교수님들께도 접근해 보려고 했으나, 아직도 폐쇄적이고 다른 사람들과 쉽게 동화하지 못하는 다분히 배타적이고 독단적인 성격, 단적으로 말하면 아집에 불과한 이런 기질에서 별로 탈피하지 못했다는 사실이다.

시골이나 산에 가면 길옆에 또는 산등성이에 잡초와 어울려 자라는 찔레를 볼 수 있다. 찔레가 비록 꽃송이도 작고 빛깔이 화려하지는 못해도 그 향기는 그윽하고 깊은 맛이 있다. 온실 속에서 적합한 온도와 습도와 영양분을 섭취하면서 곱게 자란 장미꽃에 비하면 찔레는 잡초만이 무성한 노상에서 모진 비바람을 맞으면서 자라난 것이다.

그러나 일단 거센 폭풍우가 한번 몰아 닥칠 때 모진 풍상을 겪으면서 자라난 찔레는 이에 굴함이 없이 꿋꿋이 버티는 저항력과 생명력을 자질 수 있는데 비하여, 온실밖에 내놓은 장미는 여지없이 꺽어지고, 산산조각으로 흩날리어 그 형체마저 없어지고 마는 것이다.

이제 바야흐로 세찬 물결속에 휩쓸리게 되는 나 자신, "간난(艱難)이 너를 옥으로 만든다" 라는 명구를 다시 한번 마음 속에 새겨본다. 벗들의 앞날에 보람 있기를 기원한다.(서울법대 FIDES誌 1968.)

원상회복

가끔 TV 뉴스시간이나 또는 일간지에 대학동창들의 얼굴이 비추이는 것을 보노라면 대견스럽다는 느낌이 든다. '이제는 사회의 중추적인 인물들로 자리잡아가고 있구나' 하는 생각이 든다.

그러는 한편 그 친구들의 희끗 희끗한 머리카락과, 눈가에 늘어진 주름살을 보노라면 '아, 이제는 모두 40대 후반의 중늙은이들로 들어섰구나' 하는 허무함과 쓸쓸함이 느껴지기도 한다. 그러고 보면 법대를 졸업한 지도 벌써 24년이라는 세월이 흘렀다. 그러니까 강산이 두번 변하고도 우수리가 남는 세월−12간지가 두 번 돌아가는 연륜이 흐른 셈이다.

지내놓고 보면 누구나 그렇듯이 세월 참 빠르다.

이제 50을 내일 모레하는 처지에서 결국 남은 세월이 지나온 기간보다 짧은 지경에 놓이게 된 것이다. 지금 와서 무엇을 새로 시작해 보기에는 연령상 무리라고 생각된다.

학창시절, 청년시절을 곰씹으면서 그냥 그런대로 마무리나 잘 지어야겠다, 바둑으로 치면 포석단계와 중반전을 거의 끝내고 종반전과 끝내기 단계에 들어섰다고 할까.

세월의 흐름이 덧없다고 해서 그렇다고 지나온 세월이 그리 후회스러운 것은 아니다. 그래도 마음 한 구석에는 무언가 좀 밑지고 산 것 같은 느낌이 드는 것은 무슨 이유일까,

돌이켜보면 우리 세대나 우리 앞의 세대는 고생도 참 많이 했다고 생각된다, 6,25 동란에 쫓겨 다니는 피난살이, 4.19와 5.16의 와중에서 제대로 먹지도 못한 상태에서 가난하게 살아야 했었다.

법대에 입학해서도 도서관 또는 산사에서 고시공부, 그것도 지금의 선발인원에 비하면 몇 분지 일도 안 되는 적은 숫자에 매달렸어야 했다. 행정고시에 합격하고 사무관 발령을 받았어도 합격의 기쁨만 잠시 있었을 뿐, 첫달 받아 쥔 봉급은 동숭동 하숙비도 제대로 충당하기 어려운 박봉이었다. 그야말로 누구나 인고의 세월을 보내야만했다. 이는 개발초기인 1962년 당시 1인당 국민소득이 불과 83달러였던 점으로 미루어 짐작 할 수 있겠다.

그 후 온 국민들의 땀 흘린 노력의 대가로 여섯 차례에 걸친 경제계획이 주효하여 39년이 지난 1992년도 1인당 국민소득은 6,749달러가 되었다. 그야말로 경이적인 경제발전이 아닐 수 없다, 하긴 그 덕에 나 같은 사람도 자가용을 몰고 다니는 처지가 되었다. 예전에 콩나물 버스에 시달리며 동숭동 캠퍼스에 통학하던 때에 비하면 격세지감이 없을 수 없다.

공업화와 경제성장은 우리 주위에 생활의 편리함과 물질의 풍족함

을 가져다 주었다. 그러나 정신적인 면에서는 오히려 예전보다 더 각박해지고 궁핍해진 것이 아닐까 생각해본다.

동기생들 대부분이 사회적으로나 가정적으로 기반이 잡혀 겉으로 보기에는 별로 부족할 것이 없는 것으로 보이기는 한다. 그렇다고 해서"그대는 진정으로 행복하고 항시 즐거운가?" 라고 질문을 던져볼 때 과연 모두가 '그렇다'라고 긍정적으로 대답할 수 있을런지. 우선 나부터가 무언가 답답하고, 특히 요즘에는 시력이 떨어져서 잔 글씨가 잘 보이지 않게 건강면으로도 초조하기만 하다. 이른바 갱년기 현상이 아닌가도 생각해 본다.

이런 경우의 특효약은 일상생활을 벗어나 원래의 소시적 나의 상태로 돌아가는 것이다. 그러기 위해서 나는 동대문운동장을 끼고 청계천 쪽으로 뻗어있는 아른바 '벼룩시장'을 찾아간다.

우리집은 개포동이기 때문에 벼룩시장으로 가려면 버스를 두번 타야 한다. 그리고 벼룩시장에 갈 때에는 우선 허름한 막바지에 운동화를 신는다. 물건을 사면 가져올 배낭을 어깨에 둘러메고 나선다. 넥타이를 매고 양복 입고 벼룩시장에 가면, 같은 물건도 그 값이 비싸게 불리워 질 우려가 있을 뿐 아니라, 행동이 불편하고 신사인 체, 점잖은 체 해야 하는 부자유가 따르기 때문이다.

벼룩시장에 가면 없는 물건이 없는 만물시장 거리를 만끽할 수 있다, 옛날 골동품에서 부터 어떤 때는 원숭이까지 매물로 나와 있기도 한다. 수많은 인파가 밀고 밀리는 가운데 삶의 생동감을 느낄 수 있다. 모든 물건이 파격적으로 싸서 그런지 요즈음 벼룩시장에 가보면 동남아 사람들도 많이 몰려다니는 것을 볼 수 있다. 이제는 정말 지구촌이고 국제화 되어 있다는 것을 실감할 수 있다. 어쨌든 중고 물품이 다양하게 많아 구경만 하고 돌아다녀도 처음에서 끝까지 갔다 오면 두세시간은 너끈히 걸려 만보걷기 운동으로도 제격이라고 할 수 있겠다.

문민정부가 들어선 이후 공직자들이 필드에 나가는 것을 자제하고 있어 일부는 등산과 낚시 등으로 주말 취미를 바꿨다고 하는데, 벼룩시장을 한번 둘러보고나면 18홀을 걷는 것과 같은 거리를 걸을 수 있다. 뿐만 아니라, 골프는 잘 맞고 안 맞고에 신경이 쓰이나, 벼룩시장은 그런 신경을 쓸 필요 없이 자기가 구경하고 싶은 것을 자유스럽게 마음대로 구경할 수 있어 더욱 좋다.

걷다가 출출하면 쪽의자에 앉아 아주머니들이 말아주는 열무김치 국수를 한 그릇에 1,000원 내고 사먹으면 그만이다. 또 번데기도 500원어치 사면 실컷 먹을 수 있다. 오징어 튀김이나 설탕 넣은 납작한 호빵은 한 개에 100원씩인 데 꿀맛이다. 음식을 먹은 후 옆에 놓인 물주전자의 물을 컵에 따라 먹느라면 그 옛날 동숭동 법대 개천가에서 먹던 풀빵 생각이 되살아 난다. 다시 학창생활로 원상회복되는 것 같다. 그래서 좋다.

저쪽에 사람들이 많이 모여 있어서 나도 가서 기웃거려본다, 그럴 경우에는 항상 소매치기에 조심해야 하기에 한 손을 주머니에 찌른 채로 비비고 들어가는 것은 아직도 옛 습관 그대로이다,

머리를 깍은 중년 사내가 회색도포를 걸친 채, 노인 한 사람을 나오라고 한다, 노인을 엎드리게 한 후, 허릿병을 치료하는 시술을 하고 있다. 하는 말이 걸찍하다, "노인 양반, 내가 이제 고질병인 허릿병을 고쳐줄 테니까 행여 엎드린 채로 냄새나는 방귀를 뀌면 안 돼요"

관중들이 '와르르' 웃는다. 시술이 끝난 후 노인네가 거뜬히 일어나 허리를 펴보고 또 등을 구부려 손끝을 땅에 대 보기도 한다. 신기하다. 도사가 박수를 치라고 하니 관중들이 따라서 박수를 친다. 그런 후 시술을 한 중년사내는 특효약을 선전하기 시작한다. 나는 걸음을 옮겨 그 자리를 떴다.

과거 학교 다닐 때 청계천은 중고서점이 즐비했었는데 이제는 비디오 가게가 엄청나게 많다. 벼룩시장에서 비디오 테잎을 한 개에 1,000원으로 무척 싼 편이다. 이는 아마도 원본이 아니고 복사한 것이 대부분인 것 같다. 요즈음 노래방이 인기라 그런지 노래방 비디오 테잎이 많이 팔리고 있다.

그리고 우리나라 사람들이 머리가 좋아서 그런지 TV와 라디오만 있으면 손바닥만 한 기계로 자막도 나오고 노래도 부를 수 있는 발명품을 팔기도 한다. 그 기계가 이번에 새로 발명특허 받은 것이라고 소개하면서 흘러간 유행가는 물론 최신가요까지 멋들어지게 시범을 보이는 판매원의 노래는 언제 가서 들어보아도 좋기만 하다. 나도 저렇게 부를 수 있다면 각종 모임에서 얼마나 신나겠는가.

오징어 튀김가게에서 오징어를 간장에 찍어 먹으면서 일부러 아주머니들에게 농을 걸어본다. "아주머니, 요즈음 무얼해야 돈 벌 수 있습니까? 이거 뭐 처자식은 굶기지 말아야 할 텐데요." 하면, 일하던 아주머니가 딱하다는 듯이 "아직 몸이 성성한데 노력하면 굶기야 하겠어요"한다. 옛날의 초라했던 내 모습을 보는듯해서 재미있다. 또 인심이 풍성해서 좋다.

벼룩시장에 처음 다닐 때에는 이것저것 보이는 대로 신기한 것은 샀었으나, 이제 조금 이력이 붙으니 내 나름대로 물건 보는 요령과 사는 방법을 알게 되었다.
이제 내가 관심을 가지는 것은 수석과 서화 그리고 잡동사니 중고 물품들이다.

서화는 쓸만한 물건이 별로 나오지 않는 편이라 접어두고, 주로 수석을 사모아서 이제는 집에 괜찮은 것들이 십수점 있게 되었다. 저녁에 퇴근해서 전깃불 밑에 수석들을 보노라면 기기묘묘해서 시간 가는 줄을 모르겠다.

이처럼 나에게는 벼룩시장 관람이 재미있는데, 우리집 아이들에게는 별로인 것 같다. 작년 여름에 아이들을 데리고 나가본 적이 있다. 옛날 등잔이나 청동화로, 옛날 그림, 인두 등을 실제로 처음보기도 하지만 아이들에게는 별 흥미가 없는 듯하다. 요즘 아이들은 '풀빵'이나 '번데기' 맛보다 오히려 '피자'나 '초콜릿'을 더 선호하는 것 같다. 아이들이 그때 갔다 온 후 다시 가자고 해도 따라나서지 않는다. 결국 나만 이상한 취미를 가진 사람으로 되어버린 감이 없지 않다.

수석은 대개 만원에서 만오천원에 구입하게 되고, 그것을 집에 가지고 와서는 잘 닦아서 기존의 수석들과 비교하면서 이리보고 저리보고 하는 맛이 보통이 아니다. 그런데 수석을 수집하다보면 돌 알맹이만 있고 나무받침이 없는 경우가 많다. 이런 경우 그 알맹이는 비교적 값이 싼다. 받침을 별도로 장만하려면 그 비용이 생각보다 많이 들기 때문이다.

최근 나는 내친김에 그렇다면 수석 밑받침을 내가 스스로 만들어

보기로 했다. 우선 '끌'등 연장. 도구 한셋트를 청계천에서 3만원주고 샀다. 그리고 받침용 조각에 쓰이는 '마티카'라는 널판지 목재를 목재점에서 구입했다.

지난 일요일 마침 비가 오길래, 이렇게 비가 오는 날에는 벼룩시장에 나가봐야 노점상들이 장사를 펼치지 못하는 관계로 공치게 되므로, 자제에 집에서 수석 밑받침이나 만들기로 했다.

톱으로 '마티카' 나무를 적당한 크기로 잘랐다. 그리고 방바닥에 신문을 펴놓은 채 그 위에서 '끌'을 가지고 수석에 맞게끔 나무를 파기 시작했다. 한창 열을 내서 파고 다듬으니 마치 중학교 때 공작실습시간이 연상되기도 했다.

그렇게 목공작업을 하던 중 방문을 열어 본 아내가 "이제는 방에서 별 목공일을 다 하는 군요, 내 원 참!" 하는 통에 뒤를 돌아보며 "무슨 소리요. 이렇게 만들면 얼마나 근사한 수석 밑받침이 되는데" 하면서 나무 중간쯤에 '끌'을 밀어 넣는 순간, 아차! 끌이 빗나가서 결국 나의 왼손가락을 다치게 되어 피가 줄줄 나는 것이 아닌가! 아내가 옥도정기와 1일 밴드를 가지고 와서 임시치료를 해 주기는 했으나 하여튼 아내와 애들 있는 데서 서툰 솜씨로 나무를 깍다가 망신만 당한 셈이다.

그러나 며칠 지나면 내 왼손가락의 상처도 아물게 될 것이다. 그러면 나는 다시 끌과 연장을 가지고 수석 밑바침 만들기 작업을 시작할 것이다. 보는 이에 따라 그러한 작업은 사소하고 우스운 것일지 몰라도, 나는 그런 취미와 작업활동을 통해서 원래의 나로 회귀할 수 있기 때문이다. 다시 말해서 원상회복력이 생기기 때문이다.

이 글을 맺으면서도 웃음이 나는 것은 다음번 일요일의 벼룩시장에서의 즐거운 기대가 있기 때문일 것이다.

(서울법대 동창 수상록 「하늘이 무너져도 정의는 세워라」, 1994)

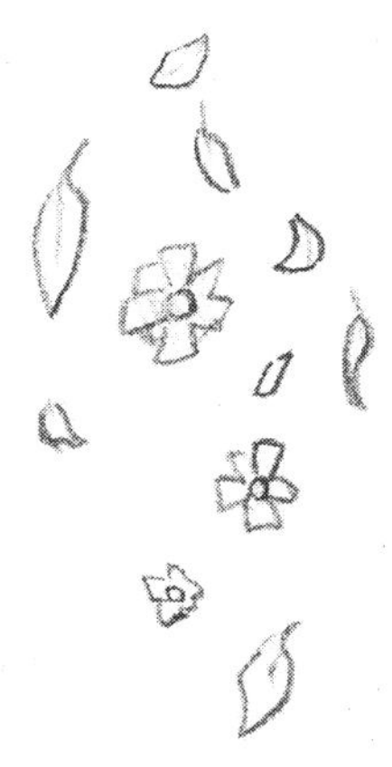

제2부

산은 구름을 탓하지 않는다

금수저 흙수저

공수래 공수거(空手來空手去)라는 말을 흔히 잘 쓴다.

빈손으로 왔다 빈손으로 가는 인생인 데 무어 그리 욕심낼 것이 있는가.

사람은 이 세상에 태어날 때 아무것도 손에 들고 온 것이 없이 빈손으로 태어난다.

죽어서 저승 갈 때에도 역시 모아놓은 재산을 그대로 버려두고 빈손으로 떠난다.

그러니 마음 비우고 살다가라 한다. 지극히 지당한 말씀이다.

그러나 나는 달리 생각해 본다.

누구나 이 세상을 떠나 갈 때에는 빈손으로 간다.

수의(壽衣)에 주머니가 없듯이 누구나 빈손으로 간다.

있는 사람이건 없는 사람이건 마찬가지이다.

그러나 태어날 때는 다르다.

이른바 부모 잘 만나서 '금수저'를 물고 태어나는 사람이 있다.

반면에 가난한 집안에서 아무 것도 가진 것 없이 '흙수저'로 태어

나는 사람도 있다.

금수저 건 흙수저 건 자기는 '수저구경'도 못하고 태어났다고 자조(自嘲)하는 사람도 있다.

4살 어린 아이가 아파트 2채를 보유하는 가하면, 12세 초등학생이 10억원이 넘는 아파트를 매입했다고 하여 탈세관계로 국세청이 조사에 나섰다고 한다.

언론보도에 따르면, 작년에 미성년자에게 증여한 건수가 7,861건으로 금액기준 1조279억 원에 달한다고 한다.

한국이 경제강국이 되더니 미성년자 증여 액수도 상당하다.

자손에게 재산을 증여하거나 상속하는 것은 인지상정(人之常情)이다. 다만 탈세 등 위법성 여부만이 문제인 것이다.

여하튼 간에 태어날 때부터 아파트를 가지고 태어나는 아이와 맨손으로 태어나는 아이로 구별될 수 있는 세상이다.

하긴 옛날에도 지금보다 규모는 작았을 지라도 재산의 대물림은 지속되어 왔다.

태어날 때부터 많은 재산을 가지고 세상에 나오는 것이 금수래(金手來)라고 한다면, 아무것도 가진 것 없이 벌거숭이 맨몸으로 나오는 것은 빌공(空)자의 공수래(空手來)라고 말 할 수 있다.

'금수래가 좋은가' '공수래가 좋은 가'.

이는 세월이 지나가 보아야 알 수 있다.

물려준 재산을 흥청망청 써버린다면 그것은 재산이 독(毒)으로 된다. 반면에 물려준 재산을 기반으로 헤서 보다 융성 발전할 수 있다면 그것은 약(藥)이 된다.

공수래 역시 마찬가지이다.

불에 여러 번 달군 쇠가 명검(名劍)을 만들 듯이, 가난을 딛고 자수성가(自手成家)를 이룬다면 가난이 노력을 불러내어 성공의 밑거름이 된다.

반면에 빈곤의 대물림으로 뒷골목만을 배회한다면 가난은 독(毒)으로 작용한다.

인간 만사가 그렇듯이 결국은 자기가 할 탓이다.

나는 공수래(空手來) 에 더 호감이 간다.

편히 사는 것은 사는 것이 아니다(To live at ease, is not to live.)라는 말에 공감이 가기 때문이다.

그래서 흙수저 출신인 나는 학창시절 부터 괴테의 말을 되뇌이곤 했다. “눈물 젖은 빵을 먹어보지 않은 사람은 인생의 참 맛을 모른다.”

눈물과 함께 빵을 먹어 보지 않은 사람과는 인생을 논하지 말라.

간난(艱難)이 너를 옥(玉)으로 만든다 라는 서양격언이 있다.

우리 속담에 ‘젊어 고생은 금(金)주고도 못산다’고 하지 않았던가.(2018.12.03.)

극빈(極貧)의 시절

지나간 것은 모두 아름답게 비치는 법이다. 실연(失戀)으로 쓰라린 가슴을 움켜쥐고 눈물을 흘렸을지라도 그것은 아름답다. 불타는 청춘의 정열이 있었기 때문이다. 사업에 실패하고 휘영청 뜬 달을 올려보며 술잔을 마시더라도 그 광경이 아름답다. 일의 성취를 위한 집념과 열정이 있었기 때문이다. 이렇듯 지나간 것은 긴 인생여로에서 보면 모두 아름답다.

초근목피(草根木皮)의 가난한 시절에 나는 제대로 끼니를 이을 수가 없었다.

선친을 이북에서 희생당하고, 홀어머니 따라 피난 내려온 나를 도와주는 사람은 아무도 없었다. 초등학교시절 어머니가 시장에서 고춧가루 장사를 하면서 살아갔다. 나는 그 옆에서 후추알맹이 가는 조그만 기계를 돌리곤 했다. 모두 먹고 살기에 급급했던 1950년대 풍경이었다. 미국에서 주는 옥수수 가루로 연명했다.

항상 배가 고팠다. 어느 땐가 상가집에서 준 돼지고기를 먹고 죽을 뻔 했다. 상한 돼지고기였었다. 설사가 그칠 줄 몰랐다. 열이 40도를 넘어 몸이 불덩어리처럼 뜨거웠다. 의식을 잃은 채 천장을 바라보니 천장에서 콩을 가는 맷돌이 빙글빙글 돌아가고 있었다. 이따금 천장에서 누워있는 말라빠진 앙상한 내 모습을 볼 수 있었다. 이

것이 유체이탈(遺體離脫)이라는 것을 나중에 알았다. 그러기를 사나흘 한 후 다행히 살아났다.

어린나이에 돼지고기에 혼이 난 나는 이후 돼지고기를 일체 먹질 못했다. 먹으면 배탈이 나기 때문이다. 신경성 인지도 모른다. 나이 70이 넘어서야 마지못하여 한 두점씩 먹기는 하나 여전히 기피대상 음식이다. 자라보고 놀랜 사람 솥뚜껑보고 놀래는 격이다.(嚇于鼈者尙驚鼎盖: 혁우별자 상경정개)

초등학교 5학년 때, 학교 울타리에 심어놓은 호박들이 먹음직스럽게 열렸다. 간밤에 비바람이 세차게 불어 울타리 밑에 호박덩어리가 여기저기 떨어져 있었다. 배가 고픈 나는 그 중 하나를 집어들고 집으로 왔다. 어머니에게 호박부침을 해달라고 할 참이다. 그런데 어머니는 호박을 보더니 어디서 난 것이냐고 물었다. 나는 사실대로 얘기했다. 그러자 어머니로부터 호된 꾸지람이 있었다. 어머니 말씀에 따라 다시 초등학교에 되돌아가서 호박을 제자리에 놓았다. 집에서 학교까지는 2km가 넘는 먼 거리였다. 부끄럽기도 하고 슬프기도 해서 흐르는 눈물을 주먹으로 딱은 기억이 아직도 생생하다.

모친은 외아들인 내가 모시고 사는데 금년(2019년)에 100세가 된다. 모친의 육신은 한없이 쇠약해지셨다. 그러나 정신은 또렷하다. 모친의 두뇌를 본받아 손자 손녀가 모두 서울대를 졸업하고 미국 하바드에서 석 박사학위를 받았다.

나는 중학교 다닐 때 가난해서 연필과 지우개를 제대로 살 수가 없었다. 내가 다니던 중학교건물은 일정시대에 지은 것이었다. 교실 마루가 나무판이었다. 나무판에 있던 광솔이 빠지거나 하면 틈새가 생겼다. 그 틈새 사이로 학생들이 쓰던 연필이나 지우개 등이 빠지는 경우가 있었다.

나는 학교가 끝난 후, 운동장 옆의 마루 통풍구인 조그만 구멍으로 기어 들어갔다. 당시 몸집이 작아서 누운 포복자세로 간신히 들어갈 수 있었다. 먼지를 온통 뒤집어 썼다. 그러나 아랑곳하지 않고 구멍으로 떨어진 연필이랑 지우개를 주어서 썼다. 아마도 수십년 전 일본인 학생이 쓰던 것인 지도 모른다.

교복은 다른 학교 다니는 친척이 입던 것을 물려받아 입곤 했다. 교복단추만 내가 다니던 학교의 것으로 바꿔 달면 되었다. 제대로 도시락을 가지고 갈 수가 없어서, 점심 때면 운동장 옆의 수돗가에서 물로 배를 채우곤 했다. 참고서 살 돈이 없어서 친구 것을 빌려서 보았다. 빌려서 보는 것은 돌려 줄 날짜가 정해져 있어서, 자기 책 가진 것보다 훨씬 공부가 잘 되었다. 그래서 서울대학교 법과대학에 진학할 수 있었던 지도 모른다.

법대 진학 후에는 가정교사를 할 수 있었다. 생활의 숨통이 트였다. 그러나 가난하기는 마찬가지였다. 4년간 교복만 입고 다니고, 구두는 청계천에서 중고 군용 구두를 사서 신고 다녔다. 뒷굽이 달면 갈아 끼우면 되었다. 내가 대학 다니던 60년대 한국의 국민 소득은 년간 80달러 수준에 불과했기 때문이다. 지금 3만불을 넘어선 것을 보면 천지개벽(天地開闢)을 한 셈이다.

요즘은 영양과잉으로 비만(肥滿)이 걱정이다. 그래서 되도록 적게 먹는다. 아랫배가 나오지 않게 하려고 애쓴다. 등산도 자주 다니고, 웬만한 거리는 즐겨 걷는다. '살이 안 찌는 책'을 읽으며, 상전벽해(桑田碧海)가 된 것을 느낀다.(2019.8.12.)

삼천배 고행

나는 등산을 좋아한다. 매주 산행을 거르지 않고 한다. 큰 산에 가면 어김없이 사찰이 자리 잡고 있다. 하산길에 법당에 들어가 108배를 하곤 한다. 절을 해서 쌓인 업보를 씻어내고자 함이다.

그러나 여지껏 3,000배는 해보질 못했다. 기껏 해 본 것이 일년전 전북 임실 땅에 있는 상이암(上耳庵)에서 1,080배를 한 것이 고작이었다. 108배를 열 번하는 1,080배를 하는 것도 나에게는 벅찬 것이었다. 그러니 3,000배는 감히 엄두가 나질 않았다. 도무지 해낼 자신감이 없는 것이었다.

가까운 주위에서 철야 3,000배 절공양을 하는 것을 보면 부럽기도 하고 또 대단하게 보이기도 했다. 그래서 큰 맘 먹고 나도 한번 죽자하고 철야 3,000배를 해보기로 다짐했다. 지금 내 나이에 3,000배를 시도하지 않으면 이제 어느 세월에 할 것인가 하는 생각이 들기도 했다.

서울에 3,000배 하는 사찰로는 화계사와 길상사가 손꼽힌다. 화계사는 매월 넷째 토요일에, 길상사는 매월 둘째 토요일에 철야정진

한다는 것이다.

3,000배 하는 날짜를 서늘해서 절하기 좋은 11월 29일(토)로 정했다. 넷째 토요일, 장소는 화계사였다. 수유리에 위치하고 있어 삼각산의 좋은 정기를 흠뻑 받고 있는 사찰이다.

막상 정해 놓고도 마음속으로는 캥기기도 했다. 정말 기권 없이 3,000배를 해낼 수 있을 런지... 중간에 마음이 변할 것 같아서 주위 사람들에게 3,000배 들어간다고 떠들고 다니기도 했다. 담배 끊을 때 주위에 '담배 끊는다'고 하여 스스로 속박하는 것과 같다.

3,000배는 앉았다 일어섰다 하는 운동이므로 다리 힘이 중요하다. 그래서 10월과 11월에 지방산과 근교산을 부지런히 다녔다. 주왕산－청량산－부봉－가리산－청계산－불암산－관악산 등 크고 작은 산을 간단 없이 등산했다. 그리고 집에서 108배를 꾸준히 해나갔다.

드디어 D데이인 11월 29일(토)이 다가왔다. 오전에 결혼식장에 다녀온 후 오후 내내 집에서 쉬면서 호흡을 가다듬었다. 저녁을 간단히 먹은 후, 19시 40분에 집을 나섰다. 등에 짊어진 배낭에는 큰 수건과 염주, 그리고 갈아입을 옷가지와 양말 등을 챙겼다. 물통에 물과 과일도 몇 쪽 챙겨 넣었다.

20시 30분에 신국장과 수유전철역에서 합류하기로 했다. 신국장은 3,000배를 다년간 해오고 있는 불자이다. 수유역에 도착하니 약속한 시간보다 20분 정도의 여유가 있었다. 찬바람이 부는 밖에 나가 기다리는 것 보다는 전철역 안의 휴게의자에 앉아 있는 것이 좋겠다고 생각했다. 나무의자에 앉으려니 판위에 "破天荒"이라는 글씨가 써 있다. 파천황-선인이 못 이룬 일을 해낸다는 뜻이다. 으음~ 오늘 밤 여태까지 내가 못했던 철야 3,000배를 달성해야겠다고 자기 편한대로 풀이해 보기도 했다.

수유전철역에서 신국장을 만나 화계사에 도착한 시각은 20시 40분 경이었다. 캄캄한 밤에 주위는 인적이 없이 조용한데, 삼각산 백운대와 만경대에서 뻗어 내려온 산기운이 신선하며 융융하다. 어디선가 산새가 푸드득거리며 숲 사이로 날아가는 소리가 나기도 한다.

일주문을 따라 올라가는 길의 왼쪽에 우람한 4층 큰 건물이 대적광전이다. 대적광전의 3층에 위치한 법당으로 올라갔다. 법당은 크고도 넓찍 했다. 100여명 정도는 너끈히 경배를 올릴 수 있는 넓은 공간을 가지고 있었다.

불단에는 주불(主佛)로 비로자나불이 지권인(智拳印)의자세로 결가부좌하고 있고, 양옆에 석가모니불과 노사나불(盧舍那佛)이 협시하고 있다. 삼존불 사이사이로 관세음보살, 대세지보살, 문수보살, 지장보살 등이 입상하고 있다. 장엄하고도 금빛찬란한 모습들이다.

그런데 기묘하게도 삼존불 가운데 주불의 상이 제일 나이가 많이 든 것처럼 보인다. 주불의 얼굴은 마치 어린아이의 응석을 받아주는 노인처럼 입을 비스듬히 찌그린 채 넉넉한 미소를 머금고 있었다. 그 옆의 협시불들이 그저 자비로운 미소만을 잔잔히 머금고 있는 것과는 구별이 되는 것이었다.

밤 9시 가까이 되자, 스님 한 분이 죽비를 들고 법당에 입장했다. 자아~ 이제부터 철야 3,000배가 시작되는 것이다. 9시부터 스님의 죽비소리에 맞추어 경배가 시작되었다. 후면에서 절을 하는 거사들이

"관세음보살~" 하고 선창하니 뒤따라 보살들이 "관세음보살~" 하고 후창한다. 마치 파도타기와 같은 리드미칼한 관세음보살의 염불이 끊임없이 이어지는 가운데 철야정진을 한다.

관세음보살은 자비의 화신이며 모든 중생들의 고통과 번민을 해결해주는 부처이기에 관세음보살을 연호하는 것이다. 그래서 大慈大悲 救苦救難 觀世音菩薩(대자대비 구고구난 관세음보살)~ 이라고 하는 것이다.

2시간 정도 지나니 온몸은 땀으로 흠뻑 젖고 다리 힘이 빠지기 시작한다. 무릎과 허벅지도 저려오고 통증이 느껴진다. 2시간이 지나 밤 11시가 되니 죽비스님이 서양스님으로 교체되었다. 키가 훌쩍한 서양스님의 죽비소리에 맞추어 절공양이 다시 이어졌다.

절하는 속도는 사람에 따라 다소 차이가 있다. 나의 경우에는 108배를 한번 하는데 약 15분 정도가 소요된다. 그래서 108배를 할 때 염주를 옆에 놓고 한다. 한번 108배가 끝나면 염주를 정면으로 이동시키고 또 끝나면 왼쪽으로 이동시키고... 이를 반복한다. 1,080배 할 때는 염주를 10번만 이동시키면 된다. 3,000배는 108배를 28번만 하면 되는 것이다.

절을 하다 힘이 부치면 염주를 쳐다보면서 한다. 이 염주는 유서가 있다. 전국공무원불자 연합회 고문으로 있을 때 당시 조계종 총무원장이었던 법장(法長) 큰스님으로부터 직접 받은 것이다. 법장스님은 시신까지 기증하고 입멸하셨다. 그러나 큰스님의 얼과 정은 이 염주에 담겨 있다고 생각한다. 염주를 바라보며 큰스님을 떠올리면서 괴로움을 참아 나가고자 하는 것이다.

자정이 되어 3시간에 걸친 절공양이 마치고 30분간 휴식에 들어갔다. 화계사에 오래 다녔다는 D거사님이 안내하는대로 1층 공양간(식당)으로 내려갔다. 화계사에서 참가자들에게 깨죽 한그릇과 동치미를 제공하고 있다. 배도 출출해서 그런지 깨죽이 무척 고소하고도 맛이 특이했다.

밤 12시 30분부터 다시 절이 시작되었다. 처음 시작할 때 50여명의 참여자가 자정을 지나니 절반으로 줄어들었다. 죽비로 절을 선도하는 서양스님의 뒷모습을 보니 키가 훌쩍해서 그런지 절도 수월하게 하는 것처럼 눈에 비친다. 4시간의 절공양이 끝나고 새벽 1시 30분이 되니 또 죽비를 들고 입장하는 스님이 바뀌었다. 6시간의 절공양을 세분의 스님들이 각기 2시간씩 분담하여 죽비선도하고 있는 것이었다.

내의는 온통 땀으로 흠뻑 젖었는데 문득 발을 보니 오른쪽 양말의 엄지발가락이 나와 있다. 계속 오체투지(五體投地)하다보니 얇은 양말에 구멍이 난 것이다. 다른 사람의 눈에 띄일가 창피한 생각이 들었다. 휴식 시간에 여벌로 가지고 온 새 양말로 갈아 신었다. 다행이다. 다른 사람들을 보니 모두 양말이 등산양말처럼 두툼하다. 그래~ 나도 다음에는 두꺼운 양말을 신고 절공양을 해야겠다....

절이 2,000배를 넘어서는 시점부터는 절하는 속도가 점점 느려지게 되었다. 15분에 하던 108배가 18분, 어떤 때는 20분 가까이 소요되기도 했다. 다리를 구부리기가 힘들고 허리까지 뻣뻣해지기도 했다. 5시간을 지나고 6시간으로 들어갈 때는 기진맥진 상태에 이르렀다.

문득 2년전 설악산 공룡능선 27km를 당일 종주할 때가 연상되었다. 새벽 3시부터 오색에서 대청에 올라 중청－소청을 거쳐 희운각

대피소까지 5시간의 줄기찬 등산, 거기에서 본격적인 공룡능선의 산행길을 5시간 주파하여 마등령에 올랐을 때 기진맥진했던 것과 흡사하다. 신선대를 내려올 때 절뚝거리며 한발 한발 간신히 떼어놓는 것과 지금 간신히 한배 한배 절하는 것과 그 모습은 같은 것이다.

합장한 두 손을 머리위에 올렸다가 아래로 내리면서 엎드려 절을 할 때, 엎드린 그 상태로 그냥 무너져 버리고 싶은 생각도 간절했다. 그러나 마음을 다시한번 다져먹고 계속 오체투지를 해나갔다.

원래 절을 할 때 무릎부터 꿇은 다음 양손바닥을 짚고 양팔과 이마를 바닥에 대는 것이다. 그러나 무릎과 종아리가 모두 멍이든 것 같아 도무지 구부릴 수가 없었다. 하는 수 없이 손부터 먼저 바닥을 짚은 후, 무릎을 꿇는 방식으로 절을 계속해 나갔다. 참담한 고통 속에서 절공양 전체를 새벽 3시반까지 다할 수 있었음은 다행이다.

철야정진 절공양을 모두 마치고나니 몸은 천근만근이나 정신은 또렷했다. 3,000배를 하고 나면 교만과 아상(我相)이 덜어지고 하심(下心)이 길러진다는데 과연 나의 경우에도 그러할 것이지...

새벽 4시반 아침예불에 참여한 후 산문을 나섰다. 어스름한 숲속에서 어디선가 '꺽어꺽~' 하는 산새의 울음소리가 들린다. 일주문을 나선 후 뒤돌아보니 "三角山 華溪寺"라고 쓴 일주문 현판글씨가 눈에 들어온다.

문득 성철스님의 말씀이 떠오른다. 성철스님은 당신을 만나려면 먼저 3,000배부터 끝내야 한다고 했다. 이는 아상(我相)과 자만을 뽑아주기 위한 방편으로 시킨 것이라고 한다. 3,000배를 해서 아상을 뽑고 난 후 모든 사람을 부처님 모시듯이 행동하라는 것이다.

"모든 사람을 부처님처럼 섬기라. 그것이 참 불공이다. 참 불공이란 목탁을 두드리며 불단에 음식을 차려놓는 것이 아니라, 가난한 이를 몰래 돕고, 나보다 못한 이들에게 고개를 숙이는 것이다. 원망하는 원수까지도 부처님처럼 섬기는 것이 참 불공인 것이다."

3,000배는 업장을 씻어내는 고행의 과정이다. 비록 고통스러운 과정이기는 하지만 끝내고 나면 산의 정상에 올랐을 때와 같은 뿌듯함과 기쁨을 맛보게 된다.(우리들의 50년 이야기, 서울법대 65동기회 2015)

삼사순례(三寺巡禮)

삼사순례란 하루에 세 곳의 절을 찾아 경배를 드리는 것을 말한다.

음력설 다음날(2008.2.8)에 삼사순례에 나섰다.
10년 가까이 삼사순례를 지속하다보니
이제는 당연한 연례행사로 자리 잡았다.

삼사순례 관광버스가 새벽 4시반에 안국동 조계사앞에서 출발하여 오대산 상원사 적멸보궁 → 정선 정암사 적멸보궁 → 영월 법흥사 적멸보궁을 차례로 돌아보는 것이다.
나는 각 사찰에 들릴 때 마다 108배는 반드시 한다.

새벽 3시에 일어나 배낭을 메고 아파트를 나섰다.
돈암동사거리에서 택시를 잡아타고 조계사에 도착하니 3시50분이었다. 안국동 조계사앞에서 출발하는 버스는 총 7대였는데 버스마다 불자들로 만원을 이루고 있었다. 줄잡아 300명은 될 것이다.

4시 30분에 조계사앞에서 출발한 버스가 강원도 상원사 주차장에 도착한 시각은 8시 50분이었다.

상원사에서 적멸보궁 올라가는 산길은 눈이 말끔히 치워져 아이젠이 필요 없었다. 태양이 눈부시게 숲길을 비추고 있는 가운데 근심 없이 자란 전나무 사이에 새파란 하늘이 그림처럼 아름답다.

상원사 적멸보궁은 지기(地氣)가 좋기로 유명한 곳이다. 적멸보궁(寂滅寶宮)이라 함은 석가모니부처님의 진신사리(眞身舍利)를 봉안한 법당을 일컫는 말이다. "적멸궁"이라고도 한다. 이를 "적멸보궁"이라고 함은 한층 높여 부르는 말이다. '적멸'이라는 말은 미혹의 세계를 벗어나 무한한 안락의 경지에 도달한 상태를 가리킨다.

번뇌를 벗어나기 위하여는 마음을 비우고 고요(寂)속에 들어가야 한다. 그러나 고요함만 가지고는 부족하다. "그 고요함 자체를 멸(滅)해야 비로소 열반의 세계로 들어갈 수가 있다"는 것이다.

이러한 적멸보궁에는 부처님의 진신사리를 모시고 있는 까닭에 따로 불상을 모실 필요가 없다. 그래서 적멸보궁 법당 안에는 불단만이 있을 뿐 불상은 없는 것이 특색이다. 양산의 통도사, 오대산의 상원사, 정선의 정암사, 영월의 법흥사, 그리고 설악산의 봉정암이 5대 적멸보궁으로 손꼽히고 있다.

한때 호기심 많은 사람들은 사리(舍利)가 도대체 무엇인지, 그 생성 과정과 성분을 밝히려고 했었다. 그러나 사리는 물질적 분석의 대상이 아닌 신비스러운 영물(靈物)이라고 보면 될 것이다.

인간이 달을 정복하고 얻은 것은 달에는 물도 없고 생물체도 없으며, 오로지 운석으로만 이루어 진 것이라는 사실이다. 달나라에는 계수나무도 옥토끼도 선녀도 없었다. 달을 탐사해서 과학적으로 성공

했는지는 몰라도 인간이 달에 지녔던 낭만과 꿈과 사랑과 회한은 모두 없어지고 말았다. 사리 역시 종교적인 영역에 속한 신비한 것으로서 그대로 마음속에 간직하면 그만인 것이다.

적멸보궁 안에서 독경하는 스님의 천수경에 맞추어 108배를 올렸다. 이렇게 산세가 부드럽고 좋은 곳에서는 아무리 절을 해도 피로감이 오지를 않는 법이다. 적멸보궁 경배를 마친 후 오대산 중대 사자암에서 점심공양을 한 후 상원사로 내려왔다.

상원사는 월정사의 말사이기는 해도 근세에 탄허, 만공스님같은 걸출한 고승들을 배출한 유명한 곳이다. 특히 세조가 계곡에서 문수동자를 만나 피부병을 치료했다고 하여 "문수동자"를 모신 절로 널리 이름이 나 있다.

상원사 주차장 못 미쳐 세조가 의복을 벗어 걸어놓았다는 "冠帶걸이"가 오가는 이의 눈길을 끈다.

11시 30분에 상원사를 떠나 정선의 정암사로 향했다. 정선땅은 그 옛날 탄광지역으로 유명한 곳이다. 아직도 곳곳에 광부들이 살던 집들과 광산촌이 옛 흔적들을 보여주고 있다. 1920년 경, 황지의 검천골(黔川谷)의 한 청년(장해룡, 당시 17세)이 개울가에서 시커먼 돌맹이 하나를 발견했다. 그것을 일본인에게 보여주었더니, 일본인이 요리조리 찬찬히 보더니 "오이! 조선땅에 석탄이 묻혀있다니..."하고 탄성을 질렀다. 그로부터 근 80년간 석탄은 경제발전의 원동력이 되었고 국민의 생활 연료를 책임졌다.

1980년 나는 정부의 민원과장으로 정선군을 방문한 적이 있다. 그

때 동행했던 면장이 “이곳 초등학교 학생들은 그림을 그릴 때 냇물은 모두 검정색으로 칠한다”라는 말이 생각난다. 이제는 상전벽해가 되어 인근에 강원랜드가 들어서고 곳곳에 고층아파트가 즐비하다. 그러나 차창밖으로 언뜻 보이는 탄광촌의 슬레이트 지붕에는 아직도 탄가루와 땟국이 서려 있는 것 같다.

정암사 주차장에 버스가 도착한 시각은 오후 1시50분경이었다. 태백산 정암사는 신라 선덕여왕때(645년)에 자장율사가 창건한 절이다. 자장(慈藏)은 신라의 진골출신으로 일찍 부모를 여윈 후 불문에 들어갔다. 당나라에 건너가 화엄종을 전수받은 후 귀국하여 분황사 주지를 하면서 지금의 통도사를 창건하고 금강계단(金剛戒壇)을 세웠다. 자장은 말년에 강릉땅으로 와서 문수보살의 현신을 받아 석남원(石南院)을 창건하였으니 이것이 오늘의 정암사인 것이다. 자장은 이 정암사에서 입적했다. 자장은 당나라에서 가지고 온 석존의 정골사리(頂骨舍利)를 수마노탑에 봉안하였다.

적멸보궁뒤 높은 곳에 세워진 수마노탑은 보물제 410호로 높이가 9m인 7층 모전탑으로 회색 마노석으로 정교하게 쌓아올린 탑이다. 적멸보궁 들어가는 입구에는 자장율사의 지팡이가 땅에 뿌리를 내려 자랐다는 선장단이 있다. 옆으로 가지가 수없이 뻗어나간 기품 있는 수목이다. 고색창연한 적멸보궁안에는 스님 두분이 빽빽히 들어선 보살들과 함께 ‘석가모니불’을 독송하고 있었다.

정암사 사적기에 아래와 같은 자장율사의 입적설화가 적혀있다. 자장율사는 정암사에서 문수보살을 친견하고자 기다리고 있었다. 그러던 중 어느 날 자장에게 다 떨어진 가사를 걸친 늙은 거사가 칡삼태기에 죽은 강아지를 담아가지고 와서는 만나자고 했다.

"자장을 보러왔다"며 스승의 이름을 함부로 부르는 것을 시자(侍者)가 나무라자, 늙은 거사는 다시 스승에게 아뢰기만 하라고 했다.

시자가 자장에게 이 사실을 알리자 자장은 대수롭지않게 여겨 만나 주질 않았다. 시봉이 나와서 거사를 쫓아버리자, 거사는 "아상(我相: 자신이 남보다 우월하다는 교만한 마음)을 가진 자가 어찌 나를 보겠느냐" 하면서 삼태기를 뒤집으니 강아지가 푸른 사자보로 변하였으며, 그 보좌에 앉아 빛을 발하면서 사라졌다.

이 말을 들은 자장은 황급히 쫓아갔으나 미치지 못하고 그 자리에서 제자들에게 말했다.

"나의 아상이 문수보살의 친견을 막았으니, 내 이제 입정에 들어 만나 뵙고 참회할 것이니 내 몸을 3개월간 잘 보관토록 하라"

말을 마친 자장은 바위위에서 조용히 입멸하였고 3개월후 제자들이 그 바위위에서 다비식을 가졌다. 식이 끝나자 공중에서 자장율사의 소리가 들렸다.

"내 몸은 이미 티끌이 되었으니 너희들은 계에 의탁하여 생사의 고해를 건너도록 하여라."

정암사를 나설 때 "교만한 아상을 놓아야 비로소 실체를 볼 수 있느니라. 마땅히 아상을 버리라"는 자장율사의 목소리가 산 속에서 들리는 것 같았다.

정암사에서 오후 2시 50분에 출발한 버스가 영월의 법흥사에 도착한 시각은 4시 50분경이었다. 평창이 전나무가 많은 곳이라면 영월은 소나무가 울창한 지역이라고 할 수 있다. 그래서 그런지 법흥사 일주문부터 잘 자란 소나무들이 하늘을 찌를 듯 기개를 뽐내고 있었다. 소나무들이 청정도량을 격을 높이고 있는 것이다.

법흥사의 적멸보궁 역시 불상이 없다. 법당의 뒷산에 어딘가에 석가세존의 진신사리가 있다고 한다. 가사, 진신사리가 없은들 어떠랴.

돌맹이 하나, 풀 한포기, 푸드득 날아 오르는 산새 한 마리 그 모든 것이 부처의 현현인데, 온 산이 모두 부처의 몸이거늘 ...

사자산의 그 광활한 산속에서 몇 톨의 사리를 찾는다는 것은 망망대해에 넌셔신 대추씨를 찾는 것만큼 불가능하고 부질없는 짓일 게다. 사리는 찾아서 무얼하는가? 불보(佛寶)란 석가의 존재자체이지 형상에 있지 않은 것을... 물질인 사리가 중요한 것이 아니라 자장이 전해준 불보에 대한 신앙이 중요한 것이다.

자장율사가 들어가 수도했다는 석실 앞에서 108배를 마치니 어느덧 산사 주위에 어둠이 드리우고 있었다. 이름 모를 산새들로 제자리를 찾아 숲의 어둠속을 날아가고 있었다.

공양간에 들려 저녁공양을 마친 후 오후 6시 50분경 상경버스에 올랐다. 안국동 조계사에 도착한 시각은 밤 10시 30분경이었다. 이로써 3사 순례가 끝난 것이다.

눈 덮힌 산사의 돌계단을 천천히 오르느라면
산과 내가 둘이 아니고,
나무와 내가 둘이 아니며,

산과 절이 둘이 아니라는
일실불이(一實不二)의 이치를 조금이나마 알 것 같았다.
아마도 우주 저쪽에서 보면 사람이나 풀포기나 모두 같은 것이리라.

그러고 보면 이제 세연(世緣)도 얼마 남지 않은 것 같다.

어둠이 조용히 내려앉은 산사를 내려오면서 문득, 햇볕들고 편안한 산기슭 어딘가에 자리를 마련하고 내가 소년시절부터 좋아하는 개나 한두마리 기르면서 남은 여생을 조용히 살고 싶은 충동이 느껴지기도 했다.(2008.2.9)

자기를 이기는 자가 강한 사람이다

이 세상에서 가장 강한 사람은 누구일까?
격투기 헤비급에서 챔피언의 자리에 오른
무시무시한 괴력의 사나이 일까?
아니면, 끈질긴 투혼으로 히말라야 정상에 오른 사람일까?
그것도 아니면, 세계역도나 레슬링에서
최강자의 자리에 오른 사람일까?

이러한 사람들은 체력이 남보다 엄청나게 강한 사람들이다.
그러나 체력은 세월이 지나면 스러지는 것.
육체적인 힘의 자랑은 일시적인 것일 뿐이다.

육체적인 힘보다는 정신적인 힘이 보다 영속적이다.
정신력은 세월이 지날수록 오히려 그 빛이 더 나게 된다.
위대한 종교가, 철인, 현인들이 그렇다.

이 세상에서 가장 강한 사람은 자신을 극복하는 사람이다.
이를 자승자강(自勝者强)이라고 한다.

노자에 이런 말이 쓰여 있다.

"남을 아는 것은 지혜로운 일이다.
그러나 자신을 아는 사람이 참으로 밝은 사람이다.
남을 이기는 것은 힘이 있는 일이다.
그러나 자기를 이기는 것이 가장 강하다."

소크라테스는 "너 자신을 알라"라고 했다.

왕양명(王陽明)은
"산속의 도적을 깨뜨리기는 쉬워도
마음속의 도적을 깨뜨리기는 어렵다."(破山中賊易, 破心中賊難)고 했다.

누구나 가만히 앉아서 명상을 해 보면 알 수 있다.
우리 육신은 얼마든지 움직이지 않게 할 수 있다.

그러나 마음을 가라 앉히는 것은 무척 어렵다.
고요히 묵상을 해도 온갖 생각들이 끊임없이 머릿속을 어지럽힌다.
이른바 삼매경에 들어가기란 그 얼마나 지난한 일인가?

공자도 "나를 이겨 자연으로 돌아가는 것이 인(仁)이다." 라고 했다.
자기를 이긴다는 것은 인간의 온갖 충동과 욕망을 극복한다는 것이다.
자기 이성으로 부당한 생각과 유혹을 물리치고 절제된 생활을 해 나가는 것을 의미한다.

나폴레옹은

적군의 비밀을 탐색하는 임무를 무사히 마치고
돌아온 두 장교에게 약속한 상금을 준 후 ,
그 중 한사람에게는 약속 이외의 상금을 추가로 주었다.

그리고는 나폴레옹은 이렇게 말했다.

"그대는 보아하니 겁이 많은 사람이다.
그런데도 위험을 무릅쓰고 임무를 수행했다.
그대는 자기의 겁 많은 성격을 능히 이겨낸 참다운 용사이다.
그래서 이 상을 추가로 주는 것이다.
이제 그대는 어떤 어려운 일도 해 낼 수 있을 것이다."

역시 자기 스스로를 이긴 사람이 가장 강하다는 노자의 말씀과 공통되는 점이 있는 것이다.

스스로를 이기는 자,
그에게는 세상에서 두려울 것이 없는 것이다.(2008.5.22)

미운사람 사랑하기

자기가 특정인을 미워하면 그것이 마음의 앙금이 되어 건강을 해치게 된다.

자기 마음에 아프게 하는 미운 감정은 쓸모가 없다.

자기에게 손해만이 되는 것이다.

따라서 미운 감정은 빨리 제거해야 행복해 질 수 있다.

미운 사람을 제거하는 방법은 몇 가지가 있다.

첫째, 기회가 있는 대로

직·간접으로 미운 사람을 한번 도와주라.

그에게 봉사하라.

큰 맘먹고 그렇게 한번 실행해 보라.

그러면 놀라운 변화가 올 것이다.

둘째, 미운 사람을 의식적으로 직접, 간접적으로 칭찬하라.

다른 사람하고 이야기할 때도 그 사람 좋은 사람이라고 칭찬하라.

직접 만날 때도 듣든 안 듣든 칭찬하라.

발 없는 말이 천리를 간다고 했다.

자기에게 좋은 소리를 하는 것을 고마워하지 않는 사람은 없다

셋째, 미운 사람에게 조그마한 선물을 해보라.

상대방에게 떡을 주면 떡이 오고 돌을 던지면 돌이 날라오는 법이다.

떡과 사탕만을 던지다 보면 상대방도 같은 보답을 하게 된다.

이것이 상생(win-win)의 원리이다.

이상과 같은 방법은 실제 우리가 실행하기 어려운 것들이기도 하다.

그러나 미움도 결국 나로 비롯된 것이니, 그래도 한 번 인내심을 가지고 시도해 보면 상황이 바뀌게 된다.

물론 나에게 미운 사람이 없으면 제일 좋다.

그러나 살아가는 과정에서 때로는 미운 사람이 생길 수 있다.

이런 경우 미운 사람을 사랑함으로써 즐겁고 행복한 인생이 되도록 하자.(2010.2.13)

고개를 숙이면 부딪치는 일이 없다

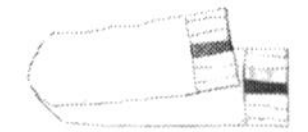

열 아홉의 어린 나이에 장원 급제를 하여 스무 살에 경기도 파주 원님이 된 맹사성은 자긍심으로 가득 차 있었다.

어느 날 그가 무명 선사를 찾아가 물었다.

"스님이 생각하기에 이 고을을 다스리는 사람으로서 내가 최고로 삼아야 할 좌우명이 무엇이라고 생각하오?"

그러자 무명 선사가 대답했다.

"그건 어렵지 않지요. 나쁜 일을 하지 말고 착한 일을 많이 베푸시면 됩니다."

"그런 건 삼척동자도 다 아는 이치인데 먼 길을 온 내게 해 줄 말이 고작 그것뿐이오?"

맹사성은 거만하게 말하며 자리에서 일어나려 했다.
무명 선사가 녹차나 한 잔 하고 가라며 붙잡았다.

그는 못이기는 척 자리에 앉았다.

그런데 스님은 찻물이 넘치도록 그의 찻잔에 자꾸만 차를 따르는 것이 아닌가.

"스님, 찻물이 넘쳐 방바닥을 망칩니다."

맹사성이 소리쳤다. 하지만 스님은 태연하게 계속 찻잔이 넘치도록 차를 따르고 있었다.

그리고는 잔뜩 화가 나 있는 맹사성을 물끄러미 쳐다보며 말했다.

"찻물이 넘쳐 방바닥을 적시는 것은 알고, 지식이 넘쳐 인품을 망치는 것은 어찌 모르십니까?"

스님의 이 한마디에 맹사성은 부끄러움으로 얼굴이 붉어졌다. 황급히 일어나 방문을 열고 나가려고 했다. 그러다가 문에 세게 부딪치고 말았다.

그러자 스님이 빙그레 웃으며 말했다.
"고개를 숙이면 부딪치는 법이 없습니다." (2009.3.3)

여유 있는 사람이 승리한다

너그러운 사람은 항상 부드럽고 여유가 있다. 반면에 빡빡한 사람은 항상 조급하고 성을 잘내고 막말을 함부로 한다.

너그러운 사람은 분노나 적개심 같은 일시적인 감정에 지배당하지 않고, 마음을 효과적으로 다스릴 수 있다.

하지만 너그럽지 못한 사람은 자기 감정을 제어하지 못하고, 충동적인 말이나 행동을 일삼기 때문에 주위사람들로부터 따돌림을 받기 십상이다.

여유로움은 긍정적이고 낙관적인 사람이 가지는 덕목이다. 그런 사고방식을 가진 사람은 일이 마음대로 풀리지 않고 뜻하지 않은 어려움이 닥치더라도, 전혀 초조함이 없이 침착하게 대처해 나간다.

반면 낙관적이지 못한 사람은 일이 조금만 틀어져도 안달복달하면서 상스러운 말을 함부로 내뱉으며 주위사람들을 혼란스럽게 한다.

일본외상을 지낸 '이누가이'는 한쪽 눈이 없는 사람이었다.

어느 날 국회에서 국제정세를 설명하는 그에게 한 야당의원이 시비를 걸었다.

“외상, 당신은 한쪽 눈으로 어떻게 복잡한 국제정세를 볼 수 있단 말이요?”

노골적인 인신공격 발언에 웬만한 사람 같았으면 발끈 했을 것이다.

그러나 이누가이는 분노를 삭이며 태연히 대꾸한다.

“의원께서는 일목요연(一目瞭然)하다는 말도 못 들어 보셨습니까?”

영국의 어느 장관이 의회에서 국민보선에 대하여 연설을 했다.

그때 한의원이 벌떡 일어나 고함을 질렀다.

“수의사 출신인 장관이 어떻게 사람의 건강에 대하여 안다고 그렇게 떠들어 대는 거요.”

이것 역시 치졸한 인신공격인 것이다.

그러나 장관은 의원의 급습에도 아랑곳없이 이렇게 답변했고,

그 순간 의회는 온통 웃음바다로 변해버렸다.

“네, 저는 수의사입니다. 혹시 어디가 편찮으시면 아무 때나 저를 찾아 오십시오.”

앞의 두가지 예의 공통점은

여유를 가진 사람은 항상 승리하게 된다는 점이다.

무자년 한 해, 여유를 가지고 인생을 승리하시도록... (2008.1.2)

성공한 사람들의 공통점

성공을 이루어낸 역사상 인물들의 어린 시절을 살펴보면, 그들에게서 한 가지 공통점을 발견할 수 있다.

그것은 그들이 어린 시절 넘지 못할 거대한 장애물에 가로막혀 있었다는 사실이었다.

그들이 맞닥뜨린 신체적, 정신적, 그리고 금전적인 장애물은 오히려 성공을 위한 강한 자극제가 되어준 것이었다.

만약 그들에게 뛰어 넘어야 할 문제가 전혀 없었다면 그렇게 성공할 수 없었을 것이다.

안톤 체호프는 학교시절 두 번이나 낙제를 했었고, 과학자인 아인슈타인은 다섯 살이 될 때까지 말도 제대로 못하는 지진아였다. 처칠 역시 낙제를 했었던 학생이었다.

돈키호테를 쓴 세르반테스 역시 역경에서 성공을 일궈낸 사람이다.

세르반테스는 1547년 스페인의 라만치에서 출생했다.

그는 24세 때 레파토 해전에서 불구의 몸이 되는 불운을 겪게 된다.

그리고 전쟁중에 포로가 되어 5년간 포로생활을 하게 된다.

4번이나 탈주를 시도했으나 번번히 실패했다.

그러나 그는 이러한 어려운 상황에 굴복하지 않고 감옥에서 돈키호테를 완성하게 된다. 이때 그의 나이가 58세였다.

돈키호테는 그가 고난의 경험에 바탕을 두고 글을 썼기 때문에 많은 사람들에게 감동을 줄 수 있었었다.

실패와 고난을 오히려 하늘이 준 선물로 생각하고 그 고난을 극복할 때 위대한 작품과 인물이 만들어짐을 알 수 있다.

손자병법에 이환위리(以患爲利)라는 말이 있다.

실패나 예기치 않은 고난을 오히려 전화위복의 기회로 삼는다는 것이다.(2008.2.13)

액 땜

액(厄)이란 좋지 않은 운수를 의미한다.

그 좋지 않은 운수를 미리 겪어서 앞으로 올 액운을 때우는 것을 액땜 또는 액때움이라고 한다.

일요일 아침, 머리도 깍을 겸 동네 목욕탕에 갔다.

이발요금이 종전에는 만원이라 간편했었는데 천원이 올라 만천원이 되었다.

새로 나온 5만원짜리 한 장을 들고 목욕탕으로 향했다.

목욕료 5천원을 내고 이발을 한 후 만 천원을 지불했다.

나머지 돈 삼만사천원은 옷장 안의 내 바지 주머니에 찔러 넣고 욕실안으로 들어갔다.

일요일이라 냉탕에는 어린아이들이 물장구를 치면서 물바가지를 가지고 장난이 요란스럽다.

손님 중에는 시끄럽다고 꾸중하는 사람들도 있다. 그러나 나는 그저 웃기만 한다.

우리나라의 경우 아이들이 놀 만한 장소가 마련되어 있지 않기 때문이다.

목욕탕에 와서 좀 뛰어논들 그게 무슨 큰 잘못인가(?) 하는 것이 나의 생각이다.

그래서 굳이 '공중도덕 운운'을 거론하기 싫은 것이다.

사우나 룸에서 동네 아는 사람과 이야기하면서 땀을 흘리고 밖에 나와 냉탕으로 들어갔다.

그 때 내 열쇠번호를 부르는 사람이 있었다.

"119번 키(key) 손님 있습니까?"

내가 나서니 그 젊은이가 내 키를 흔들어 보이면서, 욕실밖에 있는 화장실에서 주었다고 한다.

나는 이상하게 생각했다.

열쇠는 분명히 내 세면 가방에 넣어두었는데...

세면 가방 놓아 둔 곳으로 가서 손가방을 열어보니 가방 안에 열쇠가 없다.

나에게 열쇠를 건네 준 청년이 욕실 밖에 나가서 나의 옷장을 열어보라고 한다.

옷장에 혹시 돈이나 물건이 분실되지 않았는지를 확인하라는 것이었다.

그를 따라 밖에 나가 옷장을 열어보았다.

바지 주머니가 뒤집혀 있었다.

바지주머니에 넣어두었던 현금 삼만사천원이 모두 없어졌다.

그간 말로만 들어왔던 목욕탕 도난사고의 피해자가 되었던 것이다.

주위에는 나 말고도 도난당한 사람은 세 사람이나 있었다.

10만원 이상을 도난당한 사람이 경찰에 신고하자고 한다.

나는 액수가 적어 그만 두겠다고 했다.

경찰에 신고해 보았자 찾기도 어렵거니와 파출소에 오라가라하는 것이 귀찮게 생각되었기 때문이다.

웅성거리는 가운데 머리를 깍아 준 이발사가 와서 '이런 도난 사고는 어느 목욕탕에나 일어나는 흔히 있는 일'이라고 대수롭지 않게 말한다.

이 말을 듣고, 우리나라가 선진국이 되려면 한참 멀었다는 생각이 들었다.

나는 목욕탕 관리인에게 당부를 했다.

이렇게 도난 사고가 빈번하면 돈이 들더라도 CCTV를 설치하든가 또는 '도난사고가 빈번하니 키는 반드시 몸에 부착하라'라는 안내판이라도 설치하라고 했다.

한바탕 난리를 치른 후 다시 목욕탕 안으로 들어왔다.

더 이상 목욕할 기분이 나질 않았다.

욕탕에 있는 모든 사람들에게 도난사실을 알렸다.

그리고 난 후 욕조에 들어가 있는 구면의 동네사람에게 키를 어디 두었느냐고 큰 소리로 물었다. 그는 물속에서 발목을 들어 보이며 자기는 키를 이렇게 차고 다닌다고 했다.

그리고 자기도 이 목욕탕에서 얼마 전에 시계와 현금을 도난당했다고 한다.

아파트단지에 이 목욕탕 뿐이라 한동안 목욕을 끊었다가 다시 다니기 시작한다고 한다.

그러면서 자기는 대충 자기 옷장을 털어간 녀석이 누구인지 짐작이 가기도 한다고 말했다.

확실한 증거가 없어서 경찰에 신고를 못하고 있다는 것이다.

대충 샤워하고 목욕탕 문을 나서면서 카운터에 있는 사람에게 다시한번 얘기했다.

“도난 사고가 많으니 열쇠는 반드시 몸에 부착하시오”라는 아크릴 안내판을 설치해야 된다고...

도난사고가 있은 후 나는 기분이 상해 다시는 그 목욕탕에 가질 않았다.

거리가 먼 목욕탕을 찾아가거나 또는 집에서 샤워하는 것으로 대체하고 있다.

비록 액수는 얼마 되지 않지만 절도당하면 누구나 기분이 나쁜 법이다.

내가 목욕하는 중에 내 목욕가방을 열어 옷장 키를 훔쳐서 옷장을 열고 내 바지주머니를 뒤져 돈을 훔쳐갔다는 그 사실이 섬찟하고 불쾌했다.

길에서 부주의로 돈을 잃어버린 것과는 다른 차원의 느낌이다.

그러나 한편으로는 다행이라고 생각되기도 했다.

불과 사만원도 안 되는 소액으로 앞으로의 큰 도난 사고를 미연에 방지할 수 있는 경험을 했기 때문이다.

목욕을 즐겨하는 편인 나는 지방 출장 때는 양복에 지갑을 그대로 넣어둔 채 목욕을 하기도 했었다.

또 때로는 찜질방에서 철야하기도 했었다.

그 동안 돈과 물건을 한 번도 도난당하지 않은 것은 천만다행이다.

이번에 이렇게 작은 잃어버림으로써 앞으로의 큰 액을 땜질했다.

"호미로 막을 것을 가래로 막는다"는 속담이 있다.
그러나 나의 경우는 "가래로 막을 것을 호미로 막은 셈"이 된 것이다.
이른바 액땜을 한 것이다.(2010.8.29.)

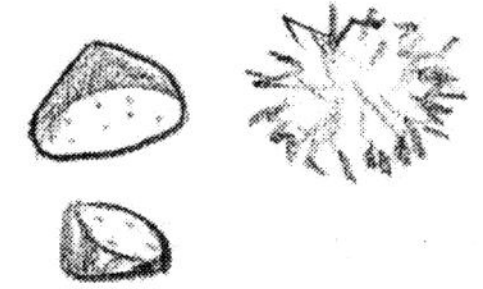

인생의 지혜

어제(2010.6.29), 일본이 월드컵 축구에서 파라과이와 접전 끝에 연장전까지 했다.

그래도 승부가 나질 않아서 승부차기로 들어갔는데 결국 일본이 분패했다.

2010년 월드컵 축구에서 한국과 일본이 나란히 16강에 진입하는 쾌거를 이루었다.

아시아 축구의 자존심을 세워준 셈이다. 어쨌든 일본은 우리와 영원한 라이벌 관계에 있다.

어제 일본이 파라과이를 누르고 8강에 진출했으면 또 얼마나 기고만장 했겠는가?

이러한 관점에서 한국인 중에는 파라과이를 응원한 사람이 더 많았을는지도 모른다.

나도 그랬었다. 그러나 일본인들에게서 배울 점은 적지 않다.

그래서 15년전 일본의 다니구찌 마사하루씨가 쓴 인생독본(人生讀本)이라는 책에서 유용하다고 생각되는 내용 몇 가지를 간추려 소개한다.

곤란과 싸울 때 진정한 값어치가 있다.
찬바람은 나무에 아름다운 나이테를 만든다.
조개껍질의 막(膜)을 손상 당한 조개는 그 상처와 싸우기 위하여 영롱한 진주를 만들어 낸다.
잎이 지는 것은 뿌리를 키우기 위함이다. 고통을 즐길 수 있는 사람이 성공한다.

좋은 습관은 좋은 운을 창출한다.
무언가 좋은 일을 할 것이 없을 가하고 주변을 둘러보아 찾아내서 실천하는 사람은 반드시 출세한다.
사람에도 물건에도 감사하다고 하는 사람이 행운을 잡게 된다.

미워하면 자기만 손해일 뿐이다.
순진하고 티 없이 귀엽게 사는 것이 지혜로운 삶이다.
생기가 있음을 나타내라. 타인이 즐거워 할 것이다.
자신을 신체를 보고 깨달아라.
새로워지지 않으면 인생의 맛이 없다. 사랑은 모든 상처를 아물게 한다.

자신에게 친절하라.
화를 내는 것은 자신에게 불친절한 것이다.
시간을 소중히 하라. 고집을 부리는 것은 자신에게 불친절한 것이다.
인상을 좋게 하기 위해서는 매일 거울을 보고 인사를 하라.

헐뜯는 마음은 비겁한 마음이다.

남의 혼에 결코 상처를 주지 마라.
꽃잎이 날려 내리듯이 칭찬의 말을 하라.
좋은 말씨는 인생의 보배이다.
실패한 사람에게는 반드시 다가가서 격려하라.
실패와 성공을 반복하는 것이 인생이다.(2010.6.30)

산은 구름을 탓하지 않는다

당나라 시절, 배휴(裵休)라는 사람이 있었다.

쌍둥이로 등이 맞붙은 기형아로 태어났다.

부모가 명의를 찾아 등을 갈라 약을 바르고 치료를 해서 키웠다.

살이 많이 붙은 아이는 형이 되고, 적게 붙은 아이는 동생이 되었다.

형의 이름은 도(度)라 부르고, 동생도 도(度)라고 썼는데 글자는 같지만 음이 틀린다.

형의 도(度)는 법도를 말하는 도(度)라 하고, 동생은 헤아릴 때 쓰는 탁(度)이라고 불렀다.

휴(休)라는 이름은 형인 배도가 장성한 후에 지은 이름이다.

배휴는 어려서 조실부모하고 외삼촌한테 몸을 의탁하고 있었다.

동생 탁은 어디로인지 혼자 가고 알 수가 없었다.

어느 날 수행이 높은 일행선사(一行禪師)가 외삼촌 집을 방문하여 얘기를 나누는 것을 배휴가 문밖에서 들으니 자기에 관한 이야기였다.

그 스님이 물었다.

'저 아이는 웬 아이입니까?'

외삼촌이 대답했다.

'나의 생질인데 부모가 없어서 데리고 있습니다.'

'저 아이를 내보내십시오.'

'부모도 없는 아이를 어떻게 보냅니까?'

'내가 보니 저 아이를 놓아두면

워낙 복이 없는 아이라서 얻어 먹을 아이입니다.

저 아이가 얻어 먹으려면 우선 이 집부터 망해야 하니 당초에 그렇게 되기 전에 내보내시오.'

선사가 돌아간 후에 배휴가 '외삼촌 저는 어디로는지 떠나가야겠습니다.'

'가기는 어디로 간단 말이냐?'

'아까 선사의 말씀을 들었습니다. 내가 빌어먹으려면 일찍 빌어먹을 일이지, 외삼촌집까지 망해놓고 갈 것이 있겠습니까? 지금부터 빌어먹으러 가렵니다.' 하고는 만류하는 외삼촌을 뿌리치고 얻어먹는 거지가 되어 사방으로 떠돌아다녔다.

하루는 어느 절 목욕탕에 부인삼대(婦人三帶)라는 아주 진귀한 보배가 떨어져 있는 것을 보았다.

'이 좋은 보배를 누가 잃어버렸나? 하고 혼자 생각했다.

구걸해 먹는 처지에 주어다 팔아 먹을가도 하다가 마음을 고쳐먹었다.

임자를 찾아주기로 하고 보배임자가 오기를 기다리고 있었다.

이 보배는 어떤 물건인가 하면, 그 고을 자사(刺使: 지금으로 말하면

도지사)한테 죽을 죄를 지은 사람이 삼대독자인데, 그 어머니가 아들의 명(命)을 구하려고 가산을 모두 팔아서 멀리 촉(蜀)나라에 까지 가서 이 '부인삼대'를 구해다가 자사에게 애걸을 하여 그 삼대독자를 살리려는 참으로 애절한 사연이 있는 물건이었다.

그 어머니가 정성을 들이느라고 절목욕탕에서 목욕을 하고 행장을 수습하여 간다는 것이 워낙 바쁘게 서두르다 보니 귀중한 보물을 빼놓고 간 것이었다.

집에 와서 찾아보니 '부인삼대'가 없었다.

그래서 허둥지둥 절 목욕탕에 다시 와보니, 웬 거지가 목욕탕 앞에 서 있기에 '저 거지가 가져 갔을까'해서 물어보니.

'내가 주워서 챙겨 놓았는데 부인이 주인이면 가져가시오.

내가 그 보배를 지켜줄려고 여기에 계속 서 있었던 것입니다.'

빌어먹는 처지에 어떻게 보물을 지켜주고 할 여유가 없을 텐데 그것을 지켜주었다니~

부인은 감격하여 치하를 하고 보배를 가지고 가서 삼대독자를 살렸다.

그 후 배휴가 그렇게 좋은 일을 하고 외삼촌 집에 들리니 마침 일행선사가 와 있었다.

선사는 배휴를 보더니, '얘야, 네가 정승이 되겠구나.'

배휴가 그 말을 듣고 '스님이 언제는 내가 빌어 먹겠다고 하더니 오늘은 정승이 되겠다고 하니 거짓말 마시오.'

'같은 사람 가지고 두 가지를 말씀하시니 믿을 수 없습니다.'

'전날에는 너의 얼굴상을 보았고, 오늘은 너의 마음상을 보았느니라. 너에게 그 동안 무슨 일이 있었지?' 하고 묻자 배휴가 사람하나 살린 일을 이야기 하니 '그래서였구나!' 하고 수긍을 하였다.

그 후 일행선사의 말처럼 배휴는 삼공(三公)의 지위에 올랐다.

배휴는 정승의 지위에 오르자 등이 붙어나온 동생을 생각하고 사방에 수소문하여 찾아 나섰다.

그러나 동생의 행방은 묘연했다.

어디로 갔는지, 무엇을 하고 있는지?

내가 이렇게 정승노릇을 하고 있으니 좀 도와주고 함께 잘 지내려고 하여도 동생을 찾을 수가 없었다.

하루는 황하강을 배를 타고 건너는데 때마침 더운 여름이라 뱃사공이 웃옷을 벗어 붙이고 노를 젓고 있었다.

배휴가 뱃사고의 등어리를 보니 자기 등어리와 같은 모습이었다.

배휴는 동생이 아닌가하여 물었다.

'자네 이름이 무언가?'

'배탁이 올씨다'

'그럼 내 동생이 아닌가!'

'아, 그렇습니다'

'너는 내가 정승이 된 줄을 몰랐는가?'

'알기는 벌써 알았습니다'

'그럼 왜 나를 찾아오지 않았나?'

'아, 형님은 형님복에 정승이 되어 잘 먹고 잘 지냅니다.

나는 형님 덕에 잘 지낼 것이 아니라 내복에 사는 것이 편합니다.

그래서 배를 하나 장만해서 오는 사람 가는 사람 건네주고 있는 것입니다.' 하고는 형이 가자고 해도 따라 나서지를 않았다.

이렇게 넓은 산과 물을 벗 삼아 오가는 사람들을 건네주고 청풍명월 속에 사는 것이 형님의 삼공지위(三公之位)보다 못지않다는 것이었다.

동생 배탁이 말하는 것을 들으니 세상영욕을 초월해서 부귀영화를 초개처럼 아는 참으로 세상 사는 멋을 아는 사람으로 보였다.

한 고비를 넘긴 도인과 같은 생각을 배탁은 하고 있었던 것이다.

대밭이 빽빽하여도 흘러가는 물을 방해하지 않고(竹密不妨流水過)
산이 높아도 구름은 꺼리끼지 않는다.(山高豈礙白雲飛)

무지(無智)를 깨우치면 무심(無心)이 되는 것이다.
오늘이 8월 초하루, 새로운 달이 시작되는 날이다.
새삼스러이 30년전, 경봉(鏡峰)스님의 상당법어(上堂法語)가 그립다.

(2009.8.1)

자연대로 살리라

세월은 흐르는 강물과도 같다. 언제 하루가 지났는지, 어느새 한 달이 지났는지 모를 만큼 빠른 속도로 흐르는 것이 세월이다.

엊그제 새해가 시작된 것 같은데, 벌써 기축년 한 해가 저물어가고 있다.

등산을 유달리 좋아하는 나는 가끔 눈이 하얗게 쌓인 숲 속에서 밤하늘을 바라보는 경우가 있다.

그럴 경우 달빛과 별빛이 눈에 반사되어 마치 꿈속을 거니는 듯한 '환상적인 착각'에 빠진다.

간혹 숲에서 자유롭게 날아가는 산새들의 푸드덕거림을 듣노라면 '자연의 신비스러운 모습'에 저절로 경외심이 생긴다.

우리나라는 사계절이 뚜렷하여 사시사철 각기 다른 모습을 보여주고 있다. 아무래도 겨울은 찬바람과 흰 눈이 있어야 제격이다. 그래야 겨울답다.

만약 겨울에 따뜻한 바람이 불고 홍수가 내린다면 어떨까, 그것은 겨울이 아니다. 자연의 순리를 역행하기 때문일 것이다.

사람이건 계절이건 제자리에 있을 때 아름다운 것이다.

겨울은 겨울다워야 하고, 여름은 여름다워야 한다.
또 나무는 나무이어야 하고 돌은 돌이어야 한다.

학창시절 유난히 앳된 여성음성을 내는 친구가 있었다.
군대에 갔다 와서도 그 음성에는 변함이 없었다.
몸집도 타인에 비하여 큰 남자가 그런 음성을 낼 때마다 소름이 끼치곤 했다.
여성음성은 여성이 내야 아름답게 들리는 법이다.

이처럼 자연의 이치대로 살아야함에도 불구하고 사람들은 자연의 섭리에 역행하기 일쑤이다.
인간의 끝 간 데 없는 욕망에서 비롯된 것이리라.

100세 이상 장수자들이 많이 살고 있는 장수촌들이 있다.
코카사스지방, 파키스탄 북쪽의 훈자마을, 에콰도르의 빌카밤바 및 신강성 산속의 위글 지방이 그 곳들이다.
그런데 1930년대 이후 이 장수촌들에 이상한 현상이 일어나고 있다.
장수자들의 수가 급격하게 감소해 간다는 것이다.
전에는 높은 산속에서 맑은 공기와 깨끗한 물, 밝은 태양을 받으며 손수 경작한 무공해 농작물로 장수를 누리던 주민들이었다.
그런데 이 장수촌에 도로가 개통되고 자동차가 오가며 문명국의 가공식품들이 들어오면서 각종 질병과 성인병도 같이 묻어왔다.
환경이 파괴되고 식품도 파괴되고 평온하기 그지없던 주민들의 마음도 파괴되어 버렸다.
이렇게 자연의 질서가 무너지니 장수자의 숫자도 격감하는 것은 당연한 이치일 것이다.

인간이란 존재는 여느 동물과 마찬가지로 자연 그대로 생활해 나가는 것이 순리이며 좋은 생활 방법임을 장수촌의 경우가 증명해 주고 있다.

그래서 일찍이 시선(詩仙) 이태백은 이렇게 읊었다.

"어찌하여 푸른 산에 사느냐 묻기에
웃고 대답 안 해도 마음 절로 한가롭네.
복사꽃 물에 떠서 아득히 흘러가니
별천지 따로 없어 인간세상이 아니라네."
(山中問答: 問余何事棲碧山, 笑而不答心自閑, 桃花流水杳然去,
別有天地非人間)

조선조 중종 때 학자 김인후 시조 역시 우리 마음에 와 닿는다.

"청산도 절로 절로 녹수라도 절로 절로,
산 절로 절로 수 절로 절로 산수 간에 나도 절로 절로,
그 중에 절로 자란 몸이 늙기도 절로 절로 늙으리라."

푸른 산도 자연 그대로이며 흐르는 맑은 물도 자연 그대로이다.

이와 같이 산과 물이 모두 자연의 뜻을 따르니, 이 자연 속에 묻혀 사는 나도 자연의 순리에 따르리라.

세속에 묻혀 자연대로 살지 못하는 내가 기껏 할 수 있는 일은 주말마다 명산을 찾아 나서는 등산이다.

나는 산행을 통하여 잠시라도 자연에 근접할 수 있고 숲과 대화를 조용히 나눌 수 있는 것이다.

얼마간이라도 자연의 품에 안겨 흐르는 계곡물을 망연히 바라보며 자연과 일체가 되어보는 것이다.(2009.11.19)

제 3 부

인생은 한번 뿐인 것을

상대방 인정(認定)하기

사람은 누구나 자신의 가치를 인정받기를 원한다. 공직선거에 나서는 사람들 역시 그렇다. 대통령은 무소불위(無所不爲)의 최고권력자라는 존재감 때문에 기를 쓰고 선거전에 나서는 것이다. 예술가 역시 필생에 대작을 남기려 애를 쓴다. 자신이 예술의 위대성을 시현했다는 존재감을 인정받으려고 각고의 노력을 한다.

먹고사는 문제가 해결되면, 소위 마슬로우(Maslow)의 '인간욕구 5단계설' 중 4단계인 '존경의 욕구'가 발동하게 된다. 즉 사회적인 존재감과 인점감의 욕구로 치닫게 된다. 외국으로 이민을 가서 어느 정도 안정되면, 한인사회의 감투를 쓰려고 다투어 나서는 경우가 그러하다. 어쩌면 자연 발생적인 것인 지도 모른다.

미국의 심리학자이며 철학자인 윌리엄 제임스는 '인간성의 근원을 이루는 것은 다른 사람에게 인정받고자 하는 소망'이라고 단언한다. 인류의 문명도 인간이 인정받고자 하는 소망에 의해 발전되었다고 할 수 있다.

명예(名譽)라는 말도 이러한 사회적 인정이 쌓인 것을 의미한다. 이러한 명예나 인정이 무너져 내릴 때 사람들은 절망하게 된다. 검찰이나 경찰 등 수사기관에서 조사 받다가 스스로 극단적 선택을 하기도 한다. 추락하는 명예감을 목숨으로 대체하는 것이다.

이렇듯 인간은 누구나 사회에서 또는 다른 사람들이 자기의 진정한 가치를 알아주기를 바란다. 누구든지 이 사회에서 중요한 존재라고 여기고 싶어 하는 욕망이 있다.

사마천이 쓴 사기(史記)에도 이런 구절이 나온다.

'선비는 자기를 알아주는 사람을 위해 죽고,

여자는 자기를 기쁘게 해주는 사람을 위해 용모를 꾸민다.'

사람은 자기를 인정해 주는 사람을 따르게 된다.

부하를 인정하고 칭찬해 주는 상사가 조직관리에 앞서가게 된다.

부모가 자식을 인정해 줄 때 자식의 재능이 꽃을 피게 된다.

자신의 가치를 인정받은 사람은 상대방의 장점을 높이 평가하고 그를 따르게 된다.

사람의 재능은 인정받고 격려하는 가운데 꽃을 피운다.

열 개의 과목 중 한 과목이라도 잘하는 과목이 있으면, 다른 과목은 제쳐두고 잘하는 한 과목을 칭찬하면 다른 과목도 좋아진다.

반대로 아홉가지는 잘해도, 못하는 한 과목을 집중해서 꾸짖고 비난하면, 잘하던 과목도 주눅이 들게 된다.

그러므로 유능한 지도자는 상대방의 단점을 덮어주는 대신에 그 사람의 가치를 존중해 주고 장점을 북돋아 주는 사람이다.

나무도 아름답다고 말하면서 물을 주면 잘 자라는 법이다.

상대방의 가치를 인정하지 않는 태도는, 사람을 소극적으로 만들고 결국 무능력자로 전락시켜 버린다.

"너한테 맡기면 마음이 놓여."

"너라면 잘 해낼 거야!"

이런 인정감과 격려의 말이 사람의 마음을 강하게 움직이는 동력(動力)이 된다.

다른 사람이 그런 말을 해주지 않으면, 자기 스스로 격려해 주면 된다.

거울을 보면서

"나는 잘 할거야, 반드시 성취할거야"

자기 인정감과 염력(念力)을 주입하는 것이다.

자기가 인정하는 것만큼 이루어지게 마련이다.(2019.7.30.)

사랑은 주는 것

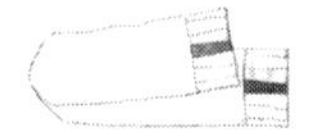

나는 아파트 1층에 산다.

윗층에 비해 값도 싸거니와 나무와 땅기운을 맡을 수 있어 좋다.

엘리베이터가 늦게 오건 빨리 오건 내가 신경 쓸 필요가 없어서 좋다.

쓰레기 버리는 날 역시 갖다버리기 쉬워서 좋다.

그런데 가장 좋은 것은 산새들과 얘기를 나눌 수 있다는 점이다.

창문밖에 새 모이통을 걸어놓고 아침 7시면 모이를 한 컵 떠서 준다.

기다리고 있던 산비둘기들이 달려들어서 쪼아 먹는 모습이 그렇게 신기하고 생동감이 있을 수 없다.

참새들에게는 모이를 땅바닥에 뿌려준다.

떼로 달려들어서 열심히 쪼아댄다.

'그래~ 사람이나 동물이나 먹어야 살지...'

10년전 처음 모이통을 달아 놓았을 때는 새들이 선뜻 달려들지 않았었다.

그래서 먹나 안먹나를 보려고 커튼 뒤에 멀리 떨어져 숨어서 보곤

했다.

그런데 서너달 지나고 의심이 풀리자 본격적으로 먹기 시작 했다.

이제는 손바닥에 올려 놓으면 내 팔뚝까지 앉아서 맛있게 먹는다.

나는 모이 줄 때 항상 나지막이 산새들에게 속삭인다.

“사랑해 너희들 ! 싸우지 말고 먹어~”

화초도 사랑한다는 말을 하면서 물을 주면 싱싱하게 꽃을 피운다.

사랑의 기운이 식물에게 전달된다는 것이다.

모이를 사러 제기동 경동시장에 간다.

값이 싼 중국산 좁쌀과 보리쌀을 사다가 섞어서 준다.

모이값이 한 달에 1만원 가량 든다.

야생조 기질을 살리기 위해서 여름에는 쬐끔 주고, 눈 덮힌 겨울철에는 비교적 넉넉히 준다.

10년간 모이 주다보니 새들의 수명이 다해 새로운 새가 날아들 곤 한다.

산비들기는 몸색깔로 같은 형제 자매인지 알 수 있다.

꽁지가 새까만 놈은 역시 같은 꽁지를 가진 놈과 함께 날아든다.

이 놈들은 서로 다투지 않고 먹는다.

색깔이 다른 놈들은 부리로 상대방을 쪼아대면서 힘이 센 놈이 모이의 우선권을 차지한다.

인간세상과 흡사하다.

봄철에 새로 태어난 어린 놈들이 날아와서 앙증스럽게 먹는다.

살아있는 존재는 모두 아름답다.

동물은 자기에게 사랑을 주는 사람을 따르게 된다.
사람의 경우와 마찬가지이다.

더운 여름날 경남 고성의 연화산을 산행하다가 산등성이에서 쉬면서 먹던 땅콩 부스러기를 산 다람쥐에게 주었다.
과자 부스러기 까지 주고 툭툭 털고 일어났다.
산행을 계속하는데 고놈의 다람쥐가 내 뒤를 따라오는 것이었다.

옛날 초등학교 다닐 때 집에서 기르는 강아지가 계속 따라와서 결국 돌을 개에게 던지고 학교로 갔던 기억이 되살아난다.

미세먼지가 기승을 부리더니 오늘은 비교적 청명한 가을 날씨이다. 흘러가는 흰 구름 그냥 바라보지만 말고 나도 한번 그 구름이 되어 흘러가 볼까.

모이 쪼아대는 산새들 그냥 바라보지 말고 나도 스스로 산새되어 공중을 날아 볼까.
구름이 되고 산새가 되어 숲속을 지나다보면 이 세상 아름답다는 걸 알게 되지 않을까.

사랑은 받는 것보다 줄 때 아름답고, 천지는 같은 뿌리(天地同根)인 것이다.(2018.11.10.)

사람다운 사람

공자의 중심사상은 인(仁)이다.

인은 '사람다움'이라고 할 수 있다.

사람다운 사람은 구차하게 살기위해 사람다움을 포기하지 않으며, 몸을 죽여서라도 사람다움을 이룬다.

그러나 비겁한 사람은 일생동안 두고두고 죽는다.

그가 사람답기를 포기할 때마다 그의 존재의미는 없는 것이며, 따라서 죽은 것과 마찬가지인 것이다.

사람다움이란 개인에게는 자신의 존재 이유이기 때문이다.

사람다운 사람은 자기가 죽을 상황에 처하더라도

'아닌 것은 아니다'라고 당당히 말할 수 있는 참된 용기를 가진 사람을 말한다.

그래서 사람다운 사람에게는 맞설 자가 없는 것이다.(仁者無敵)

단종복위(端宗復位)를 도모하려다가 실패에 그치고, 세조로부터 모진 고문을 받으면서도 굽히지 않았던 성삼문 등 사육신(死六臣)이 그 표본이 될 수 있다고 생각한다.

근세의 민족지도자 중 한 분인 고당 조만식(古堂 曺晩植)선생이 좌우명으로 기인위보(其仁爲寶)로 삼은 것도 이러한 인(仁)의 사상을 강조한 것이라고 생각된다.

맹자의 대장부(大丈夫)론도 사람다움에 밑바탕을 두고 있다고 생각된다.

맹자는 부귀불능음(富貴不能淫)하고

(부유하고 귀한 사람이 되어도 능히 음란하거나 도리에 어긋나지 아니 하며)

빈천불능이(貧賤不能移)하며

(가난하고 낮은 자리에 있어도 지조나 절개를 잃거나 변하지 아니 하며)

위무불능굴(威武不能屈)함이니

(강자의 위협과 무력에도 능히 비굴하게 굽히지 아니 한)

사람을 일컬어 대장부(大丈夫)라고 했다.

사람다움의 실천은 충서(忠恕)의 실천이다.

충서의 실천이란 내면적으로는 자기 자신을 다하는 일이고, 밖으로는 남과의 관계에서 내 마음을 미루어 남의 마음을 헤아려 보는 것이다.

서(恕)라는 글자는 같을 여(如)아래에 마음심(心)을 쓰고 있다.

마음이 같다는 것은, 예를 들어 자신이 추위에 떨고 있다면 다른 사람 역시 추울 것이라고 여기는 마음을 말한다. 이것이 사람을 공평하게 사랑하는 근본이 되므로 인(仁)을 실천하는 도가 되는 것이다.

사람다움이란 개인의 존재 이유이므로 사람다움을 상실했을 때는 죽은 것이나 다름없다.

참으로 의미 있고 가슴에 와 닿는 말이라고 생각된다.(2018.11.02.)

버리기

위대한 학자가 있었다.

그는 수많은 제자들을 거느린 학문의 거목이고 최고의 권위자였다.

그는 언제나 제자들에 둘러싸여 있었고, 그의 집에는 수많은 내방객들과 귀한 책들로 가득하였다.

어느 날 깜빡 잠이 든 그는 꿈에 뭔가를 보았는데, 너무 생생해서 꿈같지가 않았다.

꿈에 아주 늙고 추하게 생긴 마녀 같은 노파가 나타났는데, 너무도 추해서 몸서리가 쳐졌다.

마녀 같은 노파가 기괴한 웃음을 흘리며 말했다.

"그대, 뭘 하고 있소?"

그가 덜덜 떨면서 말했다.

"공부하고 있소."

노파가 물었다.

"뭔 공부를?"

"철학, 종교, 역사, 인식론, 논리학, 어학 등등...."
"그대, 그걸 죄다 이해하시오?"
"....그렇소. 모두 이해합니다만......"

"낱말을 이해한다는 건가, 뜻을 이해한다는 건가?"
노파의 눈빛이 어찌나 날카로운지 감히 거짓말을 할 수가 없었다.
그는 자신이 완전히 발가벗겨지는 걸 느꼈다.
"낱말을 이해한다는 겁니다."

그러자 마귀 같은 노파가 갑자기 춤을 덩실덩실 추면서 노래를 하기 시작하였다.
그런데 징그럽고 추한 노파가 점점 아리따운 모습으로 변해가는 거였다.

이를 본 위대한 학자는 얼른 생각했다.
'노파를 더욱 행복하게 해 줘야지. 더욱 즐겁게.'
그래서 그는 재빨리 덧붙여 말했다.
"그리고 그 뜻도 이해합니다."

아리따운 모습으로 변해가던 노파가 돌연 노래를 그치고 춤을 멈췄다.
그리곤 슬피 울기 시작하는 것이었다.
그녀의 아리따운 모습은 다시 추하게 일그러져 갔고, 마침내는 전보다도 더 추한 모습으로 되고 말았다.
위대한 학자가 당황하여 물었다.
"아니, 어떻게 된 겁니까?"

"그대가 거짓말을 안 하는 훌륭한 학자라서 행복했는데, 이제 거짓말을 했으니 슬퍼서 그러오.

하늘과 땅이 다 알지만, 그대는 그 뜻을 이해하지 못하지 않는가,"

그때 위대한 학자는 꿈에서 퍼뜩 깨어났다.

그는 모든 걸 버리고 곧장 길을 떠났다.

그렇다! 사과나무 아래에서 만유인력의 법칙을 발견한 뉴턴(Newton. 1642~1727)과 같은 천재도 "나는 평생 진리의 바다에 발을 담가보지 못했다. 오직 진리의 바닷가에서 조약돌 몇 개를 주었을 뿐이다."라고 술회했다.

세상에는 얼마 되지도 않는 지식을 가지고, 자기가 모든 것을 아는 것처럼 허풍을 떨면서 혹세무민(惑世誣民)하는 위장 학자들도 있다. 이들은 소크라테스 시대의 궤변론자들의 경우와 유사하다.

소크라테스(Socrates, BC470-399)는 말했다.

"나는 내가 무지(無知)하다는 것을 안다.

그러나 그들은 그들이 무지하다는 것 자체도 모른다."

오늘의 지식인들은 마땅히 변해가는 노파의 모습을 반추해 보아야 할 것이다.

그리고 자기가 모든 것을 안다는 과대망상(誇大妄想)을 털어버려야 한다.(2014.5.18)

인생무상(人生無常)

한식날인 4월6일(토)에 '분당메모리얼 파크'에 있는 할머니 묘소에 갔다. 할머니를 이곳에 모신 것은 1976년으로 그간 43년의 세월이 흘렀다. 당시에는 '남서울 공원묘원'이었다. 분당 신도시가 들어서고 명칭도 서양식으로 변했다. 나는 그간 한 해도 거르지 않고 할머니 묘소를 찾았다. 할머니를 저 세상으로 떠나보낼 때, 나는 하늘 높은 줄 모르는 청춘이었다. 이제는 머리에 서리가 하얗게 뒤덮인 노인으로 변했다. 세월이 그렇게 만든 것이다.

야탑 전철역에서 내려서 버스로 갈아타고 분당메모리얼 파크로 갔다. 하늘은 맑아서 성묘하기에는 좋은 날씨였다. 묘소 관리사무소를 지나면 그 뒤 산중턱에 할머니 묘소가 있다.

버스에 내려 관리 사무소를 향해 걸어가는데 옆에 어떤 사람이 말을 건넨다.

'무어 좀 물어봐도 됩니까?'

'뭔데요'하고 되묻자, 60대 전후로 보이는 초췌한 남자가 말하기 시작한다.

'자기 아버지 묘소가 저기 소나무 밑에 있는데, 이번에 관리사무소에서 납골묘로 옮기면 모든 비용을 관리사무소에서 대겠다는 것이

다. 그 대신 묘지는 관리사무소에서 사용하겠다는 조건인데 어떻게 생각하느냐는 것이었다.'

나는 내 생각을 그에게 말했다. '납골묘로 하면 관리비가 적게 들고 관리가 편할테니 그것이 좋을 것'이라고 했다.

그리고 난 후 사내의 모습을 한번 살펴보았다. 손 마디가 굵고 얼굴에 주름이 깊게 파여 있었다. 고생께나 한 얼굴이었다.

그는 자기나이가 59세라고 하는데, 모양으로는 그보다 훨씬 더 들어보였다. 자기는 학교 문턱에도 제대로 가보지 못했다는 것, 그리고 아버지가 이북에서 넘어와서 여기서 결혼해서 자기형제를 낳았다는 것 등등...

내가 묻지도 않는 말을 신세타령하듯이 나에게 이것저것 얘기하고 있었다.

그는 나에게 다시 또 물었다. '납골묘를 쓰지 않고 뼈만 받는 경우에는 관리사무소측에서 어느 정도 보상해 준다는데, 뼈만 받아서 충남에 있는 어머니 무덤에 뿌려버릴까 해요'

나는 말했다. '어머니 묘에 합장을 하지 그래요'

그는 어차피 어머니 묘도 남의 산에 썼기 때문에 없어질 묘라고 한다.

자기 동생도 죽고. 자기 또한 자식이 없기 때문에

무덤이 있어 보았자 돌볼 사람이 아무도 없다는 것이다.

"그렇다면 뿌릴 수밖에 없겠군요." 나의 말에 그 남자는 흡족한지 표정이 펴졌다.

관리사무소 건물 근처에 오자 사내는 이장 수속을 밟아야 한다며 작별했다.

생각해 보면 인생은 한편의 연극이다. 그 연극을 고달프게 연출하는 사람도 있고, 편하게 연출하는 사람도 있다. 한편의 연극을 50년도 못되어 끝내는 사람도 있고, 90이 넘도록 긴 세월에 마치는 사람도 있다. 슬픈 드라마를 쓰는 사람도 있고 기쁜 드라마를 쓰는 사람도 있다. 아름다운 연극도 있고, 추한 연극도 있다. 모두 자기가 어떻게 연출하는 가에 달려있다.

이윽고 할머니 묘소에 다다랐다. 묘소주변에 진달래와 개나리가 활짝 피어 있었다.

초목은 봄이 되면 다시 피어나지만 인간은 한번가면 다시 돌아오지 않는 구나.

화유중개일(花有重開日)이나 인무갱소년(人無更少年)이라는 말이 그저 옛말이 아님을 알겠다.

할머니묘소에 절을 했다. 할머니는 오로지 자손과 이웃사람만을 위하다가 일평생을 마치셨다.

고개 들어 하늘을 바라보니 흰구름이 몇 조각 두둥실 떠있다. 인생은 한 조각의 뜬구름이 일어났다가 세월가면 스러지는 것과 같다. 검은 머리 청년이 이제 백발되어 망연히 묘소에 앉아 세월의 빠름과 인생의 무상함을 되뇌어 본다.(2019.04.07.)

장수하는 사람들의 특징

해마다 전세계인구의 평균 수명이 높아지고 있다.

20세기 초만 하드라도 인간의 평균수명(life span)은 49세에 불과했던 것이 20세기 말에는 평균수명이 70세로 되었다.

(At the beginning of the 20th century the human life span was only about 49years. Because of improvements in diet and medical technology, it was around 70 by the end of that century.)

한 세기만에 21년의 평균 수명이 늘어난 것이다.

이러한 추세라면 21세기 말에는 누구나 90세를 넘기게 된다고 한다.

문제는 얼마나 오래 사느냐가 아니고

얼마나 건강하고 행복하게 늙느냐는 것이다.

장수하는 사람들은 선천적으로 스트레스를 잘 극복한다고 한다.

그들은 특유의 너그럽고 좋은 성격 덕택으로 역경과 실패, 이별 등을 무난히 넘기는 것으로 드러났다.

스탠퍼드 대학의 윌리엄 프라이 박사는 미소와 웃음은 산보나 수

영같은 운동효과를 준다고 했다.

노먼 커즌즈는 웃음을 '체내의 조깅'이라고 했다.

웃을 때 심장운동이 증가하고 우리 몸에 더 많은 산소를 전달해주기 때문이다.

하버드 의대 교수인 허버트 벤스 박사는 기도와 명상을 자주하면 혈압이 낮아지고 고통이 줄어든다는 것을 밝혀냈다.

장수노인들은 항상 얼굴에 웃음을 띠고 낙천적으로 세상을 살아간다.

초조하고 심각한 얼굴을 가진 사람들이 대개 단명한 편이다.

장수하는 사람들은 현실주의자들이라고 한다.

그들은 변화하는 주변 환경에 쉽사리 적응을 한다.

다른 많은 노인들이 다리에 힘이 빠지고 중심잡기가 어려워졌을 때에도 남의 이목 때문에 지팡이나 보행기를 사용하지 않으려고 한다. 하지만 장수노인들은 보조기구 이용을 기꺼이 수용한다.

발달 심리학자 에리슨은 '자기 몸이 사회와 환경이 원하는 대로 적응하는 것은 생존에 필수적'이라고 말했다.

생존하는 동안 우리의 모습과 사회적 위치는 자주 변하게 마련이다. 이러한 변화에 효율적으로 적응해야 하는 것이다.

장수를 위해서는 늘 새로운 일에 도전해야 한다.

색다른 활동으로 두뇌를 골고루 훈련시켜야 한다.

춤추기, 그림그리기 악기 배우기, 새로운 외국어배우기. 자원봉사, 사진찍기, 등산 같은 다양한 활동은 두뇌기능을 강화시킨다.

못 가본 여러 지역을 두루 여행하는 것도 정신건강에 무척 좋다고 한다.

철인 키케로는 권한다.

젊음과 힘과 쾌락을 좇지 말고 미덕을 실천하라고. 그리하면 훌륭하게 살았다는 의식과 좋은 일을 많이 했다는 기억으로 인생이 즐거워지리라는 것이다.

은퇴 후의 삶은 쓸쓸한 내리막길이 아니라 흥미진진한 새로운 인생의 출발점이 될 수 있다.

노년의 행복한 삶은 경제적인 설계와 더불어 '다양한 취미생활'이 필수적이다.

산과 바다와 강을 지척에 두고 새 소리 간간이 들이는 조용한 동네에 살면서 자기가 읽고 싶은 책과 하고 싶었던 취미생활을 즐길 수 있다면 이는 제2의 행복한 인생이 되는 것이다.

돈에만 치중한 생활에서 탈피하여 구름과 달을 여유 있게 쳐다 볼 수 있어야 인생의 넉넉함을 제대로 만끽할 수 있게 된다.(2008.4.15)

누구나 한 가지 재주는 있다

제(齊)나라의 명재상인 관중(管仲)이 습붕(濕朋)과 더불어 임금인 제환공(齊桓公)을 따라 고죽국(孤竹國)이라는 작은 나라를 정벌하러 갔다.

공격을 시작할 무렵은 봄이었지만 싸움이 끝나 돌아올 무렵은 한겨울에 눈보라까지 휘날렸다.

지독한 추위에 병사들은 산중에서 길을 잃고 어디로 가야 할지 갈팡질팡했다.

이때 관중이 말했다.

"이런 때는 늙은 말이 본능적 감각으로 길을 찾는 지혜가 있다."

여러 말들 중 늙은 말을 골라 수레를 풀어 주었다.

늙은 말은 잠시 멈칫거리더니 어느 방향으로 걷기 시작했다.

그 말 뒤를 따라가다 보니 마침내 제 길을 찾아 행군을 계속할 수 있었다.

또 이런 일도 있었다.

험한 산속 길을 진군할 때 마실 물이 떨어져 병사들은 목이 말라 더 이상 전진할 수가 없었다.

이때 습붕은 이렇게 말했다.

"개미란 것은 겨울에는 산의 남쪽에 집을 짓고, 여름에는 산의 북쪽에 집을 짓고 산다. 그러므로 개미집의 높이가 한 치라면 그 아래 여덟자를 파면 그 곳에는 항상 물이 있게 마련이다."

그래서 병사들을 시켜 개미집을 찾아 그 아래를 파 보니 과연 물이 콸콸 넘쳐 났다.

한비자(韓非子)라는 전략가는 이 이야기를 인용한 뒤 이렇게 말하고 있다.

아무리 위대하고 똑똑한 관중과 습붕일지라도 그들이 모르는 지혜를 늙은 말이나 개미에게 의지하길 꺼리지 않았다.

아무리 잘난 사람일지라도 때로는 늙은 말이나 개미보다 못할 때가 있다.

이는 곧 아무리 하찮은 사람일지라도 나름대로 한 가지씩은 장점을 가지고 있으니 무시하지 말라는 말이다.

관중이 늙은 말의 지혜를 빌려 길을 찾은 것에 비유해 나온 고사성어가 노마지지(老馬之智)이다.

늙은 말일지라도 그 나름대로 지혜를 가지고 있다는 뜻이다.

요즘은 "경험이 풍부하고 숙달된 지혜"의 뜻으로 사용되고 있다.

'굼벵이도 꿈틀하는 재주는 있다.'

'숟갈 한 단 못 세는 사람이 살림은 잘 한다.'

'헌옷 속에 옥 들었다.'
'넙치가 눈은 작아도 저 먹을 것은 잘 본다.' 는 속담처럼

아무리 못난 사람일지라도 하나 이상의 재주를 가지고 있다.
결코 사람을 얕잡아 보거나 무시해서는 안 될 것이다.(2008.3.12)

내가 바둑을 즐기는 이유

나는 바둑 두는 것을 무척 좋아한다.

시간이 있는 경우, 아무 기원이나 올라가서 낯선 사람과 바둑을 두기도 한다.

수년전 한국기원에서 아마 3단의 자격을 인정받았을 때 기쁘고 자랑스럽기도 했다.

잘 아시는 바와 같이 한국 바둑은 세계 최강국으로서 일본 · 중국 등을 누르고 10년간 세계를 제패하기도 했다.

사실 바둑은 그 기원이 오래된 것으로서 요(堯) 임금이 아들의 어리석음을 깨우치기 위하여 만들어 낸 것이라고 한다.

바둑이 우리나라에 들어온 것은 한사군 시절이라고 한다.

그러나 3국시대부터 본격적으로 현자(賢者)들 사이에 두기 시작했다.

삼국사기에 백제의 개로왕이 승 도림(道琳)과 바둑을 두었다는 사화(史話)가 기록되어 있는 것이 이를 뒷받침 해 준다.

중국에서 유래되었다고 하더라도 우리가 종주국을 누르고 세계바둑계를 제패하고 있는 것은 우연이 아니다.

그것은 바둑이 두뇌싸움의 일종이기 때문에 한국인의 머리가 중·일 보다 앞선다는 것을 의미하는 것이라고 할 수 있다.

영국의 기네스북에도 세계에서 제일 IQ가 높은 사람이 한국의 「김응용」군으로 등재되어 있는 것이 이를 입증하고 있다.

흔히 바둑을 두는 것은 갑갑하고 샌님들이나 두는 것이라고 오해하기도 한다.

그러나 바둑은 병법과도 같은 것으로서 문인 뿐만 아니라 호탕한 무인들도 즐겨 두고 있음은 역사적으로 증명되고 있다.

삼국지에 관운장이 살을 도려내는 수술을 하면서도 태연히 바둑을 두었다든지, 이순신 장군의 난중일기에도 충무공이 바둑을 두었다고 기록한 대목이 16군데나 나오고 있다.

나는 「바둑은 인생 그 자체」라는 생각을 가지고 있다.

무슨 엉뚱한 소리이냐고 되물을 수 있기 때문에 그 이유를 밝혀본다.

인생이 소년기→청년기→장년기→노년기로 이어지듯이 바둑도 포석기→중반전→종반전→끝내기로 진행된다.

인생의 소년기에는 참으로 꿈이 많다.

모든 것이 신기하고 하늘에 총총한 별에도 의미를 붙여보며 한껏 소망의 나래를 펴 보는 시절이다.

이성이 아주 신비로운 존재로 비추이며, 고된 인생세파를 아직 모르는 아주 순진무구한 시절이다.

바둑 역시 마찬가지다.

대략 초반 30수까지의 포석(布石)단계에서는 이리저리 돌을 놓아가며 달콤하고도 웅대한 구상에 가슴 설레게 된다.

소년기에 제대로 튼튼히 기초를 다지고 체력을 길러야 이후 청·장년기에 수월하게 힘쓰듯이, 바둑 역시 포석단계에서 훌륭한 짜임새가 이루어져야 이후 중반전투에 힘을 발휘하게 된다.

청년기는 생기가 발랄한 인생의 여름이다.

정력이 왕성하여 끊임없이 목표에 도전하며 전진하고 투쟁하면서 많은 것을 얻고자 노력하는 시절이다.

바둑의 중반전 역시 흑·백간에 치열한 접전이 이루어지며 참담한 실패를 하기도 하고 혁혁한 전과를 거두기도 한다.

가장 현란하고 힘찬 시절인 점에서 양자가 비슷하다.

40~50대 인생의 장년기는 그간 뿌린 씨앗을 거두어들이는 시기이다. 경험과 원숙함이 인생을 풍부하게 한다.

근면과 성실과 절약과 인내의 씨앗을 뿌린 사람은 성공의 열매를 거둘 것이고, 태만과 낭비와 무절제의 씨앗을 뿌린 사람은 패배의 회한에 잠길 것이다.

콩을 심으면 콩을 거둘 것이고, 오이를 심으면 오이를 거두게 되는 것이다.(種豆得豆 種瓜得瓜)

바둑 역시 종반전에 들어서면 승패가 어느 정도 드러나게 된다.

소탐대실(小貪大失)의 어리석음을 한탄하기도 하고, 인내와 끈기가 부족함을, 그리고 경솔함을 뼈저리게 반성하기도 한다.

다 이긴 바둑을 단 한수의 실수로 놓친 경우에는 밤에 잠을 잘 적에도 바둑판이 천장에서 어른어른 거리고, 뼈를 깍는 후회를 하게 된다.

사랑에 실패한 사람의 심정이 그와 비슷하지 않을까 생각해 보기도 한다.

60세 이후의 노년기는 인생의 쓸쓸한 겨울이다.

노년은 일낙서산 하는 조용한 저녁이요, 어둠의 장막이 서서히 다가오는 황혼이다.

안식을 취하며 인생을 마무리하는 단계인 것이다.

바둑의 경우, 모든 전투가 막을 내리고, 끝내기하는 단계가 인생의 노년기라고 할 수 있다.

'끝이 좋아야 모든 것이 좋다' 는 독일 격언이 있듯이 끝내기를 완벽하게 해야 한다.

다 이긴 바둑도 끝내기에서 뒤집어지는 경우가 있다.

인생의 노년기에 실수를 하면 회복하기 어렵듯이, 끝내기를 잘못하면 여태까지의 좋던 바둑을 그르치게 되는 것이다.

이상과 같이 바둑의 4단계와 인생의 4계절은 아주 유사하다.

바둑판에 인생파노라마가 펼쳐지는 것이다.

그래서 나는 바둑을 즐겨한다. 바둑은 두뇌운동으로서 치매예방에도 효과적이라고 한다.

현자(賢者)들의 낙도(樂道)인 바둑을 적극 권해드리고자 한다.(2008년도 한국대표명산문선집, 한국문인 2008)

군자삼락(君子三樂)

군자삼락이라 함은 '군자의 세가지 즐거움' 이란 뜻으로 맹자의 진심장(盡心章)에 나오는 말이다.

군자에게는 세가지 즐거움이 있다.

그러나 천하를 다스리는 왕이 되는 것은 이 세가지 속에 들어있지 않다.

1. 부모가 모두 살아 계시고 형제가 무고한 것
   (부모구존형제무고 父母俱存兄弟無故)
2. 하늘을 우러러 부끄러움이 없고 사람을 굽어보아도 부끄럽지 않음
   (앙불괴어천부부작어인 仰不愧於天不不怍於人))
3. 천하의 영재를 얻어 교육하는 것
   (득천하영재교육 得天下英才教育)

이상 세가지가 군자삼락(君子三樂)이다.

도대체 군자 되기도 어렵다. 더구나 삼락(三樂)을 갖추기는 더욱 어렵다. 일락(一樂)인 부모형제가 무고한 것은 팔자소관이라 운이 좋으면 그럴 수도 있다고 치자. 그러나 천하의 영재를 얻어 교육하는 것은 요즘과 같은 스피드시대, 변화무쌍한 시대에는 쉽지 않은 일일 것이다. 무진 노력해야 이루어질 수 있을 것이다.

가장 어려운 것은 한 점 부끄러움이 없이 세상을 깨끗하고 당당하게 살아간다는 것이다. 아무데도 걸림이 없이 세상살이를 한다는 것은 성인이나 도인의 경지에 들어가지 않고는 안 되는 일이다.

누구나 다소간의 부끄러움을 가지고 세상을 살아가게 마련이다.

일제 강점기에 순수를 노래했던 청년시인 윤동주 님의 마음가짐이 깨끗한 마음이었을 것이다.

그는 잎새에 이는 바람에도 가슴 아파했으니, 파란 하늘과 같은 티 없는 삶을 살았으리라 생각된다.(2019.1.11.)

주례이야기

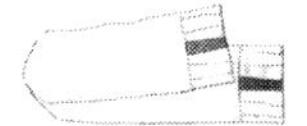

날씨가 가을로 접어들은 것 같다. 아침저녁으로 제법 서늘한 기운을 느낄 수 있다.

9월과 10월은 결혼식이 한창인 것 같다. 하긴 오곡백과가 무르익는 계절이니,

청춘 남녀간에도 사랑의 결실이 풍성하게 이루어지는 것은 당연한 것인지도 모른다.

나의 경우, 이번 9월달에는 초반부터 주례를 서게 되어 있다.

40대 중반부터 주례를 서기 시작해서 이제 주례를 선 것만 해도 50쌍에 이르게 되었다. 아마도 주례를 많이 선 사람으로 꼽힐런지도 모른다.

왜 나한테 그렇게 주례 부탁이 많은지 나름대로 한번 생각해 본다.

내가 만만해서 그럴까? 그럴는지도 모르지...

그러나 나는 다음과 같은 세가지 이유에 있지 않나 생각해 본다.

첫째, 내가 그런대로 사회적 지위가 있는 공직에 재직하고 있다는

점이다. 그러니 주례로 내세워도 별로 흠 잡힐 것이 없다고 생각하는 모양이다. 공직후배들이 주례 부탁할 때 주로 고려하는 사항이라고 할 수 있다.

둘째, 86세 된 노모를 모시고 살면서 아들 딸을 모두 갖춘, 비교적 넉넉한 가정을 꾸려나가고 있다는 점이다. 이 점은 동네사람들이 주례 부탁할 때 주로 이야기 한다.

셋째, 내 자신이 아내만을 사랑하고 담백(淡白)하다는 점이 또 하나의 주례부탁 요인이 아닌가 생각한다. 물론 총각시절에는 나도 남들처럼 연애도 했었고 또 쓴 경험도 많이 했었다. 그러나 신성한 결혼 후에는 어느 여성도 눈에 들어오지 않고 오직 순수만을 지켜왔다. 순수 그 자체라고 할 것이니... 믿건 안 믿건 그것은 개인의 자유에 속하는 것이니...

주례를 서 본 사람은 주례역할이 쉽지 않다는 것을 안다.

아침 일찍 목욕하고 머리손질하고 구두 닦고, 양복 잘 대려입고 예식장에 가야한다.

일생에 한번 있는 남의 소중한 결혼식을 주관하면서 몸과 마음을 깨끗이 하고 경건하게 하는 것은 필수적인 사항일지니...

주례보느라고 부산, 대구, 장항, 평택, 울산, 수원 등 지방도 많이 다녔다. 지방 다닐 때에는 기차 또는 고속버스타고 현지에 도착하면 이후 혼가에서 교통편의를 제공해 주어 별 문제가 없다.

그러나 서울의 경우는 자칫하면 실수 할 수 있다.

그래서 서울의 경우에는 주로 지하철을 이용한다. 미리 예식장 근처에 있다가 예식 시작 15분전쯤 되면 예식장으로 들어가 주례가 왔음을 알리고, 주례 대기석에 가서 점잖게 앉아 있는다.

주례사는 너무 길면 지루한 느낌을 주고, 또 그렇다고 너무 짧으면 성의가 부족할 것으로 비쳐질지도 모른다. 내 경우에는 5~7분이 적당한 것 같다.

나는 이 말은 꼭 한다. 「누구나 좋은 상대방을 만나려고 애쓴다. 그러나 더욱 중요한 것은 자기 자신이 좋은 배우자가 되려고 노력해야 된다는 점이다.」
「모든 문제는 자기에게 달려 있는 것이니 자기가 상대방을 존중하고 사랑해 줄 때 상대방 역시 그렇게 대할 것이다. 사랑은 받는 것이 아니라 주는 것이다.」

잔뜩 긴장하고 기대에 부풀어 있는 신랑 신부에게는 아무리 좋은 말을 해도 귀에 들릴리 없을 것이다. 주례 역시 예전에 그랬었으니…

주례 보러 나간다고 노모께 인사하면 항상 젊은 신랑 신부에게 흠뻑 복(福)을 주고 오라고 당부하신다.

결혼식은 대개 토요일이나 일요일에 거행되기 때문에 하루를 완전히 주례로 보내게 되고 다른 일은 하기 힘들다. 또 주례 자체가 쉽지 않은 일이어서 개인적인 수고로움이 그만큼 수반된다. 그런 점에서 주례 선다는 것은 자기가 수고함으로써 남에게 복을 주는 일이라고 할 수 있는 것이다.

옛말에 주례를 100번 서면 큰 복을 짓게 되어 나를 원망하는 사람이 있으면 그 원망도 사라지게 하는 효과가 있다고 한다. 혹여 아내가 30년간 시어머니 모시느라고 다소 나에게 불만스러운 감정이 없지 않을 진대 그렇다면 주례를 부지런히 섬으로써 이를 해소해야 되겠다고 생각한다.

내가 주례에 흔쾌히 나서는 이유 중의 하나는 여태까지 내가 주례한 부부들은 모두 의 좋게 잘 살고 있으며 단 한건의 이상도 없다는 점이다. 여기에서 용기를 얻어 또 다른 한 쌍의 신랑 신부 주례에 즐거운 마음으로 나서게 되는 것이다.

주례를 많이 서다보면 신랑 신부가 신혼여행 갔다 와서 주는 양주가 넉넉하다는 점이 장점이 될 수 있다.

뭐, 양주 한 병 달라구,
그래, 이번 가을 체육대회 등산길에 가지고 갈 것인즉...
양주 이름이 뭐냐고?
응, 뭐 Royal Salute라고 하든가...
부드러운 술이라고 하드만...
술 좋아하는 직원들, 한잔씩 마시라구...
산에서 마시는 술은 그 나름대로 각별한 맛이 있는 법이니.(2014.8.)

감당(甘棠)나무

수출은 세계 10위권 내에 진입해서 작년에 드디어 영국을 제치고 세계 9위로 올라섰다. 기적과 같은 놀라운 경제발전이다.

그러나 한국의 청렴도 지수는 세계 40위권을 맴도는 중위권의 저조한 수준이다.

그만큼 우리나라는 부정과 부패가 심하다는 점을 반증하기도 한다.

돈이면 모든 것이 해결되는 등 천박한 금전만능주의가 풍미하고 있다.

청와대까지 연루된 부산의 저축은행사건은 몇조원의 피땀어린 서민들의 돈을 몽땅 날려 보냈다.

억울한 예금자들을 구제하기 위하여 지난 2월 9일 국회 정무위원회에서 '부실저축은행 피해자 지원을 위한 특별조치법'을 의결했다. 그러나 이 법이 또 말썽이다.

소급입법으로 위헌소지가 있는데다가, 이렇게 특별법으로써 구제하는 경우 금융질서를 어지럽히는 형평성위배의 문제도 불거진다.

선거를 의식한 정치권의 입법이라고 여론의 비판도 받고 있다.

과연 이 법이 앞으로 본회의를 통과할는지 그 귀추가 주목된다.

한편 '한나라당 전당대회 돈봉투 사건' 역시 어지럽다.

사건 한 달만에 박희태 국회의장이 사퇴하고 이어서 청와대 김효재 정무수석이 물러났다. 계속 본인과는 무관하고 본인은 모른다고 일관해 오다가 사퇴하기에 이른 것이다.

여야를 막론하고 대표자리에의 경쟁전에 돌입한 경우에는 후보자가 대의원들에게 여비와 식비 등의 명목으로 금품을 제공한 것이 어제 오늘의 일이었든가, 차라리 공인답게 떳떳이 자기의 잘못을 밝히고 자리에 물러났었더라면 모양새가 좋았을 것이다.

기회를 스스로 포기함으로써 국민들을 실망시키고, 본인의 스타일도 구겨진 셈이다.

그 옛날 청렴한 관리는 감당나무 아래서 정사를 보았다.

동네에 들어가서 공무를 보면 주민들에게 폐가 될까 두려워서 마을 입구의 나무아래서 사무를 보았던 것이다.

그가 떠난 후 주민들은 그의 덕을 칭송하면서 그 감당(甘棠)나무를 베지 않고 길이 보존했다.

이것이 천자문에 나오는 "존이감당, 거이익영(存以甘棠, 去而益詠)"이라는 문구이다.

혼탁하기 짝이 없는 오늘날, 감당나무아래서 정사를 펼치려는 공직자가 아쉽다.(2012.2.12.)

수덕사(修德寺)의 종소리 울리네

금년 여름은 유난히 무더웠었다. 도로 위를 걷노라면 아스팔트의 열기가 몸으로 확 풍기는 그러한 더운 날씨였었다. 그러나 그렇게 기승을 부리던 더위도 대자연의 섭리에 따라 물러가고 서늘한 가을철로 접어들었다. 가을은 어딘가로 훌쩍 떠나고 싶은 여행의 계절이다. 등산하기에도 알맞은 계절이다. 서울종합운동장 앞에서 아침 8시에 출발한 관광버스가 덕숭산 기슭의 수덕사에 도착한 것은 오전11시경이었다.

덕숭산은 호서(湖西)의 금강산이라고도 불리는 예쁘장하고 아담한 산으로 기슭에 수덕사를 품고 있으며, 예산읍에서 서쪽으로 20km, 덕산면 사천리에 위치하고 있다.

해발 580m의 덕숭산은 기암괴석이 풍부한 산이다. 사람의 두개골이나 노적가리, 사나운 짐승이 입을 벌리고 있는 듯한 형상을 지닌 바위들이 절묘한 모양을 지니고 있다. 소금강이라고 할 만큼 기암괴석과 어우러진 경관이 수려하고, 도립공원으로 지정(1973년)되어 있는 점 등을 감안하여 산림청이 100대 명산으로 선정했다.

덕숭산 자락에 위치한 수덕사는 국보 49호인 대웅전을 비롯하여 각종 문화재를 잘 간직한 천년고찰이다.

창건에 대한 뚜렷한 기록이 없어 창건설화가 분분하다.

사기(寺記)에는 백제말에 숭제법사(崇濟法師)에 의하여 창건되었다고 하며 제30대 무왕 때 혜현(惠現)이 "법화경"을 강론하였고 제31대 공민왕 때 나옹(懶翁)이 중수한 것으로 기록되어 있다.

나옹선사의 시비(詩碑)는 여주땅 신륵사에 세워져 있는데 수많은 사람들의 인구에 회자(膾炙)되고 있다.

"청산은 나를 보고 말 없이 살라하고,
창공은 나를 보고 티 없이 살라하네.
사랑도 벗어놓고 탐욕도 벗어놓고
물처럼 바람처럼 살다 가라하네"

한말에 경허(鏡虛)선사가 이곳에 머물면서 선풍(禪風)을 크게 일으켰다.

1898년에 경허의 제자 만공(萬空)이 중창한 뒤 이 절에 머물면서 많은 후학들을 배출했다.

현재 우리나라 4대총림의 하나인 덕숭총림(德崇叢林)이 있으며 많은 수도승들이 정진하고 있다.

만공선사의 일갈(一喝) 역시 대단하다.

서슬퍼른 일제 총독을 호령하면서 민족의 자주성과 대한불교의 정통성을 서슴없이 갈파했다. 만공선사 역시 생사경지를 뛰어넘은 당당한 도인의 자세였다.

대한불교 조계종 제7교구본사인 수덕사는 충남지방을 대표하는 큰 사찰중의 하나이다.

예산, 서산. 홍성. 당진지역을 아우르고 있다.

"덕숭산 수덕사(德崇山 修德寺)라는 일주문을 들어서니 기품 있는 대웅전이 눈에 들어온다. 목조건물 중 1308년(충렬왕 34년)에 지어진 최고(最古)의 건물로 국보로 지정되어 있나.

대웅전 앞마당에 있는 높이 4m의 삼층석탑이 서 있다.

통일신라시대의 작품으로 안정감을 가지고 있는 탑이 세월의 무상함을 이끼로 말해주고 있었다.

정혜사(定惠寺)까지 연결된 1,200계단을 올라가다보면 오른편에 소림초당(少林草堂)이라는 초가 지붕이 보인다.

그 옛날 만공스님이 여생을 보냈던 작은 초가집이다. 인생의 쓸쓸함과 무상함이 절로 스며든다.

돌계단을 따라 계속 올라가니 만공스님이 세웠다는 25척의 거대한 미륵불이 서 있다. 1,200계단 끝에 정혜사가 자리 잡고 있었다.

환희대는 비구니 스님들이 머무는 곳이다.

이곳은 〈청춘을 불사르고〉로 유명한 김일엽(金一葉)스님이 기거하다가 열반한 곳이기도 하다. 개화시대의 신여성인 일엽스님은 1933년 수덕사에 입산, 견성암(見性庵)에 머물며 만공스님의 제자가 되었다.

환희대 앞에 일엽스님을 추모하는 탑이 세워져 있다.

평안남도 용강군 출생의 김일엽(金一葉)스님은 일제 강점기의 여성운동가, 언론인, 시인이자, 대한민국의 불교 승려이며 수필가이다.

일본 유학 중에 만난 친구 춘원 이광수가 일본의 여성작가 히구치 이치요(桶口一葉)의 이름에서 따와 지어준 필명을 따서 일엽이라는 필명을 썼다고 전해지고 있다.

1933년 만공선사 하에서 출가, 충남 예산 수덕사에서 1971년 입적한다. 지내고 보면 인생백년이 아침이슬과 마찬가지인 셈이다. 쓸쓸한 가을에 떨어지는 나뭇잎만이 무심하다.

2002년에 지인들과 수덕사를 찾았을 때 원담(圓潭)방장스님을 뵈었다. 꼭 동자승 같은 감을 받은 기억이 생생하다. 아마도 도력(道力)이 경지에 오르면 천진무구(天眞無垢)함 만이 남는지 모른다. 요즘같이 분규로 아수라장이 되는 세태와는 천양지판인 것이다. 원담스님 입적하신 지도 10년의 세월이 흘렀다.

가을비 내리는 가운데 홍엽(紅葉)으로 물들은 덕숭산 자락만이 예나 다름없다. 사람의 마음은 아침 저녁으로 변하지만 산의 색깔은 예나 다름 없음(人心朝夕變 山色古今同)을 알 수 있다.(2018.11.8.)

일체동심(一切同心)

마음이 너그럽고 따뜻한 사람은 마치 봄바람이 초목을 소생시키듯 만물을 자라게 한다.

반면에 마음이 각박한 사람은 겨울철 눈과 얼음이 초목을 얼어붙게 만들 듯 만물을 죽게 만든다.

말은 마음에서 우러나오기 때문이다.

자기와 남을 구태여 구별하지 아니하고 자기가 바로 남이 되어 말을 할 때 일체동심이 되어 따뜻한 말을 하게 된다.

2,500년전 석가모니는 35세 때 제행무상의 깨달음을 얻었다.

그리고 45년째 설법을 했다.

그러던 어느 날 석가는 대장장이 집 아들 '쭌다'의 망고 숲에 머무르게 되었다.

이 소식을 들은 '쭌다'는 석가를 찾아가 법문을 듣고 공양(식사)을 정성껏 마련하여 올렸다. 버섯과 돼지고기였다고 한다.

그런데 그 음식을 먹은 석가는 탈이 나고 말았다.

출혈이 심한 설사병에 걸린 것이다.

당시에는 식중독(추정)이 무척 큰 병이었다.

결국 석가는 죽음을 예감하게 된다.

월드컵경기의 결승전에서의 승부차기에 실축한 선수는 죽고 싶은 심정일 것이다. 이와 마찬가지로 상한 음식을 드려 성인(聖人)을 죽음에 이르게 한 '쭌다'의 양심적 가책 역시 대단했을 터이다.

석가의 위대함은 여기서도 돋보인다.

죽음의 문턱에서도 석가는 제자 '아난'에게 일렀다.

"사람들은 이런 말로 쭌다를 슬프게 할지 모른다.

당신의 공양으로 부처가 열반에 드셨소. 당신의 실수이며 불행이요!"라고...

석가는 '쭌다'가 겪을 슬픔과 자책을 정확히 예견했던 것이다.

그리고 처방전 까지 내렸다.

"쭌다여, 여래가 당신의 공양을 마지막으로 드신 후 열반에 드신 것은 당신의 공덕이며 행운일 것이요.

쭌다여, 나는 이 말씀을 부처님으로부터 직접 들었소".

석가는 쭌다에게 이 말을 그대로 전하도록 했다.

놀랍지 않은가?

죽음의 고통을 겪으면서도 석가는 쭌다의 마음에 생겨날 매듭을 미리 풀어주었던 것이다.

그건 바로 석가의 자비심에서 비롯된 것이다.

석가에겐 '중생의 슬픔이 곧 나의 슬픔'이기 때문이다.

'중생의 매듭이 곧 나의 매듭'이기 때문이다.

천지만물은 같은 뿌리이고 나와 세상이 둘이 아니다.
모든 것이 일체 동심인 것이 석가의 마음인 것이다.

이로 미루어 보면 마음이 따뜻한 사람에게서는 따뜻한 말이 나오고, 마음이 차디찬 사람에게서는 냉혹한 말이 나옴을 알 수 있다.(2009.1.29)

인생과 죽음

항시 자기를 아껴주시고 사랑해 주시던 마음의 기둥인 부모님이나, 또는 자기가 가장 믿어 서로 심금(心琴)을 터놓고 지내던 절친한 친구가 갑자기 이 세상을 떠났을 때, 우리는 무엇보다도 먼저 극심한 슬픔에 빠질 것이다. 다음에는 인생의 허무함을 새삼스러이 느끼게 된다. 그리고 인생이라는 것과 죽음이라는 것을 골똘히 생각하게 될 것이다.

연전(年前), 나를 가장 아껴주시고 나 또한 태산같이 믿고 존경해 오던 숙부님께서 갑자기 세상을 떠나셨다. 그때 나는 앞에 말한 그대로를 뼈저리게 맛보았으며, 또한 생(生)과 사(死)를 깊이 생각하게 되었던 것이다.

대저, 사람이 한번 세상에 태어나서 오욕(五慾)과 칠정(七情)에 사로잡힌 바 되어 각축(角逐)하다가 한 줌의 흙으로 변하여 그 형상(形象)의 일편(一片)도 찾아 볼 수 없게 될진대 참으로 인생은 허무하다고 아니할 수 없다. 인간의 삶은 하룻밤의 꿈에 불과한 것이니, 결과적으로 죽기 위해서 생존해 가는 격(格)이다.

이 삶의 순간이나마 참되게 살고, 보람 있게 살아보자는 것이 인생의 진리라 할 것이다. 일찍이 공자와 같은 시대의 도학자(道學者)인 노자(老子)는 인생을 가리켜 "인생은 선(善)에 도달하기 위한 유화(柔和)와 인종(忍從)의 길인 것이다" 라고 했지만, 웬만한 속인으로는 선(善)에 도달하기 전에 죽는 것이 상례인 것이다.

중국 삼국시대(三國時代) 때 촉한의 명상(名相)이었던 제갈공명(諸葛孔明)은 총명이 과인(過人)하여 하나를 배우면 능히 백을 짐작하였다고 한다. 약관(弱冠)에 유현덕의 삼고초려(三顧草廬)를 받아 천하통일을 하려다가 뜻을 이루지 못하고, 검은 까마귀 휘날리는 오장원(五丈原)에서 기구한 천재의 운명에 종지부를 찍고 말았다.

천지를 뒤삶는 염천(炎天)에도 알프스 설산에 건장한 마라톤 선수를 급파(急派)하여 눈을 가져오게 하여 호화찬란한 궁전에 앉아 뜨거운 여름에 백설을 삼키며, 전(全)구라파를 그의 한손에 움켜쥐고 호령하여 무용(武勇)을 만방(萬邦)에 떨치던 불란서 최대의 총아(寵兒) 나폴레옹도 쓸쓸한 무인도 헤레나 섬에서 망혼이 되었다.

예수는 십자가에서 죽었고, 공자와 석가 또한 죽었으며, 소크라테스는 독약사(毒藥死)하였다. 이로 보면 동서고금 여러 성현(聖賢)과 허다한 영웅(英雄)들도 지금은 한갓 그 이름이 책에 전해질 따름이지 그 누가 능히 진시황의 불로초(不老草)의 꿈을 달성하였던가! 세상에 악명(惡名)을 떨치던 악인도, 천하에 꽃다운 이름을 빛내던 선인도, 천인(賤人)도 귀인(貴人)도 모두가 한 움큼의 진토가 되기는 마찬가지이다.

인생 칠십이요, 청춘 삼십이라. 늙어서 머리가 백발로 변해도, 노자(老子)가 말한 선(善)에 도달하지 못할 진대, 여기서 인생을 즐기려는 향락주의(享樂主義)가 나오고, 경향주의(傾向主義)가 속출(續出)하며, 이것이 좀 더 나아가 퇴폐주의(頹廢主義)와 세기말적사상(世紀末的思想)이 빚어지는 것도 혹은 어쩔 수 없는 일일지도 모른다.

정말 청춘은 순간적이다. 어제 수양버들 가지를 한 손에 휘어잡고 꽃도 무색할 만큼 예쁜 자태를 휘꼬아 뭇 총각들의 마음을 설레게 하던 이팔(二八)의 처녀가 오늘은 육순(六旬)의 노파가 되어 궁상스럽게 되었고, 항우같은 힘을 자랑하며, 지게다리가 부러질 정도로 나뭇짐을 산더미 같이 지고 보리피리를 문채 유유히 석양을 듬뿍 받으며, 산길을 내려오던 갑돌이가 오늘은 칠순(七旬)할아버지가 되어 촌보(寸步)도 제대로 옮기지 못하게 되는 등, 참으로 광음(光陰)이 여류(如流)이다.

향락(享樂)에 도취되어 있다하더라도 얼마 안 있어 비참하게도 그 향락으로부터 추방당하게 된다. 그 사이를 세월로 따지자면 삼십년이라는 것이지만 유구한 역사에 비하면 극히 짧은 한 순간에 불과한 것이다.

사람이 살아생전에 구복(口腹)이 원수인지라 감정대립(感情對立)과 이해상관에 구애되어 명예와 권세를 갈망하는 것도 순간, 분주하게 일하여 그야말로 곤이득지(困而得之)하여 곽분양팔자(郭汾陽八字)를 누리려고 하는 찰나, 이미 그는 염라대왕 문전(門前)에 엎드리고 있는 것이다.

이렇게 인생에는 피할 수 없는 죽음이라는 것이 따르지만, 그러나 하늘을 원망하고 자신의 신세를 비관하며 시퍼런 한강물로 '뚝' 떨어져 '풍덩' 소리와 함께 물거품 속으로 사라지는 자살 족속들에 대하여는 나는 찬성을 할 수 없다. 왜냐하면 아무리 공수래공수거(空手來空手去)하는 허무한 인생이라고 할지라도 어찌 구로지은(劬勞之恩)을 망각하고 강상죄인(綱常罪人)이 될 필요가 있겠느냐 말이다.

우리가 너무나 잘 아는 공자께서도 "아침에 도(道)을 깨달으면 저녁에 죽어도 아깝지 않느니라"고 하였거니와, 여기서 도(道)라는 것은 말할 나위도 없이 인생의 참된 진리를 의미하는 것이다.

그러니 조그만 이해상관에 얽매어 남을 속여 부정(不正)한 이득(利得)을 볼 필요가 무엇이 있으며, 감탄고토(甘呑苦吐), 견리망의(見利忘義)하여 남과 원수가 될 필요가 어디 있는가? 만일 그래서 한시도 마음의 평화가 없다면, 산송장이 아니고 무엇이며 그런 인생이란 가치 없고 무미건조하기 짝이 없을 것이다.

오로지 우리는 각자도생(各自圖生)할 적에 남을 도와주며, 가언선행(嘉言善行)하며, 부모의 은혜에 감사보은(感謝報恩) 해야 할 것이다, 걸레조각처럼 찢겨진 마음을 가다듬어 그 상처를 아물게 하고, 돌배기 천진난만한 어린아이 마음같이 순화시켜 충실한 하루를 이어 갈 때, 그리고 하늘을 우러러 한 점이라도 부끄러움이 없을 때, 우리는 죽음이라는 공포의 도가니에서 벗어나 우리의 마음속에 평화와 행복과 삶의 만족을 얻을 수 있을 것이다.(용산고 문예지 문원 제16호, 1963.)

인생부운(人生浮雲)

세월이 흐른 뒤 인생을 돌이켜보면 덧없고 허무하다고 한다.

뜬구름 같은 인생이다. 사명대사의 스승인 서산대사(西山大師)는 인생을 한조각 뜬구름으로 보았다.

生也一片浮雲起(생야일편부운기)
태어나는 것은 한쪼각의 구름이 일어남이요
死也一片浮雲滅(사야일편부운멸)
죽는다는 것은 한쪼각의 구름이 스러짐이라
浮雲自體本無實(부운자체본무실)
뜬구름 자체가 본시 실체가 없는 것인데
生死去來亦如是(생사거래역여시)

사람의 생사나 가고 오는 것 역시 이와 같도다.
한조각 뜬구름에 불과한 것이 인생이다.
무얼 그리 탐하고 욕심낼 것이 있겠는가.

내가 영원히 소유하는 것은 아무 것도 없다.
잠시 쓰다가 갈 뿐이다.

되도록 마음비우고 살아가는 것이 편할 것이다.(2019.4.25)

나라는 존재 찾기

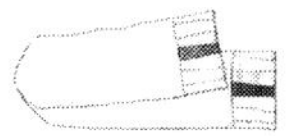

나 아무개라는 본체는 1년이 지나거나 10년이 지나거나 불변이다. 그러나 나의 생각과 몸은 초등학교 때와 중학교 때가 다르고, 작년과 금년이 다르다. 시간과 세월 따라 무수히 변하는 것이다.

같은 사람의 몸인데도 어제의 몸과 오늘의 몸이 다르게 되는 것이다. 동일한 존재의 생각임에도 아침 생각과 저녁 무렵의 생각이 다르다. 강 건너기 전의 생각과 강 건너고 나서의 생각이 다르다.

그러나 나라는 본체는 언제나 변함없이 똑같은 것이다. 10년 전의 김아무개나 지금의 김아무개나 똑같은 김아무개인 것이다. 본래의 나는 변함이 없는데 껍데기인 몸과 생각만이 끊임없이 변하는 것이다.

공기를 보자.
허공중의 공기는 볼 수도 없고 만질 수도 없다.

그런데 사람들은 문을 만들어 놓고 '바깥공기'와 방안공기'로 구분하고 있다.

바깥공기나 방안공기나 같은 공기임에는 변함이 없다.
문을 떼어 놓으면 사람들은 같은 공기라고 한다.

연꽃이 한창이다.
연못속의 연(蓮)이 무엇이냐고 물으니 선지자가 '그것은 연꽃이라'고 답했다.

그러자 물위에 올라온 연꽃을 가리키면서 저것이 무엇이냐고 물으니 선지자는 '그것은 연잎이라'고 답하는 것이었다. 연꽃과 연잎을 반대로 얘기하는 것이었다.

왜 그랬을까?

선지자의 눈에는 비록 연꽃이라 하더라도 그것은 연잎이 존재해야 비로소 꽃을 피우는 까닭에 연이라고 해도 무방한 것이며, 또 연잎도 결국은 꽃을 피우니 그것을 연꽃이라고 한들 본질에는 하등 어긋남이 없기 때문이다.

우리도 명예라든지 재산을 보지 말고 우리의 본체를 정확히 파악할 필요가 있다.

나라는 본체를 명확히 보기 위해서는 몸과 마음을 훌훌 털어내야 한다. 껍질을 벗어야 비로소 알맹이인 나를 볼 수가 있게 되는 것이다.

겉치장에 불과한 몸과 생각을 가지고 그것이 자기라고 착각하면서 온갖 욕심을 내어 고생과 번민을 하는 것이 우리 인생인 것이다.

나라는 본체를 파악하기 위하여 가만히 눈을 감고 모든 것을 비워 본다.

그러면 흙탕물이 가라앉고 망상과 번뇌가 사라짐을 느끼기도 한다.

그러나 그것도 순간적일 뿐 온갖 망상이 다시 어른거리기 일쑤이다.

"이 뭐꼬!" 하는 화두도 알고 보면
"내가 도대체 무엇인가?"
"도대체 어디서 와서 어디로 사는 것인가?" 하는
나의 본체를 탐구하는 것일 것이다.

나의 본체를 찾을 수 있다면 그는 도통한 사람일 것이다.

그렇게 된다면 모든 것에 연연치 아니하고 그저 우주 삼라만상이 고맙고 기쁘기만 할 것이다.

오랜 수행과정과 정진을 통하여 나의 본체를 찾은 선지자들의 미소는 한없이 넉넉하고 자비롭기만 하다.

나라는 중생은 언제나 나의 본체를 찾을 수 있을는지?

세간에 묻혀 지내는 속인에게는 꿈과 같은 얘기로 들리기만 한다.(2008.7.10.)

산행단상(山行斷想)

5월도 하순에 접어드니 날씨가 제법 덥다. 이제 봄이 지나가고 여름이 성큼 다가오는 것이다. 오늘 아침 날씨가 쾌청하고 바람이 제법 있다. 산행하기에 아주 좋은 날씨이다. 수요일에는 강의가 없어 오늘 산행 길에 나섰다. 항상 등산을 할 때에는 처음에는 주저하다가도 막상 배낭 메고 등산을 시작해서 산 중턱쯤에 이르면 "역시 산행하기를 잘했지."하는 생각이 들곤 한다.

산행 들머리부터 나무들은 연록색의 잎사귀들로 숲을 가득 채우고 있다. 나무와 더불어 살고 있는 산새들은 때로는 "끼익." 하는 소리를 내기도 하고 또 때로는 "삐리리 삐리리" 하기도 한다. 언제 들어도 또 아무리 들어도 도무지 싫지가 않다. 자연이 내는 소리는 이토록 아름다운 것인지도 모른다. 이 싱그러운 풀냄새, 이 싱싱한 나무, 이 산새들의 지저귐 들이 언제나 고맙다. 한 시간 쯤 치고 올라가니 임도에 도달했다. 이름 모를 야생화들이 방실거리며 웃고 있었다, 아름답고 앙증스럽기만 하다, 대자연의 하모니는 우리 같은 인간이 헤아리기 어려운 오묘함과 신비로움으로 가득 차 있다.

임도에 올라 바로 직진하는 길로 접어들었다. 짚북재로 가는 길이다. 그 옛날 원효대사가 짚으로 만든 북을 울려서 스님들을 불러 모아 법문을 설하였다는 영마루를 짚북재라고 한다. 임도에서 짚북재에 이르는 능선 길은 참으로 편하고 아늑한 길이다. 아마도 사람이 죽어서 이러한 길을 따라 간다면 언제라도 저승사자를 따라 나설 수도 있지 않나 하는 다소 엉뚱한 생각을 해보기도 한다.

한 시간 가량 능선 길을 따라 걸으면서 이 생각, 저 생각해 본다. 살아오는 과정에서 잘했던 일과 잘못했던 일을 반추해 본다. 주로 잘못했던 일을 반성해 보고 또 이루지 못한 일에 대한 아쉬움을 달래보기도 한다. 그리고 나면 대충 앞으로의 방향이 떠오른다. 그것은 되도록 남에게 베풀고 또 선행을 해서 업(業)을 멸(滅)하는 길이다.

능선 옆길에 늘어선 키 큰 나무들 사이에 아침 햇빛이 쏟아져 반짝 거린다. 마치 종교적으로 무슨 계시가 내리는 것처럼 신비스러운 감을 준다. 등산을 시작한 지 한 시간 동안 아무도 못 만나고 오로지 나 홀로 조용히 산행을 하고 있다.

능선 모퉁이 돌아서는 길옆에 무덤하나가 쓸쓸하다. 봉분도 거의 훼멸되고 또 나지막한 봉분 위아래로 잡초가 무성하다. 찬성산 이 높은 곳에 봉분을 쓸 정도라면 잘 사는 집안이었을 텐데, 이제는 돌보는 이가 끊긴 지가 오래인 것 같다. 인생의 무상함과 세월의 영락을 느끼게 한다. 어디선가 뻐꾸기 소리만이 속절없이 들리고 있었다.

얼마쯤 더 능선 길을 걷노라니 계곡물 흐르는 소리가 들린다. 사람 발자국소리에 까마귀 한 마리가 푸드덕 나무 저쪽으로 날아가고 있었다. 계곡물 소리가 들리는 것으로 보아 짚북재가 가까워 졌음을 알 수 있었다. 산행들머리에서 짚북재에 이르는 2시간동안 나 홀로 조용히 명상하면서 짚북재에 올랐다. 산마루에 평평하고 광장, 그곳에 여러 개의 벤치가 놓여 있었다. 그 곳에서 중년의 등산객 한사람을 만날 수 있었다. 잠시 후 그 등산객마저 떠나고 나니, 넓은 공간에 사위가 조용한데 나 혼자였다.

짚북재 주위에는 풀이 많아 싱그러운 풀냄새, 흙냄새가 코끝을 스친다. 눈을 돌려 주위를 보니 개미들이 땅 굴을 파고 들락거리고 있었다. 생물체는 이처럼 흙과 공존하고 있다. 사람도 흙에서 나서 결국 한줌의 흙으로 돌아가는 것이다. 그래서 인간은 땅기운을 맡으면서 살아가게 되는 것이다.

나는 수십 년간 단독주택에서 땅기운과 더불어 살다가 10년 전에 아파트로 이사 갔다. 이사 간 아파트도 1층이라 땅기운을 놓치지 않고 있다. 1층 나뭇가지에 모이통을 달아 놓고 산새들에게 모이를 주면서 자연과 더불어 건강하게 살아가고 있다. 요즘 우리나라 어느 곳이나 고층 아파트가 즐비하다. 10층 20층에서 살다보면 땅기운을 맡을 수가 없다. 그래서 건강도 약해지고, 각종 정신적 육체적 질환에 시달리게 되는지도 모르겠다. 빨랫줄에 널려있던 죽은 뱀도 땅위에 떨어지면 땅 냄새를 맡아 되살아난다는 말이 있다. 땅은 우리의 모태이며 생명력의 원천이다. 근래에 주말에는 산행들을 많이 해서 모자라는 땅기운을 신체에 보충해주고 있는 것은 다행이다.

짚북재에서 휴식을 취한 후 다시 배낭을 메고 성불암 쪽의 방향으로 내려갔다. 성불암 계곡에는 쏟아져 내리는 폭포수가 아름답다. 무릇 산이 명산이 되려면 계곡이 여러 줄기로 나 있어야 한다. 금강산, 설악산이 그렇고 북한산이 그러하다. 천성산 역시 계곡이 여러 줄기로 뻗어있어 명산의 반열에 올라있다.

성불암 계곡을 다 내려서면 이어서 한듬계곡을 만나게 된다. 한듬계곡을 끼고 왼쪽으로 접어들면 노전암이 나타난다. 신라시대 원효대사가 천성산 자락에 89암자를 세웠는데 그중의 하나이다. 비구니 사찰로서 정갈하고 조용한 암자이다. 음식 맛이 뛰어난 암자로 정평이 나있다.

음식공양을 마친 후, 주지스님의 특별한 배려로 "108차"를 대접받았다. 108번뇌를 잊게 한다는 차로서 이 암자에서 천성산의 갖가지 식물들을 채취해서 20년 간 발효시킨 특별한 차라는 것이다. 색깔은 자주빛깔로서 선운산의 복분자와 유사하다, 마셔보니 조금 쌉쌀하면서 신맛이 있었다.

암자를 나와 계곡을 끼고 올라갔다. 계곡에는 맑은 물이 쉼 없이 아래로 흘러가고 있었다. 바위를 끼고 흐르는 계곡 물 속에 작은 물고기들이 떠다니는 것이 눈에 들어 왔다. 이렇게 깨끗한 청정수에 살고 있는 인연도 대단하다고 생각이 들었다. 계곡옆 길에 찔레꽃이 하얗게 활짝 피어 있었다. 너무 황홀해서 바위 위에 걸터앉아 물끄러미 바라보았다. 찔레꽃 나무 밑에 산딸기가 어느새 빨갛게 익어가고 있었다. 생태계의 아름다움은 우리에게 무한한 감동을 준다.

다시 일어나 계곡 능선 길 따라 쭈욱 올라갔다. 큰 바위에서 쏟아지는 물방울이 시원스럽다. 저런 곳에서 폭포수 맞으면서 수련을 하면 어떨까 하는 생각도 해 보았다.

계곡물에 세족(洗足)을 했다. 계곡물이 차가워서 발이 시리다. 물은 흘러가기 때문에 같은 물에 발을 두 번 담글 수는 없다. 인생에 있어서도 기회는 두 번 오는 것은 아니다. 모름지기 기회가 왔을 때

이를 잘 활용할 것이다.

잠시 쉬고 있노라니 어디선가 소쩍새 우는 소리가 들린다. 40여 년 전 충청도 암자에서 고시공부 할 때 들었던 소쩍새 울음소리와 같다. 40년의 세월이 속절없이 흘렀음을 소쩍새 소리가 일깨워주고 있었다. 인생은 일장춘몽이라고 했던가. 봄날이 가면 여름이 오는 것을……. 태고스님도 인생 팔십년이 봄꿈과 같다(八十餘年春夢中)고 하지 않았던가! 인생무상, 세월무상을 절감했다.

산행 여섯 시간 만에 처음 산행기점 근방에 도착했다. 임도 옆에 있는 주남정(周南亭)에 올랐다. 웅상읍 전체가 눈에 들어온다. 정자부근에 피어있는 아카시아 꽃향기가 코끝을 스친다. 주위에 소나무가 울울창창하다. 계절의 변화에도 불구하고 늘 푸른 소나무가 오늘따라 더욱 의젓하고 당당해 보였다.(우리들의 50년 이야기, 서울법대 65동기회, 2015)

아름다운 변산반도

변산반도는 전북 부안군에 위치한다.

전북은 서울에서 비교적 가깝기 때문에 가기가 수월하다.

특히 나처럼 산을 좋아하는 사람은 전북지방은 안성맞춤이다.

지리산, 내장산, 덕유산, 변산반도 등의 국립공원과 모악산, 선운산, 마이산 등의 도립공원은 내가 찾는 대표적인 전북의 명소이다.

변산해수욕장과 격포 그리고 채석강은 변산반도 국립공원에 있다.

나는 20여년 전 변산 상록해수욕장을 가족과 함께 가본 일이 있다.

그때 나와 함께 갯벌의 조개를 줍던 아이들이 이제는 모두 성장해서 결혼했다.

세월이 빠르기만 하다.

옛날에는 한산 했었는데 요즘은 굉장하다.

도로사정이 훨씬 좋아 졌을 뿐만 아니라, 새만금 방조제가 완성되어 이 지역을 찾는 사람들이 부쩍 많아졌다.

그래서 사람이 덜 붐비는 8월 말경에 변산반도를 찾아 나섰다.

전주에서 격포가는 시외버스를 타면 김제를 거쳐 부안에 이르게 된다.

여행길에 넓은 김제평야를 감상할 수가 있었다.

김제 평야(金提平野)는 우리나라의 최대평야답게 논밭이 끝없이 펼쳐지고 있었다.

백제시대에 김제는 '벽골'이라고 불리우다가

통일신라시대에 지금의 명칭으로 바뀌었다.

'벽골'이란 벼의 고을을 뜻한다.

벽골제(碧骨提)가 삼국시대에 조성된 저수시설임은 너무나 유명하다.

해안선을 따라 격포로 가는 길에 서해 바다가 망망하다.

변산반도는 내변산과 외변산으로 구분된다.

우선 외변산인 격포해수욕장과 채석강을 둘러보았다.

철을 지난 해수욕장에는 파도만이 밀려들었다가 밀려나가는 단조로운 풍경만이 연출되고 있었다.

망망한 대해를 바라보니 인간의 마음이 얼마나 협착한 지를 새삼스러이 느끼게 한다.

격포의 '해넘이 채화대'에서 바라보는 바다가 전망이 아주 뛰어났다.

바다 저편에 떠 있는 작은 배를 타고 어딘가로 끝없이 떠돌고 싶은 충동이 일기도 했다.

채석강과 적벽강은 모두 강 이름을 하고 있으나, 사실은 강이 아니라 천혜의 절벽과 서해 바다가 이루어낸 단애를 가리킨다.

채석강은 중국 당나라 때의 시인 이태백이 술에 취해 뱃놀이를 하던 중 강물에 뜬 달그림자를 잡으려다 물에 빠져 죽었다는 중국의 채석강과 그 생김새가 비슷하다 하여 붙인 이름이다.

수성암의 단층이 마치 책을 쌓아 놓은 듯한 장관을 이루고 있다.

적벽강은 바다를 낀 절벽이 소동파가 시를 읊고 노래를 부른 중국의 적벽강을 닮았다고 해서 붙여진 이름이다.

첫날 외변산을 둘러본 뒤 다음날 아침에 내변산으로 향했다.

격포에서 내소사까지 택시를 이용했다.

택시기사는 묻지도 않았는데 자기가 칠십이라고 나이를 소개한다.

연세에 비해서는 무척 건강해 보였다.

택시운전을 40년이 넘게 하고 있다고 한다.

그래도 아들 딸을 모두 대학을 졸업시키고 또 결혼도 다 시켰다는 것이다.

흔히 '자식자랑'이나 '마누라자랑' 하는 사람을 팔불출이라고 한다.

그러나 이 택시기사에게서는 그런 느낌이 들지 않았다.

아마도 자기 직업에 대한 자부심과 그리고 순수 그대로의 자기생활의 진솔한 표현 때문일 것이다.

부안지방에는 뽕나무 밭이 무성하고 또 누에 박물관이 있기도 하다.

뽕나무 밭을 지날 때 또 노인기사가 일러준다.

"요새 뽕나무로 누엘쳐서 비단을 뽑아내는 세상이 아닙니다.

누에를 길러 이를 가루나 환약으로 만들어 팔지요.

당뇨병에 좋다지요. 또 뽕나무 차도 만들어 팔고요.

뽕나무에 기생하는 상황버섯도 무척 몸에 좋다지요.

그러고 보면 뽕나무는 하나도 버릴게 없지요"

내가 배낭을 메고 등산을 한다니 내소사에 못 미쳐 원암 통제소에 내려준다.

친절하고 고맙기만 하다.

날씨는 꾸물거리더니 이윽고 빗방울이 후드득 떨어지기도 했다.
10시 30분경 산행들머리에서 출발했다.
재백이 고개에 50분 걸려 도착했다.
숲길은 평탄하고 완만했다.
건강해서 이렇게 힘차게 등산을 할 수 있다는 사실에 항상 고마움과 행복감을 느낀다.

재백이 고개에서 물 한 모금을 마시고 심호흡을 했다.
산봉우리에는 안개가 무성했다.
그 가운데 넉넉한 산기운이 온 몸에 흡수되는 것 같았다.

재백이 고개에서 직소폭포까지는 1.5km의 거리였다.
관음봉 가는 길에 직소폭포를 들렸다가 가기로 마음 먹었다.
왕복 3km의 거리이다.
재백이 고개에서 직소폭포 가는 길은 마치 트레킹 코스처럼 산길이 편했다.
나무들이 욱어진 사이로 오솔길이 한없이 이어지는데 사람은 없이 고요하기만 하다.
고요한 숲길에 계곡에 흐르는 물소리가 무척 청아하다.
호랑가시나무, 후박나무, 꽝꽝나무, 미선나무들이 군락을 이루고 있었다.
숲속에서 울어대는 산새소리 역시 맑기만 하다.
천천히 자연을 음미하며 숲길을 걸어 나갔다.

40여분 만에 직소폭포에 도착했다.

직소폭포는 장관이었다.

어떻게 저렇게 웅장한 폭포가, 이러한 500m급의 산중에 있는 지 신기하기만 하다.

수년전 백두산 서파능선을 주파하는 과정에서 장백폭포에 이르렀을 때의 감흥이 되살아나는 느낌이었다.

직소폭포는 30여m의 높이에 이르는 암벽 단애 사이로 흰 포말을 일으키며 힘차게 떨어지고 있었다.

굉음을 내며 떨어지는 물줄기는 한여름의 더위를 말끔히 가시어 주는 것 같았다.

사진을 찍다보니 폭포의 형상이 마치 여인의 비처와 비슷하다.

여인의 두다리 사이로 물줄기가 쏟아져 내려오는 모습과 같았다.

직소폭포 밑으로 내려가 보니 직경 50m의 못이 형성되어 있었다.

못의 바닥이 보일 정도로 투명했다.

직소폭포를 감상한 후 다시 재백이 고개로 되돌아갔다.

재백이 고개에서 관음봉 삼거리 까지는 0.8km의 거리였다.

여기서부터 가끔 등산객들을 마주 칠 수가 있었다.

관음봉 삼거리에서 관음봉까지 가는 길은 상당히 가파로운 암벽길이었다.

그러나 위험한 곳에는 로프줄 등이 마련되어 있어 안전사고에는 별 문제가 없었다.

커다란 암벽을 마주 보면서 치고 올라 갈 때는 마치 북한산 의상능선이나 또는 도봉산 다락능선과 흡사하다는 느낌이 들었다.

암벽에서 뿜어져 나오는 원적외선을 받아가며 땀을 흠뻑 흘리면서 관음봉에 올랐다.

관음봉에는 벤치 시설이 잘되어 있었다.
관음봉에서 펼쳐지는 경치는 설악산 못지 않게 훌륭했다.
저 멀리 서해안의 갯벌들이 한없이 펼쳐지고 있었다.
시원한 바람이 휘익 부는 가운데 눈 아래를 보니 해안가 마을들이 옹기종기 하다.

주위를 둘러보니 크고 작은 산봉우리들이 병풍을 두루고 있었다.
각 봉우리마다 특색이 있고, 기암 괴석으로 둘러 쌓인 깊은 골짜기 아래로는 호수의 잔잔한 모습도 조망된다.
호수 윗 편으로는 변산 최고봉 의상봉(509m)의 자태가 보이고, 시야를 좀 더 멀리하면 서편으로 망망대해를 마주하고 있는 격포가 바라보이며, 남으로는 곰소만을 지나 멀리 고창 선운산까지 바라볼 수 있다.
과연 변산이 100대 명산에 손꼽히는 이유를 알만하다.

관음봉에서 간단히 요기를 한 후 하산길로 접어들었다.
다시 관음봉 삼거리로 되돌아와서 내소사 쪽으로 방향을 틀었다.
여기서 내소사까지는 1.2km의 거리이다.
관음봉 삼거리에서 내소사에 이르는 등산로에서는 전경이 탁 트여서 사방팔방을 감상할 수가 있었다.
특히 망망한 서해 바다는 가장 인상적이 풍광이었다.
강릉의 괘방산 능선길을 끼고 산행하느라면 출렁이는 동해바다를 계속 감상하면서 정동진에 이르는 경우와 같다.
내소사로 내려 가는 길에 내소사에서 관음봉으로 올라오는 등산객들을 자주 만날 수 있었다.
듣기로는 내소사에는 '휴식과 트래킹 선택형 템플 스테이'가 유명하다고 하는데 지금 올라오는 사람 중에는 트래킹형 템플 스테이 하상원사에서 적멸보궁 올라가는 산길은 눈이 말끔히 치워져 아이젠이 필요 없었다. 태양이 눈부시게 숲길을 비추고 있는 가운데 근심 없이 자란 전나무 사이에 새파란 하늘이 그림처럼 아름답다.

상원사 적멸보궁은 지기(地氣)가 좋기로 유명한 곳이다. 적멸보궁(寂滅寶宮)이라 함은 석가모니부처님의 진신사리(眞身舍利)를 봉안한 법당을 일컫는 말이다. "적멸궁"이라고도 한다. 이를 "적멸보궁"이라고 함은 한층 높여 부르는 말이다. '적멸'이라는 말은 미혹의 세계를 벗어나 무한한 안락의 경지에 도달한 상태를 가리킨다.

번뇌를 벗어나기 위하여는 마음을 비우고 고요(寂)속에 들어가야 한다. 그러나 고요함만 가지고는 부족하다. "그 고요함 자체를 멸(滅)해야 비로소 열반의 세계로 들어갈 수가 있다"는 것이다.

이러한 적멸보궁에는 부처님의 진신사리를 모시고 있는 까닭에 따로 불상을 모실 필요가 없다. 그래서 적멸보궁 법당 안에는 불단만이 있을 뿐 불상은 없는 것이 특색이다. 양산의 통도사, 오대산의 상원사, 정선의 정암사, 영월의 법흥사, 그리고 설악산의 봉정암이 5대 적멸보궁으로 손꼽히고 있다.

한때 호기심 많은 사람들은 사리(舍利)가 도대체 무엇인지, 그 생성 과정과 성분을 밝히려고 했었다. 그러나 사리는 물질적 분석의 대상이 아닌 신비스러운 영물(靈物)이라고 보면 될 것이다.

인간이 달을 정복하고 얻은 것은 달에는 물도 없고 생물체도 없으며, 오로지 운석으로만 이루어 진 것이라는 사실이다. 달나라에는 계수나무도 옥토끼도 선녀도 없었다. 달을 탐사해서 과학적으로 성공

했는지는 몰라도 인간이 달에 지녔던 낭만과 꿈과 사랑과 회한은 모두 없어지고 말았다. 사리 역시 종교적인 영역에 속한 신비한 것으로서 그대로 마음속에 간직하면 그만인 것이다.

적멸보궁 안에서 독경하는 스님의 천수경에 맞추어 108배를 올렸다. 이렇게 산세가 부드럽고 좋은 곳에서는 아무리 절을 해도 피로감이 오지를 않는 법이다. 적멸보궁 경배를 마친 후 오대산 중대 사자암에서 점심공양을 한 후 상원사로 내려왔다.

상원사는 월정사의 말사이기는 해도 근세에 탄허, 만공스님같은 걸출한 고승들을 배출한 유명한 곳이다. 특히 세조가 계곡에서 문수동자를 만나 피부병을 치료했다고 하여 "문수동자"를 모신 절로 널리 이름이 나 있다.

상원사 주차장 못 미쳐 세조가 의복을 벗어 걸어놓았다는 "冠帶걸이"가 오가는 이의 눈길을 끈다.

11시 30분에 상원사를 떠나 정선의 정암사로 향했다. 정선땅은 그 옛날 탄광지역으로 유명한 곳이다. 아직도 곳곳에 광부들이 살던 집들과 광산촌이 옛 흔적들을 보여주고 있다. 1920년 경, 황지의 검천골(黔川谷)의 한 청년(장해룡, 당시 17세)이 개울가에서 시커먼 돌맹이 하나를 발견했다. 그것을 일본인에게 보여주었더니, 일본인이 요리조리 찬찬히 보더니 "오이! 조선땅에 석탄이 묻혀있다니..."하고 탄성을 질렀다. 그로부터 근 80년간 석탄은 경제발전의 원동력이 되었고 국민의 생활 연료를 책임졌다.

1980년 나는 정부의 민원과장으로 정선군을 방문한 적이 있다. 그는 사람들도 섞여 있는 지도 모를 것이다.

드디어 전나무 숲아 유명한 내소사 입구에 도착했다.

내소사! 이름이 특이하다.

'올 래(來)' '소생할 소(蘇)'

이 풍진 세상에서 고달퍼서 이 절을 찾으면 오는 이 마다 새 기운으로 소생한다는 뜻인가?

내소사는 백제 무왕 34년(633), 계율을 엄격하게 지키는 두타행을 하는 혜구(惠丘)스님이 창건한 천년고찰이다.

스님이 처음 절을 지을 때 "여기에 들어오는 모든 사람들이 소생하게 하소서"라는 원력을 세우고 부처님에게 간절히 기도를 해서 내소사를 개산했다고 한다.

일주문에서 절 입구까지 이어지는 울창한 전나무 숲길이 운치 있다.

내소사의 대웅전은 못하나 쓰지 않고 나무를 모두 끼워 맞춰 지은 건물이다.

문짝에는 정교한 솜씨로 꽃살 무늬를 조각해 시선을 끈다.

대웅전 내의 불상 뒷면에는 백의관음보살좌상이 그려져 있는데 후불벽화로는 가장 규모가 클 뿐만 아니라 그 기품이 여느 것에 비해 남다르다.

내소사가 역사가 오래되고 규모가 커서 그런지, 내소사를 찾는 사람들이 끊이지 않고 있다.

혹은 가족끼리 혹은 친구와 더불어 또는 연인끼리 탐방객들로 붐비고 있었다.

내소사에서 목을 축인 것을 끝으로 6시간에 걸친 산행을 모두 마쳤다.

내소사 입구에서 버스를 타고 부안으로 향했다.

부안 시외 버스터미널에서 서울가는 고속버스에 올랐다.
차창으로 스쳐지나가는 변산반도가 아름답기만 했다.(2010.9.11)

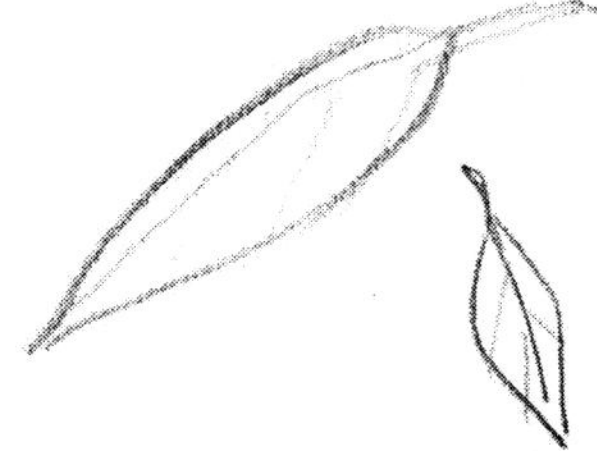

석모도 단상(斷想)

석모도(席毛島)는 강화도에 속해 있는 섬이다. 석모도로 가려면 강화대교를 지나 외포리에서 배를 타고 7~8분이면 섬에 도착할 수 있다.

배를 타고 섬으로 향할 때 배를 감싸고 도는 갈매기떼가 볼 만하다. 승객들이 던져주는 과자를 받아먹기 위하여 배와 함께 바다 위를 날아다니는 것이다.

한강과 임진강이 서쪽으로 흐르다가 두 하구(河口)가 합쳐 만(灣)을 이루며 서해와 만나는 곳에 위치한 강화도는 제주도 · 거제도 · 진도 · 남해도와 더불어 우리나라 5대 섬의 하나로 꼽힌다.

강화도는 우리역사의 축소판이라고 할 수 있다. 선사시대 고인돌 유적이 있고, 단군왕검의 얼이 담긴 마니산이 있으며, 거기에서 성화 봉송이 시작된다.

근세에 들어와 서양세력 및 일본과 갈등을 빚었던 병인양요, 신미양요, 운양호사건, 강화도조약 등이 이루어 졌던 우리민족사의 한과 수난의 장소이기도하다.

지난 토요일(2008.12.20), 잠실역에서 출발한 설피마을 산악회 버스는 1시간 30분 만에 강화대교에 도착했다. 아침햇살이 가이 없는 갯벌을 비추고 있었다. 외포리 포구에서 산행버스가 통째로 배위에 오른다.

석모도 남동쪽 끝과 중앙에는 해명산(327m) - 낙가산(235m) - 상봉산(316m)이 연결되어 있다. 오늘 송년산행은 그 곳을 등산하는 것이다.

석포리 부두에서 내려 전득이 고개를 산행들머리로 잡아 산행이 시작되었다. 약 30분쯤 치고 오르려니까 능선 저편에 마니산이 눈에 들어온다.

어디선가 산새가 까욱까욱 소리를 내기도 하고 끼익끼익 소리를 내기도 하다. 겨울바람은 다소 차가운데 눈앞에 펼쳐지는 서해바다는 가슴의 체증을 쓸어내리는 듯한 감을 준다.

산아래 염전이 보이고 그 앞에 갯벌이 끝없이 이어지고 있다.
서해안의 갯벌은 세계적으로 알아준다. 미국 동부해안, 캐나다 동부해안, 아마존 하구, 북해연안 그리고 우리의 서해갯벌을 세계 5대 갯벌로 치고 있는 것이다.

갯벌은 살아 숨쉬는 생태계의 보고일 뿐만아니라 풍광으로도 그만이다. 석양때 쯤 바다위에 스러지는 황금빛 편린들을 쪼이며 외발로 하늘을 우러르는 황새의 기품 있는 자태는 한 폭의 동양화인 것이다.

마니산을 바라보고 있으려니까 언뜻 전등사(傳燈寺)가 떠오른다. 전등사에 가보면 대웅전 네 귀퉁이 추녀 밑에 벌거벗은 나부상(裸婦像)이 웅크리고 앉아 지붕을 떠받치고 있는 모습을 볼 수 있다.

거기에는 아련한 사연이 있다. 전등사는 광해군때 화재로 전소되어 개축공사가 1621년에 마무리 된다. 당시 대웅전 공사를 맡아하던 도편수(匠人)는 아랫마을 주막 여인을 사랑했다. 목공일로 받은 돈은 모두 그 여인에게 맡긴다. 절 공사가 끝나면 둘이서 오붓하게 살림을 차려 살기로 굳게 약조했다.

그러던 어느 날, 대웅전 공사도 이제 거의 끝나가는 무렵, 도편수는 청천벽력과 같은 소식을 접했다. 그렇게 믿었던 주막여인이 모든 돈을 챙겨가지고 사라졌다는 것이다. 사나이 도편수의 순정을 여지없이 짓밟아 놓고 배신을 한 것이었다.

한 동안 식음을 전폐했던 도편수는 마음을 다져먹고 공사를 마무리 지었다. 그 과정에서 대웅전 추녀밑 네 귀퉁이에 나부상을 조각하여 천년만년 무거운 지붕을 떠받드는 고통을 배신녀에게 안겨주었던 것이다. 한편으로는 추녀밑에서 대웅전 법당안의 부처님 법문을 듣고 여인이 개과천선하기를 바라는 마음에서 쭈그리고 앉게 하기도 했다.

도편수여! 어찌 여인의 말을 액면 그대로 믿었는가?
여인이 밥상을 들고 문지방을 넘을 때 열두가지 생각한다는 속담을 정녕 몰랐던가?

도편수여~ 나부상을 조각한들 사라진 여인이 돌아올 리는 만무한 것이 아니던가?

그렇게 벌을 주고 또 깨우침을 받게 한다는 것도 따지고 보면 부질없는 짓이 아닌가?

그러나 도편수여 ~ 당신의 정교한 나부상 조각으로 인하여 전등사는 보다 유명해 졌고, 대웅전은 국가보물(제178호)로 지정되었으니 이것은 그대의 공적일 것이다. 그리고 진정한 예술은 뼈를 깍는 고통과 슬픔에서 창조된다는 것을 시현하기도 한 것이리라...

이 생각 저 생각하면서 능선길을 걷다보니 어느새 해명산 오름의 밧줄길에 이르렀다. 비록 산은 작아도 갖출 것은 모두 갖춘 산이 해명산이고 낙가산인 것 같다. 떡시루를 포개놓은 것 같은 형상을 한 바위들도 심심찮게 눈에 뜨인다.

해명산 정상에는 '해명산 327m'라고 새긴 자그마한 표지석이 서 있었다. 사방이 훤히 트여있어 시원스럽다. 그러나 전망으로는 해명산 정상에서 20여분 더 가서 310봉에서 바라보는 경치가 더욱 좋다. 서해바다가 일망무제(一望無際)로 펼쳐지고 있는 장관을 감상할 수 있다.

산행시작 후 2시간 만에 사거리에 도착했다. 여기서 낙가산까지는 2.5km, 산길이 완만해서 1시간 거리이다. 낙가산에는 관음도량으로 유명한 보문사(普門寺)가 있다. 낙가산은 관세음보살이 기거하는 산이고 부처님이 기거하는 산은 영축산이다.

낙가산 보문사는 '낙산사 홍련암', '금산 보리암'과 더불어 우리나라 3대 관음사찰로 꼽히는 신라시대의 사찰이다.

첫째 관음도량이 낙산사의 홍련암, 이곳에서 철썩이는 동해바다를 바라보며 정진하던 의상대사가 관세음보살을 친견했다고 한다.

두 번째 관음도량이 남해 금산의 보리암, 원효대사가 관세음보살을 친견했던 곳으로 이태조도 이곳에서 기도했다는 역사적 기록이 있다. 다도해가 한 눈에 들어오는 절경이다.

세 번째 관음도량이 낙가산 보문사, 회정대사가 금강산에서 관세음보살을 친견하고 이곳에 와서 보문사를 창건하게 된 것이다(635년). 대웅전 뒤의 돌계단을 올라가면 그 유명한 석벽에 조각된 마애불을 친견할 수 있다. 절벽 바위벽에 높이 10m로 조각되어있는 마애불상, 신비스럽고 온화한 미소가 석벽을 모두 녹아내리 것만큼 넉넉하다.

마애불을 등지고 서해바다를 바라보면 세상의 근심 걱정이 사라지는 것 같은 느낌을 받는다.

3대 관음도량이 한결같이 탁트인 바다를 바라보고 있는 것은 무슨 이유일까?

인생고민, 세상 번뇌를 모두 바다에 털어버리고 망망무제, 끝간 데 없는 넓은 세계로 나아가라고 함인지?

낙가산을 거쳐 절고개에서 왼쪽 길로 하산했다. 보문사를 옆에 끼고 철조망 길을 내려오느라니 공동묘지터가 나온다. 언뜻 작으마한 무덤의 비석하나가 눈에 들어온다. 묘비뒤에는 학생회장을 비롯한 학우들의 이름들이 새겨져 있다.

묘비앞면에는 이런 글귀가 적혀 있었다.

"여기 이름 없는 꽃 한송이가 묻혀있습니다.
지나가는 길손이 이 꽃의 이름을 묻는다면
어렵고 고된 열 아홉해를 피고 간
깨끗하고 고기한 '정수화'라 말해주셔요.
병마와 싸우고 가난과 싸우다 못다 핀
꽃으로 묻힌 정수화 들레에 선 우리는
그의 명복을 빕니다."

(글 중에 '고기한'은 '고귀한'이 바를 것 같고 '들레에 선'은 '둘레에 선'이 맞을 것 같기도 하다.)

어쨌든 19세 밖에 안된 여고생의 무덤이고 거기에 적힌 여고생들 역시 같은 학교의 학우들임에 틀림없다. 못다 핀 아까운 젊음이여.... 비석 옆에 적힌 나이로 보아서는 1971년생이니 지금 살아 있으면 남편의 사랑을 받으며 한창 자식과 인생을 즐기는 37세의 주부이었으리라.. 애석하다... 산행을 하다보면 이렇게 안타까운 무덤을 접하게 되기도 한다. 여름에 간 동강의 백운산에서도 하산길에 낙반사한 대학생을 추모하는 돌무덤을 보고'참 안됐구나'하는 처연한 생각을 가지기도 했다.

보문사 일주문에 도착함으로써 3시간 반에 걸친 산행은 종료했다. 일주문 옆의 매표소에서 2,000원의 입장료를 내고 경내에 들어갔다. 대웅전 옆에는 유명한 보문사 석실이 있다. 그 옛날 꿈을 꾼 어부가 바다에 나가 그물을 던져 걸려 올라온 22기의 나한상을 모신 천연 석굴이다. 불상들의 조각은 비록 정교하지는 않으나 나한상(羅漢像)특유의 익살과 천진스러움이 전해진다.

대웅전에 들어가 경배를 하는 데 무전기가 울린다. 빨리 주차장에 있는 산행버스로 오라는 것이다. 단체산행인 경우에는 도무지 여유가 없다. 그래서 생각하고 자유를 만끽하려면 홀로산행이 때로는 필요한 것이다.

송년 산행기념 회식을 오랫동안 즐겁게 한 후 다시 배를 타고 외포리로 넘어왔다.

산행버스가 강화대교를 지날 때 차장밖으로 비치는 서해의 석양은 감동적이었다.

바다 위를 붉게 물들이면서 바닷속으로 빠져드는 석양은 찰랑거리는 바닷물과 더불어 환상적이었다.

나는 뜨는 해 보다 지는 해가 더 아름답다고 생각한다. 뜨는 해는 비록 찬란하고 눈부시기는 해도 하늘을 물들이면서 넘어가는 석양처럼 감동을 주지는 못한다. 낙조(落照) 드리우듯이 무자년도 이제 며칠 남지 않았다.(2009년도 한국대표산문선집, 한국문인 2009)

선행의 즐거움

이런 일화가 있다.

어느 날 염라대왕 앞에 데려온 세사람을 생명록과 대조해보니 잘못 데려온 것이었다.

염라대왕은 저승사자들을 크게 나무란 후에 잘못 저승에 온 사람들에게 말했다.

"그대들은 아직 차례가 되지 않았거늘 잘못 데리고 온 것이니 지금 곧 모두를 이승으로 돌려 보내겠다.

그대신 먼 길을 오느라고 고생이 많았을 터이니 각자가 바라는 소망이 있다면 한가지씩 말해 보아라. 내 들어 주리라."

세사람의 소망은 제각각이었다.

그중 첫번째 사람은

"저는 지긋지긋하게 가난하게 살아왔습니다.

대왕께서 평생 먹고 살 수 있는 돈을 풍성히 내려 주옵소서"

"으음~ 그래" 대왕은 빙긋이 웃었다.

다음 두 번째 사람은

“저는 이승에서 아무런 권세도 누려보지 못하고
짓밟혀 살아왔습니다. 저에게 높은 벼슬자리를 하나 내려주옵소서”
“으음~ 그래” 대왕은 역시 미소지었다.

마지막 사람이 말했다.
“대왕님! 저에게는 산도 좋고 물도 좋은 양지바른 아름다운 곳에서 평생 즐겁게 살도록 해 주소서”
이 말을 들은 염라대왕은 버럭 화를 내면서 이렇게 말했다.

“이놈아 ! 그렇게 기막힌 곳이 있으면 내가 먼저 가지,
뭐하러 지금 이곳에서 이 짓을 하고 있겠느냐?”

그렇다!
돈보다도 또 권세보다도 아름다운 산하가 으뜸인 것이다.
그래서 염라대왕조차도 경치 좋은 산하를 선호하는 것이다.

우리나라는 그야말로 금수강산이다.
어디를 가나 산수가 빼어나다.
특히 봄이 오면 산야를 뒤덮는 진달래, 철쭉, 벚꽃, 매화, 산수유등과 야생화들은 눈이 부시도록 아름답다.
지난주 북한산에 가보니 작년에 비하여 등산객이 갑절은 되는 것 같았다.
지난해부터 실시된 국립공원 입장료 폐지를 감안해도 날이 갈수록 산을 찾는 이들이 많아지는 것 같다.

왜 이렇게 고생을 사서하며 힘들게 산에 오르는 것일까?
산행은 고생한 만큼 우리에게 유익한 것을 많이 안겨주기 때문일

것이다.

산행의 효과는 크게 세 가지로 요약될 수 있다.

우선 산행은 자연을 이해하고 즐기는 활동으로 인해 정신적, 심리적으로 안정의 효과를 준다.

울창한 초록의 수풀과 따스한 햇살, 신선한 공기, 각종 동식물들의 싱싱함과 생동감은 우리로 하여금 빌딩과 소음으로 가득한 도심에서 벗어났다는 해방감을 준다.

흐르는 땀을 닦으며 산마루에서 흘러가는 구름을 보노라면 자기 내면세계와 대화시간을 가질 수 있다.

실제로 스포츠의학 분야에서 이를 임상실험하기도 했다.

등산 초보자 20여명을 대상으로 등산 전과 등산 후를 비교했더니 사람에게 만족감과 자신감을 느끼게 하는 호르몬인 '베타엔돌핀'이 등산 후 혈액 내에 10~20% 상승하는 것으로 조사된 바 있다.

산행은 근력강화는 물론 지구력 향상에도 효과적이다.

75% 정도의 힘으로 근육을 장시간 사용하는 운동이기 때문이다.

등산으로 단련된 근지구력은 종일 오래 앉아서 일하는 직장인들의 만성피로감을 줄이는 데 좋은 것이다.

심폐기능 향상에도 그만이다.

달리기가 속도와 경사에 따라 호흡의 크기와 횟수가 달라지는데 반하여 등산은 산을 오르건 내려가건 자기 페이스만 유지하면 호흡이 거의 일정하다.

이 같은 일정한 호흡운동은 심폐기능을 향상시킨다.

숲에서 무한히 뿜어져 나오는 산소는 우리의 폐부를 말끔히 씻어준다.

산행은 다이어트에도 빠질 수 없다.

1시간 동안 산에 오르면 1시간에 8~11km를 달리는 운동효과와 같다.

친구들 중에는 매주 한번씩 등산으로 나왔던 아랫배가 들어가고 체중이 몇키로씩 줄었다고 하는 사람이 적지 않다.

이렇듯이 산행은 체력을 튼튼하게 할 뿐 아니라 정신적으로 스트레스를 없애주고 편안함을 부여한다.

특히 봄산행은 우리에게 무한한 환희를 맛보게 한다.

봄에는 새싹과 나뭇잎이 파릇파릇 돋아날 뿐 아니라 산야가 온통 빨갛고 하얗게 그리고 노랗게 물들어 정말 환상적이다.

배낭에 스틱을 꽂고 집을 나설 때에는 나도 모르게 콧노래가 흥얼거려 진다.(2008.5.)

오봉 능선길 따라

산꾼들에게는 산길을 걷는 것이 그렇게 좋고 즐거울 수가 없다.

오르막산길에서는 체력의 한계를 검증해 볼 수 있어서 좋다.

또 내리막산길에서는 눈앞에 펼쳐지는 풍경에 감탄사가 저절로 나오게 된다.

산길 중에는 능선길이 제일 오붓하고 힘도 적게 든다.

아무리 몸이 찌뿌듯하고 쳐져있어도 아늑한 능선길을 따라 가다보면 자연 치유 된다.

정신적으로 부드럽게 어루만져 줄 뿐 아니라 바위에서 나오는 암기(巖氣)는 몸에 에너지를 충전시켜 주고 있다.

계곡에 흐르는 물은 수기(水氣)로서 머리를 식혀주고 머리의 열을 내리게 하고 있다.

숲속의 완만한 오솔길은 혼자서 사색하기에 아주 적당하다.

간혹 숲의 울창한 나뭇잎 사이로 햇살이라도 비치면 신비스러운 대자연의 기운이 온몸에 충만해 짐을 느끼곤 한다.

오늘 (2008.3.9.), 푸르뫼 회원들과 오봉능선길을 산행했다.

일주일 전만해도 바람이 차고 다소 쌀쌀한 기운이었다. 그러나 이제는 완연히 봄이 온 것 같다.

송추계곡을 거쳐 여성봉에 오르는 등산길은 눈이 녹아 진창길이었다.

그러나 아직도 그늘진 곳 에는 눈이 하얗게 쌓여있어 흡사 조선시대의 깨끗한 여인의 모습을 보는 것 같기도 했다.

1시간 정도 걸려 여성봉 정상에 오른 후, 우리는 그 유명한 여성봉 - 오봉 능선길에 접어 들었다.

능선에는 일요일이라 사람들로 다소 붐비고 있었다.

능선길 오른쪽으로는 멀리 사패산과 연봉들이 보이고, 능선길 왼쪽으로는 절경의 오봉과 저 멀리 백운대와 인수봉이 그 웅자를 들어내고 있다.

능선에는 작은 수목들이 봄맞이를 하느라고 기지개를 펴고 있었다.

날씨는 더할나위 없이 맑고 하늘은 푸르렀다.

이따금 시원한 바람이 불어 이마의 땀을 식혀준다.

아름답다. 이 강산이...

그리고 같이 산행하는 푸르뫼 회원들이 정답고 고맙기만 하다.

조용하고 아늑한 능선길을 40분 정도 걸으니 어느새 해발 660m의 오봉정상에 다다랐다.

오봉을 거쳐 야영장으로 내려와 맛있는 음식을 나누어 먹으니 인생의 행복은 우리들이 모두 누리고 있는 것 같은 뿌듯함이 느껴진다.

도봉산 역에 도착한 시각이 오후 3시30분경이었다.

4시간 가까이 산행을 했음에도 몸은 전혀 피로감이 없이 가뿐하기만하다.

좋은 산기운과 쾌청한 날씨 그리고 좋은 산행친구들이 모두 갖추어졌으니 무슨 피로감이 있겠는가?

그저 산행의 즐거움과 뿌듯함 만이 있을 뿐이다.(2008.3.9)

설해만산(雪海滿山)

눈 덮인 겨울산은 아름답고 신비롭다. 그리고 한없이 깨끗하다.

흰 눈에 햇살이라도 비치면 추운 겨울임에도 우리에게 포근하고 아늑한 느낌을 준다. 그러기에 산행객들은 겨울철에는 눈 덮인 산야를 즐겨 찾는 것이리라.

눈꽃 산행하면 으레 강원도의 산들을 연상하게 된다. 확실히 강원도의 백두대간은 겨울철에는 온통 설해만산(雪海滿山)이다.

오대산(1,513m), 태백산(1,567m), 함백산(1,573m), 계방산(1,577m), 가리왕산(1,577m), 선자령(1,157m) 등 가릴 것 없이 눈꽃 밭을 이루어 끝없는 설원이 펼쳐지고 있어 가히 장관이다.

그 중 인기 있는 곳 중의 하나가 대관령 북쪽에 있는 선자령(仙子嶺)이다.

선자령은 강릉시와 평창군의 경계를 이루고 있는 산으로서 백두대간의 주능선이기도하다.

선자령은 완만하고 부드러운 능선으로 유명할 뿐 아니라 겨울철에 만주벌판과 같은 넓은 초원지대에 끝없이 펼쳐지고 있는 설원은 가히 환상적이어서 보는 이로 하여금 탄성을 자아내게 한다.

그러기에 선자령은 겨울만 되면 갑자기 부상하여 지리산 천왕봉이나 설악산 대청봉과 같은 준봉들과 어깨를 나란히 하는 명산의 인기를 누리게 되는 것이다.

해발 1,000m가 넘으면 무슨 산(山), 또는 무슨 봉(峰)으로 부르는 것이 통상적인데, 선자령은 해발 1,157m임에도 령(嶺)으로 명명된 것이 약간 이상하게 느껴지기도 한다.

선자령을 하산하다보면 보현사를 만나게 되는데, 그 보현사 쪽에서 보면 선자령이 둥글게 떠오르는 달로 보이기 때문에 령(嶺)으로 불리우는 것인지도 모른다.

아침 7시에 사당역에서 출발한 Wanderung산악회 버스는 눈 덮힌 들판을 차창으로 보여주면서 영동고속도로를 달려 대관령 주차장에 11시경에 도착했다.

해발 840m의 대관령은 영서와 영동을 연결하는 영동고속도로의 마지막 고개였으나 최근 4차선으로 확장되면서 터널을 뚫어 고갯마루는 옛길로 변해 버렸다.

그 옛날 험준하고 오솔길이었던 대관령길을 조선조 중종때 이 지방사람인 '고형산'이라는 이가 사재를 털어 우마차가 다닐 수 있게끔 길을 닦았다고 한다.

그러나 수십 년 후 병자호란 때 청나라 군대가 주문진에 상륙하여 이 길을 따라 한양에 쉽게 침범했다.

삼전도의 굴욕을 당한 인조임금은 크게 노하여 고형산의 무덤을 파헤치는 일이 있었다고 한다.

'아이젠'과 '스패츠'를 착용한 후 11시 10분부터 산행이 시작되었다.

대관령 북쪽주차장에서 선자령 정상까지는 4.7km이다. 올라가는 산행입구에서부터 등산객으로 인산인해를 이루고 있다.

러셀은 겨우 한사람이 다닐 정도로 나 있어 옆으로 조금만 벗어나도 허리까지 빠지기가 십상이다. 그저 사람에 떠밀려 올라가는 기분이었다.

기상대와 임업관리소 사이로 난 눈길을 따라 30분쯤 올라가니 대관령 '국사성황당'이라는 팻말이 나온다. 국사성황당은 강릉에서 태어난 '범일국사'를 성황신으로 모신 곳이다.

범일국사는 그 어머니가 바가지 속에 해가 담긴 물을 마신 뒤 잉태하여 태어난 신라 때의 걸출한 고승으로 대관령에 올라가 서낭신으로 주석하고 있는 것이다. 그 우측숲속에는 작은 산신각이 있다.

원래 강릉지방은 유난히 눈이 많고 여름에는 대관령 서쪽은 멀쩡한데도 폭우가 내리기도 하고, 겨울엔 강풍이 끊임없이 불어 해난사고가 유난히 많은 곳이었다. 그래서 해안을 끼고 있는 강릉주민들은 산신령을 의지하는 수밖에 없었다.

그 습속을 이어받아 아직도 매년 봄 이곳에서 굿을 하고 제를 올리는 것이다. 즉, 음력 4월 15일이 되면 산신각에서 산신제를 지낸 후 국사성황당에서 강릉시장이 초헌관으로 성황제를 올리는 것이다.

이것을 시발로 하여 단오날까지 축제가 이어지게 된다.

이것이 일제하에서도 끊어지지 않고 이어져 내려온 바로 그 유명한 강릉단오제인 것이다.

그래서 그런지 선자령의 선자(仙子)도 신선을 의미하는 것으로서 산신령이 계신 곳이라고 하여 명명된 것이 아닌가 생각되었다.

혹자는 계곡이 너무 맑고 아름다워 선녀가 아이들을 데리고 내려와 즐긴 곳이라 하여 선자령으로 이름 지어졌다고 하기도 한다.

쾌청한 날씨에 등산객들이 꼬리에 꼬리를 물고 선자령 정상까지 이어져 있는 데, 특히 여성들의 울긋불긋한 옷색깔과 배낭색깔은 하얀 설원과 대조를 이루어 마치 점점이 꽃이 피어있는 것과 같았다.

눈길을 걷는 것은 보통산길을 걷는 것보다 훨씬 힘이 든다.

그것은 눈길 자체가 미끄러워서 갈지(之)자로 걸어야 하는데다가 발을 떼어놓는 경우에도 눈 속의 발을 뽑아 앞으로 전진하여야 하기 때문에 다리 힘이 그만큼 더 소모되기 때문일 것이다.

그런 의미에서 눈꽃산행은 사실 고행의 등산이라고 할 수도 있을 것이다. 더욱이 찬바람에 코가 얼어붙고 손과 귀가 시려올 때, 그리고 간단없이 눈길에 미끄러져 넘어지기라도 하면 고통은 배가된다.

그러나 눈앞에 펼쳐지는 환상적인 설원과 또 하얀 눈을 밟을 때마다 '뽀드득' 하고 나는 경쾌한 소리는 도심에 찌들은 우리로 하여금 동심의 세계로 이끌고 있기 때문에 새벽잠을 설쳐가면서까지 이렇게 고행을 즐겨하는 것이리라..

선자령의 능선은 왼쪽은 높낮이를 구분하기 어려울 정도의 구릉지의 연속인 반면에 오른쪽은 깍아지른 급경사를 이루고 있다.

2시간 정도 고생을 한 끝에 선자령 정상에 올랐다.

과연 선자령 정상은 사방이 막힌데 없이 탁트여있다. 오장육부까지 시원한 느낌을 준다.

오른쪽으로는 강릉시가지와 경포대가 한눈에 들어오고, 왼쪽으로는 저 멀리 고루포기산(1,238m)이 가물거리는 가운데 광활한 초원지대가 끝없이 펼쳐져 있다.

수십여개의 풍력발전기의 날개까지 바람에 돌고 있어 이 또한 매우 인상적이었다.

선자령 정상에서 직진해서 '낮은목'으로 향했다. 선자령에서 낮은목까지는 넓은 초원지대인데 눈바다를 이루고 있었다.

원래 선자령은 소나 양을 기르는 목초지가 많은 곳으로 삼양목장, 한일목장 등이 유명하다. 드넓은 목초지평원에 펼쳐진 눈바다는 환상적이었다.

간간히 스키타는 젊은이들이 옆을 스쳐지나간다.

눈처럼 싱싱한 저 젊음이 새삼 부럽다.

낮은목에서 보현사에 이르는 하산 코스 2km는 심한 급경사의 난코스의 길이었다. 이런 길에서는 '아이젠'은 아무 소용이 없었다.

아주 경사가 심한 곳에서는 그저 주저앉아 미끄러져 내려오는 것이 제일 편한 방법이다. 눈이 많이 쌓여서 미끄러져 내려와도 다칠 염려는 없었다.

미끄러지고 넘어지면서 때로는 소년처럼 혼자 웃기도 하고 한없이 즐겁기만하다. 이따금 나뭇잎에서 흩날리는 눈발이 뺨에 닿으면 흡사 첫사랑의 키스처럼 달콤하고 온몸에 전율로 느껴지기도 했다.

설원은 이렇게 우리를 동심의 세계로 돌아가게 하는 것이다.

낮은 목에서 보현사까지는 거의 두시간 정도가 소요되었다. 보현사의 대웅보전 앞뜰과 지붕 그리고 탑신들이 모두 눈으로 덮여 있어 글씨나 모습을 알아보기가 어려웠다.

보현사는 신라 진덕여왕때(650) 자장율사가 창건한 고찰이다. 대관령을 분기점으로 하여 내문수도량 월정사와 함께 외보현도량의 명성을 간직하고 있는 명찰(名刹)이다.

명찰답게 절 입구에 20여개의 부도와 보물로 지정되어 있는 낭원대사의 오진탑비가 절의 역사를 말해주고 있다.

천지가 모두 흰 눈으로 덮여 있어 산중사찰은 정적 속에 자연의 조화만을 보여주고 있다. 보현사 주변에 있는 소나무와 전나무들은 겨울임에도 그 푸른 기상을 자랑하고 있었다.

소나무는 보면 볼수록 도도함을 간직하면서 세월의 풍파를 감내하는 것 같은 생각이 들었다. 대웅전 뒷 편의 소나무에 살짝 얹힌 흰 눈이 한 폭의 동양화를 연출하고 있었다.

산행버스에 도착한 시간이 오후 4시 30분경, 대관령 - 선자령 - 낮은목 - 보현사코스의 10km 거리를 약 5시간 정도 산행을 한 셈이다.

이번 선자령 산행은 더할 나위없이 쾌청한 날씨에 원 없이 눈길을 마음껏 걸어보았던 등산이었다.

세속의 번뇌와 복잡함이 모두 하얀 눈에 씻겨낸 것과 같은 상쾌하고 신선한 기운이 온몸에 느껴지는 산행이었다.(2008.1.30)

제 4 부

행복은 가까이 있는 것을

화초 네그루

운이 좋아 행정고시에 합격해서 사무관으로 임관된 이후, 남에게 밀리지 않기 위하여 오로지 업무에 열중했다. 업무에 관련된 전문서적도 여러 권 펴냈다. 생활에 쫓기다 보니 인생을 생각하고 자연을 감상하며 음악소리에 심취할 여유는 거의 없었다.

언제나 잠이 부족한 상태에서 일에다가 인생승부를 걸었었다. 그래서 그런지 요직에 속하는 인사국장을 거쳐 정무직까지 진출하는 행운을 거머잡기도 했다.

32년간 공직생활중, 영전을 하거나 승진을 하는 경우에는 난(蘭)이 선물로 들어오는 것이 관례였었다. 친구나 지인들이 선사하는 난에는 별로 관심이 없어 대부분 부하직원이나 동료들에게 나누어 주곤 했다.

나누어 주고 남은 몇 개의 화분은 사무실에 놔두는데 관리책임은 여비서의 몫이었다. 꽃을 잘 기르는 여비서를 만나면 난 꽃향기를 맡게 되고, 제대로 꽃을 가꾸지 못하는 여직원의 경우에는 두어달이 채 못가 난이 죽어버려 빈 화분만 썰렁하게 남게 마련이었다. 난이 죽든 잘 자라든, 나는 별로 관심이 없었다. 오로지 나의 관심사는 나의 업무추진이었다.

그러다가 공직을 은퇴하고 지방대학의 학장으로 근무하게 되었다. 대학교수는 시간적 여유가 있는 직업이다. 학장으로 내려올 때 역시 아는 친구들과 지인들이 축하 난을 보내주었다. 대부분을 동료교수와 행정실에 보내고 몇 그루는 직접 내가 길러보기로 했다. 뒤늦게 인간다운 생활을 해 보기로 한 것이다.

내가 정을 붙이고 있는 화초는 네그루이다. 걔네들이 나의 친구이자 식구들이다. 연구실에 있는 화초 네그루는 각기 깊은 사연이 서려있다.

제일 조그마한 황토흙 화분의 '담쟁이 넝쿨'은 나의 국장시절 여비서인 오양이 선사한 것이다. 오양은 외모도 깨끗하게 생겼거니와 성품이 착했다. 좋은 배필을 만나 결혼하고도 몇 년 더 근무하다가 퇴직했다. 비서직을 그만둘 때 그간의 모든 사람들에게 일일이 전화인사를 하고 그만둠으로써 퇴직 후에도 칭송을 받았다. 그런 그녀가 내가 공무원생활을 그만두고 한국행정연구원장으로 부임하자(2003), 10년만에 '담쟁이 넝쿨' 화분을 손에 들고 내 집무실에 찾아왔던 것이다. 그녀가 주고 간 담쟁이는 앙증스러운 모습으로 잘 자랐다. 너무 뻗어나가 줄기를 가끔 쳐주기도 한다. 담쟁이를 볼 때마다 상냥하고 부지런한 그녀의 얼굴이 떠오른다. 비록 가격은 기천원에 불과하지만 나에게는 정신청량제가 되는 소중한 화초인 것이다.

두 번째 화초는 난(蘭)화분이다. 이 난 역시 남에게 줄 수는 없는 사연이 있다. 그것은 40여년간 교우관계를 맺고 있는 아주 절친한 고교동창이 보낸 것이기 때문이다.

내가 대학에 입학하는 해, 그 해 누님이 결혼을 했다. 나는 청량리에 살았고 누님은 봉천동으로 시집을 갔다. 그런데 어머니가 간장독과 된장독을 누님댁으로 갖다 주라고 한다.

1965년 시절인 그 때는 자가용은 생각도 못할 때였다. 전차가 다닐 때였다. 나는 남산밑의 필동에 있는 친구 집에 가서 그 집의 리어카를 빌려서 그 친구와 더불어 청량리에서 봉천동 산골짜기까지 끌고 밀면서 장독들을 운반했다. 새벽에 청량리를 떠나 한강다리를 넘어 봉천동 고개에 이르니 산위에 달이 휘영청 떠 있었던 기억이 새롭다. 가난했던 시절의 고달픈 추억이다.

그 이후로 나는 그 친구를 잊을 수가 없다. 우리는 언제나 형제처럼 지내고 있다. 그는 순진하기 이를 데 없는 사람이지만 고집은 황소고집이다. 난화분을 볼 때마다 그 친구 얼굴이 오버래핑되어 저절로 마음이 편안해지고 웃음이 난다.

세번째 화분은 여성공무원들이 스승의 날에 보내온 것이다. 나는 국가전문연수원장 시절에 여성공무원 간부반을 운영한 적이 있었다. 그때 기관장의 힘으로 여성공무원만을 위한 휴게공간과 탈의실을 설치했다. 우리나라는 아직도 여성에 대한 배려가 미흡하다고 생각되어 나름대로 조치를 한 것이었다.

당연한 일을 한 것을 여성공무원들 입장에서는 대단히 고맙게 생각했던 것 같다. 그 해 스승의 날에 감사화분을 보내온 것이었다. 여성공무원들이 보낸 화분은 데코레이션이 특이했다. 화분그릇은 사각

형의 유리쟁반이고 그 쟁반가장지리에 철망을 아담하게 둘렀다. 유리쟁반 안에 흙과 모래 그리고 작은 자갈을 깔고 거기에 담쟁이, 산죽 모양의 풀과 아스파라가스 비슷한 풀을 아기자기하게 심어 논 것이었다.

나는 그 유리쟁반 화분을 계속 가지고 있다가 서울에서 고속버스로 이곳 경남 양산까지 운반해서 연구실에 놓고 기분 좋게 감상하고 있다. 유리 화분을 볼 때마다 여성특유의 섬세함과 정감이 소담하게 담겨져 있는 것 같다. 인간의 마음을 아름답게 다둑거리는 것은 여성적인 부드러운 손길인 것이다.

마지막 네 번째 화분은 남에게 선물 받은 것이 아니라, 내가 직접 산 것이다. 2년전 부산 노포동 고속터미널에 내리던 날은 마침 '노포동 장날'이었다. 오래간만에 시골장 구경을 하느라고 장터를 둘러보고 있는 데, 어떤 아주머니가 나보고 꽃나무를 사라고 한다.

고무나무와 관음죽 그리고 난초 몇 그루가 땅위에 놓여져 있었다. 그냥 지나치려고 하니, 오십대 후반의 햇볕에 검게 그을린 아주머니가 계속 꽃나무를 사라고 권유한다. 아주머니 집의 온실에서 직접 키워서 싱싱하다는 것이었다. 망설이다가 하도 간청하기에 '관음죽'을 만오천원에 구입해서 연구실에 가져다 놓았다.

줄무니가 은은히 있는 관음죽인데 이제는 제법 나무모양이 나면서 싱싱하게 자란다. 나는 불교를 믿기 때문에 관음죽하면 '대자대비 관세음보살'을 연상하곤 한다.

그 꽃을 판 경상도 억양의 아주머니도 순박하기 그지없는 모습이었다. 인연이 있어 이 꽃나무가 나에게 온 것일까?

이렇게 화초마다 아름다운 인연이 있고 즐거운 추억이 서려있다. 그래서 화초 네그루를 볼 때마다 정다운 네 사람과 대화를 하는 것 같은 기분이 든다.

꽃나무도 인간의 감정을 느낀다고 한다. 어떤 식물원에는 나무를 꺾는 사람이 들어오면 나무들이 잎을 말아 올린다고 한다. 긴장을 하는 것이다. 그런 반면에 나무를 사랑하는 사람이 들어오면 활짝 꽃을 피우면서 맞이한다는 것이다.

꽃에 물만 준다고 화초가 싱싱하게 자라는 것은 아니다. 마음을 주어야 하는 것이다. 나는 연구실에 들어갈 때마다 나무에게 인사를 한다. "너희들을 사랑해. 잘 있었어? 나무야, 너희들 참 예쁘구나~" 그런 다음, 물을 준다. 물을 줄 때에도 어린아기에게 젖을 먹이는 것과 같은 정성을 드린다.

등산이 취미인 나는 산행 중에 가끔 난꽃을 볼 때가 있다. 산등성이를 도는 모퉁이에 난(蘭)이 바위틈에 보라색 꽃을 피우고 있기도 한다. 참으로 아름답고 정갈한 모습이다.

예전에는 좋은 꽃나무를 발견하면 이를 캐다가 집으로 가지고 가고 싶은 충동이 있었다. 그러나 이제는 생각이 바뀌었다. 꽃나무는 있는 그 자리에 그대로 두고 감상해야 한다는 것을 깨달은 것이다. 난이 경치 좋고 이웃들이 많으며 공기 맑은 곳에서 자기 생명력을 즐기고 있는데, 인간이 함부로 이를 캐서 공해지역인 도시로 옮긴다는 것은 난으로 보아서는 감옥살이를 하는 고통과 같을 것이다.

숲속에는 쓰러진 고목들이 유난히 많다. 이끼긴 고목줄기에 벌레들이 수많이 기생하고 있다. 쓰러진 나무는 저렇게 미생물들에게 봉사하다가 결국은 썩어서 흙으로 돌아갈 것이다. 이 쓰러진 나무도 치우지 말고 그대로 두는 것이 좋을 것이다. 자연을 미화시킨다고 함부로 치우고 길을 내고 하는 것은 오히려 자연의 오묘한 질서를 파괴하는 행위가 될 수도 있다. 자연은 태고적부터 그 스스로 '보이지 않는 손'에 의하여 조화를 이루어 나가는 것이다. 그러니 자연상태 그대로 보존하는 것이 자연을 가꾸는 비결일 것이다.

화초 네그루를 돌보느라고 방학 때에도 서울에서 내려가 물을 주기도 한다. 어린아이 다루듯이 신경이 많이 쓰인다. 그래서 어떤 때는 기르지 말까? 하는 생각을 해보기도 한다.

그러나 천성산에 보름달이 두둥실 떠올랐을 때, 나의 애인중의 하나인 난초가 꽃을 피워 난 향기가 연구실에 가득해진다. 나는 그 향기를 맡으며 산위의 보름달을 감상한다. 환상적인 행복을 맛보게 된다. 나는 그 황홀한 기쁨을 놓을 수가 없어 오늘도 '얘네들' 네그루와 더불어 오순도순 지내고 있는 것이다.

"내가 홀로 외로울 땐
천성산 자락을 스쳐가는 바람소리 들으며
'담쟁이 넝쿨아, 너를 사랑해'

봄을 떠나보내기가 아쉬울 땐
숲속에 슬피 우는 소쩍새 소리 들으며
'산죽나무야, 너를 사랑해'

세월에 속았다고 서러울 땐
月下老松 휜가지 바라보면서
'난아, 너를 사랑해'

옛 情人이 그리워 가슴 저밀 땐
산야를 뒤덮은 눈길을 따라가면서
'관음죽아, 너도 사랑해~'

(2009년도 한국대표산문선집, 한국문인 2009)

행복은 가까운데 있는 것을

사람은 누구나 행복하기를 원한다. 인지상정(人之常情)이다.

출세해서 이름을 날리고 싶고, 돈도 많이 벌고 싶고, 좋은 배우자를 만나 호의호식(好衣好食) 하고자 애쓴다.

그러나 행복이라는 요술단지가 생각처럼 쉽게 손에 잡히지 않는다.

그래서 인생길을 허덕이면서 행복 찾아 길을 헤메인다.

남쪽에 있는가 해서 남쪽지방을 뒤져 보기도 하고, 동쪽에 있는가 해서 동해바다를 떠돌기도 한다.

허탕치기 일쑤이다. 몸만 고달플 뿐이다.

그러다가 늦게야 행복이 자기 곁 가까이 있는 것을 알게 된다.

관세음보살을 친견하려고 산속에서 수많은 날을 기도 정진했으나, 볼 수가 없어 낙망하고 집으로 돌아온다.

자기집 싸릿문을 열고 들어서자 노모가 신발을 거꾸로 신은 채 달려나온다.

거기서 관음보살(觀音菩薩)의 현신(現身)을 보게 된다.

하루 해가 뜨는 것을 보는 것도 행복이고, 아침에 일어날 수 있다는 것도 행복이다.

행복은 우리 주위에 수 없이 널려 있음에도 그것을 줍지 않고, 엉뚱하게 로또복권이나 당첨되기를 바란다.

행복은 결코 멀리 있는 것이 아니다.

또 거창 한 것도 아니다.

신선한 물 한 모금 마실 수 있어도 그것이 행복이다.

이런 의미에서 나는 다음과 같은 선시(禪詩) 2편을 좋아 한다.

작자가 미상(未詳)인 점이 군더더기 풀이가 필요 없어 더욱 마음에 든다.

심춘(尋春: 無名氏)

하루종일 봄을 찾아 헤메도 봄은 안보이네
짚신이 다 닳도록 롱두산을 헤메였네.
집에 돌아오는 길에 매화나무 아래를 지나느라니
봄은 이미 매화 꽃가지에 와 있음에랴.

盡日尋春不見春 (진일심춘불견춘)
芒鞋踏破隴頭雲 (망혜답파롱두운)
歸來偶過梅花下 (귀래우과매화하)
春在枝頭已十方 (춘재지두이시방)

젊어서 출세와 명예가 인생의 전부인 양 눈이 빨개서 허덕이게 된다.

세월이 지나 은퇴한 후 돌이켜 생각해 보면,

인생의 진정한 인생의 행복은 가정에 있다는 것을 깨닫게 된다.

행복과 진리는 결코 거창하거나 높은 곳에 있는 것은 아니다.

작고 사소한 것에서 진리와 행복을 찾을 수 있다.

초혜 (草鞋)

조주 노인은 여든에도 행각했으나
마음은 여전히 편치 못했네.
집에 돌아와 아무 일도 없고서야
짚신 값만 허비한 줄 비로소 알았네

조주팔십유행각(趙州八十猶行脚)
지위심두미초연(祇爲心頭未悄然)
내지귀가무일사(乃至歸家無一事)
시지허비초혜전(始知虛費草鞋錢)

* 초혜(草鞋)라는 짚신을 뜻하는 제목은 내 나름대로 붙여본 것이다,

조주스님은 당나라 때 고승으로서 팔십에 득도했다고 한다.

팔십에 이르도록 짚신이 다 닳도록 돌아다녔으나 이루지 못하고, 집에 돌아와 문득 깨달았다는 이 시는 우리에게 많은 일깨움을 준다.

팔십에 이르도록 수행을 한 염력(念力)으로 도(道)가 무엇인지를 알았다는 데, 우리같은 범인(凡人)은 참담한 노력도 없이 행복을 얻으려고 한다.

이 얼마나 무모하고 어리석은 것인가!
해는 매일 뜨고,
계절은 가고 오고 하니
도무지 부족함이 없음을 알아야 하겠다.(2018.11.16)

볼 수 있다면 행복하다

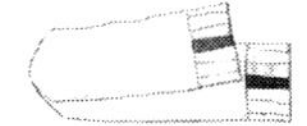

헬렌 켈러(Hellen Keller) 가 어느 날 숲 속을 다녀온 친구에게 물었습니다.

무엇을 보았느냐고?

그 친구는 별반 특별한 것이 없었다고 말했습니다.

헬렌 켈러는 이해할 수 없었습니다.

두 눈 뜨고도 두 귀 열고도 별로 특별히 본 것도 들은 것도 없고, 할 말조차 없다니...

그래서 비록 보지도, 듣지도, 말하지도 못했던 헬렌 켈러였지만, 그녀는 스스로 만약 자신이 단 사흘만이라도 볼 수 있다면, 어떤 것을 보고 느낄 것인지 미리 계획을 세웠습니다.

그리고 이것을 '내가 사흘 동안 볼 수 있다면(Three days to see)'이란 제목으로, '애틀랜틱 먼스리' 1933년 1월 호에 발표했습니다.

헬렌 켈러의 글은, 당시 경제 대공황의 후유증에 시달리던 미국인들을 적잖이 위로했습니다.

그래서 '리더스 다이제스트'는 이 글을 '20세기 최고의 수필'로 꼽았습니다.

「첫째 날에는 . . .
나는 친절과 겸손과 우정으로 내 삶을 가치 있게 해준
설리번 선생님을 찾아가,
이제껏 손끝으로
만져서만 알던 그녀의 얼굴을
몇 시간이고 물끄러미 바라보면서,
그 모습을 내 마음 속에 깊이 간직해 두겠다.
그리고 밖으로 나가 바람에 나풀거리는
아름다운 나뭇잎과 들꽃들,
그리고 석양에 빛나는 노을을 보고 싶다.

둘째 날에는...
먼동이 트며
밤이 낮으로 바뀌는 웅장한 기적을 보고 나서,
서둘러 메트로폴리탄에 있는 박물관을 찾아가,
하루 종일 인간이 진화해온 궤적을
눈으로 확인해 볼 것이다.
그리고 저녁에는 보석 같은 밤하늘의
별들을 바라보면서 하루를 마무리 하겠다.

마지막 셋째 날에는...
사람들이 일하며 살아가는 모습을 보기 위해
아침 일찍 큰길에 나가,

출근하는 사람들의 얼굴 표정을 볼 것이다.
그리고 나서,

오페라하우스와 영화관에 가 공연들을 보고 싶다.
그리고 어느덧 저녁이 되면,
네온사인이 반짝거리는 쇼 윈도에 진열돼 있는
아름다운 물건들을 보면서 집으로 돌아와,
나를 이 사흘 동안만이라도 볼 수 있게 해주신
감사의 기도를 드리고, 다시 영원히 암흑의 세계로 돌아간다.」

헬렌 켈러가 그토록 보고자 소망했던 일들을, 우리는 날마다 일상 속에서 특별한 대가도 지불하지 않고 보고 경험합니다.

하지만, 그것이 얼마나 축복이고 기쁨인지는 모르고 삽니다.

그래서 헬렌 켈러는 이렇게 말했습니다.
"내일이면 귀가 안 들릴 사람처럼 새들의 지저귐을 들어 보라.
내일이면 냄새를 맡을 수 없는 사람처럼 꽃향기를 맡아 보라.
내일이면 더 이상 볼 수 없는 사람처럼 세상을 보라."고! ...

내일이면 새로운 한 해가 시작합니다.
온 세상 일을 기쁨으로 생각하고 살아야 하겠습니다.
신묘년 내내 즐거움과 고마움으로 충만해야 하겠습니다.

오늘 북한산을 가보니 온 천지에 하얀 눈이 무척 아름다웠습니다.

천지는 이렇게 아름다운데 우리 마음도 언제나 밝아야 하겠습니다.(2010.12.31)

애처가 늑대, 효자 까마귀

"늑대같은 남자를 남편감으로 골라라."
어떤 동물 연구가의 역설입니다. 이유는 이렇습니다.

△ 늑대는 평생 한 마리의 암컷만 사랑하고
△ 자신의 암컷과 새끼를 위해 목숨까지 바쳐 싸우며
△ 사냥을 하면 암컷과 새끼에게 먼저 먹이를 양보하고
△ 독립한 후에도 종종 부모를 찾아와 인사를 한다는 것입니다.
우리가 알고 있는 늑대와는 사뭇 다른 본성입니다.

까마귀도 생긴 모양과는 달리 효성이 지극합니다.

새끼가 자란 뒤에 늙은 어미에게 먹이를 물어다 준다는 반포지효(反哺之孝)의 어원이 바로 효조(孝鳥)인 까마귀에서 유래한 것입니다.

백락천(白樂天)은 까마귀의 울음소리를 이렇게 읊었습니다.

어미를 여읜 자조(慈鳥: 까마귀의 별칭) 까악까악 슬피도 운다. /
어미가 깃들었던 나무에서 한밤에 우는 그 소리엔 /

아마도 호소할 게 있나 보다 못 다한 반포(反哺)의 마음을…./

우리의 다음 시조
역시 감상해 볼만한 가치가 있습니다.

'까마귀 검다 하고 백로야 웃지 마라 /
겉이 검은들 속조차 검을소냐 /
겉 희고 속 검은 이는 너뿐인가 하노라'

만물을 평가할 때
겉모양만 보고 평가해서는 결코 아니 될 것입니다.(2010.9.8)

아름다운 얼굴

아무리 아름다운 사람이라고 할지라도 세월이 지나면 아름다움이 없어지고 주름살만이 늘어나게 마련이다.

그러나 노령이 되어도 아름다움을 여전히 간직하고 있는 경우도 있다. 오드리 헵번(1929~1993)이 그러했다.

그녀가 '로마의 휴일'에 출연할 당시의 아름다움은 청순함의 극치였다.

1897년 68세의 나이로 스필버그의 영화 '올웨이즈'에 우정 출연한 그녀는 영화계에서 은퇴한 후, 아프리카 등 오지에 들어가 기아에 허덕이는 어린이 구호에 앞장선다.

늙고 주름진 얼굴의 그녀가 굶주린 뼈가 앙상한 아프리카 어린이를 품에 안고 눈물 흘리던 모습은 한 차원 높은 승화된 아름다운 얼굴을 세계인에게 보여주었다.

사람의 상(相)은 변화한다. 그러므로 외면의 상을 아름답게 가꾸어 나가는 것은 마음가짐이 제일 중요한 것이다.

마음이 아름다우면 나타나는 얼굴의 모습도 아름답게 된다.

반대로 마음이 모질고 흉포하면 나타나는 외면의 상 역시 이지러진 얼굴이다.

그래서 40이후의 얼굴에는 그 사람 자신의 책임이라고 하는 말이 있는 것이다.

성직자들의 상(相)을 보라.

신부, 승려, 목사, 수녀 등등 그들의 얼굴은 항상 화평하고 맑다.

설령 연로한 성직자일지라도 동안(童顔) 그대로 가지고 있음을 볼 수 있다.

아름다움을 그대로 간직하고 있는 것이다.

똑같은 이목구비를 가지고 있는 인간인데 어째서 그들은 그처럼 환한 얼굴을 가지고 있는가?

그들은 기도와 베품과 희생의 덕목 생활을 하기 때문일 것이다.

"매혹적인 입술을 갖고 싶으면 친절한 말을 하라.

사랑스러운 눈을 갖고 싶으면 다른 사람의 좋은 점을 보라.

날씬한 몸매를 갖고 싶으면 네 음식을 배고픈 사람들과 나누라.

윤기 나는 머리카락을 갖고 싶으면 하루에 한번 아이의 손으로 쓰다듬게 하라.

아름다운 자세를 갖고 싶으면 네가 결코 혼자 걷지 않을 것임을 명심하면서 걸어라.

만약 네가 도와줄 수 있는 손이 필요하다면 너의 팔 끝에 달린 손을 이용해라.

네가 더 나이를 먹는다면 너의 손이 두 개란 걸 알게 될 것이다.

한 손은 너 자신을 위한 손이고 다른 한 손은 남을 위한 손이다"

이와 같은 오드리 헵번이 아들에게 보낸 편지의 구절은 흡사 다음과 같은 '보왕삼매론(寶王三昧論)'의 내용과 일맥상통하는 것 같다.

〈몸에 병이 없기를 바라지 말라.〉

몸에 병이 없으면
탐욕이 생기기 쉽나니
그래서 성인이 말씀하시되,
병고(病苦)로써 양약(良藥)을 삼으라 하셨느니라.

〈세상살이에 곤란함이 없기를 바라지 말라〉

세상살이에 곤란이 없으면
업신여기는 마음과 사치한 마음이 생기나니
그래서 옛 성인이 말씀하시되,
근심과 곤란으로써 세상을 살아가라 하셨느니라.

〈공부하는데 마음에 장애 없기를 바라지 말라.〉

마음에 장애가 없으면 배우는 것이 넘치게 되나니,
그래서 성인이 말씀하시되,
장애 속에서 해탈을 얻으라 하셨느니라.

〈수행하는데 마(魔)없기를 바라지 말라.〉

수행하는데 마가 없으면
서원(誓願)이 굳건해 지지 못하나니

그래서 성인이 말씀하시되,
마군으로써 수행을 도와주는 벗을 삼으라 하셨느니라.

〈일을 꾀하되 쉽게 되기를 바라지 말라.〉

일이 쉽게 되면 뜻을 경솔한데 두게 되나니,
그래서 성인이 말씀하시되,
여러 겁을 겪어서 일을 성취하라 하셨느니라.

〈친구를 사귀되 내가 이롭게 되기를 바라지 말라.〉

내가 이롭고자 하면 의리를 상하게 되나니
그래서 성인이 말씀하시되,
순결로써 사귐을 길게 하라 하셨느니라.

〈남이 내 뜻대로 순종하여 주기를 바라지 말라.〉

남이 내 뜻대로 순종해 주면
마음이 스스로 교만해 지나니,
그래서 성인이 말씀하시되,
내 뜻에 맞지 않는 사람들로써 이웃을 삼으라
하셨느니라.

〈공덕을 베풀 때는 과보를 바라지 말라.〉

과보를 바라면 추구하는 뜻을 가지게 되나니,
그래서 성인이 말씀하시되,

덕 베푼 것을 헌 신짝처럼 버리라 하셨느니라.

〈 이익을 분에 넘치게 바라지 말라.〉

이익이 분에 넘치면 어리석은 마음이 생기나니,
그래서 성인이 말씀하시되,
적은 이익으로써 부자가 되라 하셨느니라.

〈억울함을 당해서 밝히려고 하지 말라.〉

억울함을 밝히면 원망하는 마음을 돕게 되나니,
그래서 성인이 말씀하시되,
억울함을 당하는 것으로 수행하는 경로를 삼으라 하셨느니라.

진정한 아름다움은 외모만 가꾼다고 이루어지는 일은 아니다.
남을 위한 아름다운 마음씨를 가지고 베푸는 생활을 해나가는 과정에서 이루어지는 것이다.(2009.5.22)

생각을 바꾸면 세상이 달라진다

한국인 시각장애인이 미국에 유학을 가서 성공하여 백악관정책차관보의 높은 자리까지 올라가 화제가 되고 있다.

이달 초 모 일간지에 입지전적인 그 분의 이야기가 소개되어 우리의 심금을 울렸다.

화제의 주인공은 미국 백악관 국가장애위원회 정책차관보인 강영우박사(64세)였다.

14살에 아버지를 잃은 강박사는 한 해 뒤 중학교 1학년때 축구공에 맞아 실명했다.

아들이 장님이 되자 어머니는 충격을 받고 쓰러져 세상을 떠났다.

생계를 위해 누나는 다니던 학교를 포기하고 봉제공장에 입사했지만 16개월만에 과로로 숨졌다.

당시 13살이던 남동생은 철물점 직원, 9살 여동생은 보육원으로 흩어졌다.

이쯤되면 보통사람 같으면 절망의 늪에서 헤어나기가 힘들 것이었다.

그러나 강박사는 생각을 달리 먹었다.

나름대로 30년 인생계획을 세웠던 것이다.

첫 10년은 맹학교를 졸업하고 대학에 진학하는 기간으로 정하고, 다음 10년은 배우자를 만나 가정을 꾸미는 기간으로 세웠다.

나머지 10년은 신에게 봉사하고 사회에 봉사하며 살겠다고 굳게 다짐했다.

그렇게 생각을 단단히 먹은 그는 천길 낭떠러지의 벼랑 끝에서 수많은 고비를 뼈를 깎는 인내와 노력으로 헤쳐 나갔다.

거대한 파도와 까마득한 장벽을 하나하나 극복해 나가 오늘의 신화를 일구어 내게 된 것이다 .

적극적이고 긍정적인 사고방식과 줄기찬 노력이 처절하고 비참한 인생을 환희와 영광의 인생으로 전환시켜 놓았던 것이다.

강박사는 18살의 나이에 서울 맹학교에 입학한 뒤 연세대 교육학과를 졸업했고, 1972년 도미(渡美), 국내장애인 중 최초로 정규유학생이 되었다.

피츠버그대에서 3년 8개월만에 석사와 박사를 받은 뒤 노스 이스턴 일리노이대 특임교수로 임용됐다.

강박사는 1977년부터 22년간 대학교수이자 인디애나 주정부 특수교육국장으로 근무했고, UN세계장애인 위원회 부위원장을 맡기도 했다.

또 2000년 미국 저명인명사전에, 2001년에는 세계 저명인명사전에 수록되기도 했다.

인생계획대로 결혼하여 단란한 가정을 꾸려나가고 있음은 물론이다.

나는 서울에서 부산으로 오는 고속버스의 텔레비전 방영 프로그램에 출연한 강박사의 의연한 자세와 품격 있는 대화 내용을 보고 큰 감명을 받았던 기억이 생생하다.

한 생각의 변화가 이토록 사람의 인생을 바꾸어 놓은 것이다.

온전한 육신을 가지고도 환경과 주위 탓만 하는 이들이 얼마나 어리석은 지를 일깨워 주기도 한다.

통나무집에서 대통령에 오른 링컨도 "우리는 우리가 행복해지려고 마음먹은 만큼 행복해 질 수 있다. 우리를 행복하게 만드는 것은 우리를 둘러싼 환경이나 조건이 아니라 늘 긍정적으로 세상을 바라보며 아주 작은 것에서부터 행복을 찾아내는 우리 자신의 생각이다. 행복해지고 싶으면 행복하나고 생각하라"고 마음 가짐의 중요성을 강조했다.

그렇다!

이 마음에 행복이 있고, 이 마음에 불행이 있다.

행복과 불행은 스스로 만드는 것.

이 마음의 문을 열면 세상이 환하게 열리게 된다.

결코 밖에서 찾을 것이 아니라 나 자신에서 행복을 찾으면 된다.

오직 스스로의 마음에 태양보다 밝은 광명이 있으니

마음이 곧 우주이고 우주가 곧 나 자신인 것이다.

나 자신의 생각을 바꾸면 새로운 세상이 펼쳐지는 것이다.(2008.11.18)

상사병(相思病)

상사병이란 남녀사이에 서로 그리워하되 뜻을 이루지 못해 생긴 병을 말한다.

글자그대로 상대방을 일심전력 생각하는 병인 것이다.

조선 최고의 미인으로는 황진이를 꼽는다.

그녀를 사랑하다가 상사병으로 죽은 마을 청년이 있었다.

황진이는 결국 기녀의 길로 나가게 된 것이다.

어쨌든 누구를 그리워하고 사랑한다는 것은 인생에 있어서 아름다운 일이다.

사랑할 대상을 가졌다고 하는 것만으로 그 사람은 행복한 사람인 것이다.

감정이 메마른 자는 아무도 사랑하질 못한다.

오로지 이해타산만을 따진다.

상사병에 걸릴 정도로 지나치게 사랑을 하지는 말아야 할 것이다.

그러나 사랑은 감정 조절이 안 되는 영역에 속한다.

사랑에 눈이 멀어 푸욱~ 빠지면 눈에는 아무것도 보이지를 않는다.

오로지 자나깨나 '님생각'뿐인 것이다.

이성이 마비되고 감성만이 용광로 처럼 뜨겁게 끓어 오르는 것이다.
부모와 주위사람이 극구 만류해도 도주결혼을 하기도 하는 것이다.
상사병에 단단히 걸린 탓이다.

그런데 이 상사병은 그 말의 유래가 애절하다.

그 옛날 중국의 춘추전국시대 때 송(宋)나라에 강왕(康王)이 있었다.
그는 용맹은 하되 성질이 포악했다. 특히 술로 밤을 지새우고 여자를 많이 거느리는 것을 자랑으로 여겼다.

강왕의 부하에 한빙(韓憑)이라는 사람이 있었는데 그의 아내 하씨(河氏)는 천하의 절색이었다. 우연히 한빙의 아내를 본 강왕이 그대로 둘 리가 없었다. 강왕은 하씨를 강제로 데려다 후궁으로 삼았다.
한빙이 왕을 원망하지 않을 수 없었다.

'통상의 스토리'대로 왕은 한빙에게 없는 죄를 씌워 변방으로 쫓아냈다.
한빙은 변방으로 가서 낮에는 도적을 지키는 병사가 되고, 밤에는 성을 쌓는 인부가 되는 고된 형벌을 받았다. 미인 아내를 둔 죄 밖에 달리 죄가 없었다.

그러던 어느 날, 아내 하씨가 강왕 몰래 남편 한빙에게 짤막한 편지를 전했다.

"비는 그칠 줄 모르고, 강은 크고 물은 깊으니 해가 나오면 마음에

맞겠다.(其雨淫淫 河大水深 日出當心)

그러나 염려한 대로 이 편지는 강왕의 손으로 들어갔다.

강왕이 신하들에게 물었으나 편지의 뜻을 아는 자가 없었다.

그러자 소하(蘇賀)라는 자가 앞으로 나서며, "당신을 그리는 마음을 어찌할 길 없으나 방해물이 많아 만날 수가 없으니, 죽고 말 것을 하늘에 맹세한다."라는 뜻이라고 그럴듯하게 풀이를 했다.

얼마 후 한빙이 자살했다는 보고가 들어왔다.

그러자 하씨는 자기가 입는 옷을 썩게 만들었다가, 성 위를 구경하던 중 몸을 던졌다.

수행하던 사람들이 급히 옷소매를 잡았으나 소매만 끊어지고 사람은 아래도 떨어졌다.

죽은 그녀의 띠에는 유언이 적혀 있었다.

"임금은 사는 것을 다행으로 여기지만 나는 죽는 것을 다행으로 압니다. 바라건대 시체와 뼈를 한빙과 함께 합장해 주십시오."

노한 강왕은 고의로 무덤을 서로 떨어지게 만들고, "죽어서도 서로 사랑하겠다는 거냐, 정 그렇다면 두 무덤을 하나로 합쳐 보아라. 나도 그것까지는 방해하지 않을 것이다"라고 했다.

그러자 밤사이에 두 그루의 나무가 각각 두 무덤 끝에서 나더니 나무가 자라 아름드리가 되었다.

그리하여 위로는 가지가 서로 얽히고 아래로는 뿌리가 서로 맞닿았다. 그리고 나무 위에는 한 쌍의 원앙새가 앉아 서로 목을 안고 슬피 울어 듣는 사람을 애처롭게 만들었다.

사람들은 그 나무들을 상사수(相思樹)라고 했는데 "상사(相思)"란 이름이 여기에서 시작되었다.

이것은 진(晉)나라 간보(干寶)가 지은 수신기(搜神記)에 나오는 이야기로서 상사병이란 이름이 여기에서 나왔다고 설명하고 있다. 그러고 보면 상사병이란 슬프고도 아름다운 말이 아닐 수 없다.(2008.7.4)

카사노바와 박인수

카사노바(Casanova, 1725~1798)하면 희대의 바람둥이, 난봉꾼이 연상된다. 카사노바는 이탈리아의 실존인물이다. 그의 아버지는 희극배우였다. 6남 1녀 중 장남으로 태어난 카사노바는 2m에 가까운 훤칠한 키에 재주가 다양했다.

그는 법학박사, 철학자, 문필가, 바이올리니스트, 성직자, 외교관등 다재다능했다. 평생을 독신으로 엽색행각을 하면서 유럽등지를 전전하다가 일생을 마치게 된다. 그가 프랑스어로 쓴 "회상록(Memoires)"은 초인적인 엽색생활을 기록해 놓은 것으로 유명하다.

카사노바는 이렇게 말한다.

"나는 여성을 사랑했다. 그러나 내가 진정 사랑한 것은 자유였다"

130여명이나 여인들을 농락한 바람둥이가 자기변명은 그럴 듯이 한다.

우리나라에도 '한국의 카사노바'라고 불리는 사람이 있다.

바로 1950년대 중반 세상 사람들을 놀라게 했던 '박인수'라는 사람이다.

박인수는 대학재학중에 입대했다. 훤칠한 키의 미남인 그는 해병대 헌병으로 있으면서 사교춤을 익혔다. 해군장교구락부, 국일관, 낙원장 등 고급댄스홀을 드나들었다.

1954년 제대 후에도 해군대위를 사칭하며 화려한 여성편력을 이어갔다. 1년 남짓한 동안 70여명의 여성을 상대했는데, 대부분의 여성들은 여대생이었고 그 중에는 국회의원과 고관의 딸도 있었다.

'혼인빙자간음'혐의로 법정에 선 박인수는 '혼인빙자'를 강력히 부인했다.

"나와 교제한 수많은 여성 중 처녀는 미용사인 이모씨(23세)뿐이었다"

'순결의 확률'이 70분의 1이라고 당시 인구에 회자되기도 했다.

1955년 7월 22일, 1심 재판부(재판장, 권순영 부장판사)는 혼인빙자간음 부분에 대하여 무죄를 선고했다.

"댄스홀에서 만난 정도의 일시적 기분으로 성교관계가 있었을 경우 혼인이라는 언사를 믿었다기보다 여자 자신이 택한 향락의 길이라고 인정하는 것이 타당할 것이다. 법은 정숙한 여인의 건전하고 순결한 정조만을 보호할 수 있는 것이다."

아직도 인구에 회자되는 파격적인 판결명문이 창출되었다.

그러나 박인수는 항소심에서 징역 1년을 선고받고 구속된다.

항소심은 판결에서 "댄스홀에 다닌다고 해서 모두 내 놓은 정조는 아니다"라고 밝히고 있다.

어쩐지 고식적이고 궁색한 이유 같다는 비판을 받기도 한다.

박인수가 엽색행각에 나서게 된 것은 군 복무시절 '고무신을 거꾸로 신은 '약혼녀에 대한 '복수' 때문이었다고 한다.

카사노바는 그의 엽색행각이 '자유추구'라고 말하고 있고, 박인수는 '복수심의 발로'라고 한다.

'처녀가 아이를 배도 할 말이 있다'는 속담이 있듯이 말들은 그럴듯하게 잘들 한다. 길가던 소도 웃다가 꾸러미 째지지 않겠는지 모르겠다.(2008.6.5)

뜸북새 노래 감상

뜸북 뜸북 뜸북새 논에서 울고
뻐꾹 뻐꾹 뻐꾹새 숲에서 울 때

우리 오빠 말타고 서울 가시며
비단 구두 사가지고 오신다더니.

기럭 기럭 기러기 북에서 오고
귓들 귓들 귀뚜라미 슬피 울건만

서울 가신 오빠는 소식도 없고
나뭇잎만 우수수 떨어집니다.

이 노래를 모르는 사람은 없을 것이다.
언제 불러보아도 마음이 순수해지고
동심으로 돌아가는 느낌이다.

〈오빠생각〉이라는 이 동시를 지은이는 12살에 불과한 순수하고 귀여운 소녀였다.

최순애, 1925년 11월, 12살인 그녀는 방정환 선생이 내던 〈어린이〉의 동시란에 이 〈오빠생각〉으로 입선자가 된다.

그 다음해 4월, 16세 소년 이원수 역시 "고향의 봄"으로 이 코너의 주인공이 된다.

이리하여 수원의 최순애와 마산의 이원수 소년은 서로를 발견하고 1936년에 부부의 연을 맺는다.
"오빠생각"과 "고향의 봄"의 만남이 이루어진 것이다.

이 시 속의 오빠는 뜸북새, 뻐꾹새 등 여름새가 울 때 떠나서 기러기와 귀뚜라미가 우는 가을이 와도 돌아오지 않는다.

오빠는 부재함으로써 오히려 옆에 있을 때보다 더욱 풍부한 존재감을 선사한다.
오빠를 기다리는 누이동생의 애절한 모습이 그림처럼 펼쳐져있다.

누이동생에게 있어서 오빠는 절대적인 믿음의 존재이다.
오빠는 누이동생이 원하는 것은 무엇이든지 다 해줄 것 같다.
이 세상에서 아버지와 더불어 울타리가 되는 든든한 존재인 것이다.

어린 소녀는 구두가 가지고 싶었다.
그것도 아주 예쁜 비단구두가 가지고 싶었다.
태산과 같이 믿는 오빠가 서울에 갔다가 올 적에 사준다고 했다.
누이는 이제나 저제나 오빠가 언제 오나하고 마을 어귀에 나가 신작로만 쳐다본다.

그런데 서울 간 오빠는 나뭇잎이 우수수 떨어지는 가을이 되어도 모습이 드러내질 않는다.

누이동생의 애타는 모습이 눈에 선하게 보인다.

오빠라는 단어에는 항상 누이라는 말이 따라다닌다.

누이란 무엇인가,

그것은 무한한 연약함, 끝없는 보호대상, 그러면서도 한없이 순결함을 가리키는 말이다.

오빠라고 불리는 순간 우리 모두는 누이를 보호하느라 진지해지고

어깨에 힘이 들어간 사춘기 소년으로 돌아간다.

광주학생운동 역시 우리의 누이동생들을 일본인 학생들이 희롱한 것이 촉발원인이 되었던 것이다,

누이는 모든 오빠들에 있어서 낭만이고 꿈이다.

소년들은 자라 어른이 되고, 반백의 중년이 되어도 누이를 향한 마음은 변함이 없다.

그래서 나이가 들고도"누이"라는 노래를 즐겨 부르는지도 모르겠다.

누이(설운도)

"언제나 내겐 오랜 친구 같은 사랑스런 누이가 있어요.

보면 볼수록 매력이 넘치는 내가 제일 좋아하는 누이

마음이 외로워 하소연 할 때도 사랑으로 내게 다가와

예쁜 미소로 예쁜 마음으로 내 마음을 감싸주던 누이
나의 가슴에 그대 향한 마음은
언제나 사랑하고 있어요.

언제나 내겐 오랜 친구 같은 사랑스런 누이가 있어요.
보면 볼수록 매력이 넘치는 내가 제일 좋아하는 누이

마음이 외로워 하소연 할 때도 사랑으로 내게 다가와
예쁜 미소로 예쁜 눈빛으로 내 마음을 달래주던 누이
나의 가슴에 그대 향한 마음은
언제나 사랑하고 있어요"

언제나 사랑스럽기만 한 누이가 오빠를 기다리는 애절한 정을 표현한 〈뜸북새〉 노래.

오빠와 누이가 존재하는 한 우리의 영원한 국민가요인 것이다.

(2008.5.24)

마음이 팔자다

"인간만사 모든 것은 마음 먹기에 달려있다"라는 말이 있다.

이를 한문으로는 일체유심조(一切唯心造)라고 한다.

원효대사가 당나라에 유학 가는 중에 한밤중에 산에서 목이 말라 물을 맛있게 먹었다.

그런데 아침에 일어나 그 맛있었던 물이 해골바가지에 담겼던 물인 것을 알고 구토를 하게 된다.

원효는 이때 크게 깨달았다고 한다.

같은 물도 생각하기에 따라 맛있는 물이 되기도 하고, 구토가 일어나기도 하는 것을...

그 길로 원효는 당나라로 가던 길을 중지하고 되돌아와서 이 나라의 큰스승이 된다.

관상이나 수상은 상(相)이 있으나 마음은 형상이 없다.

상이 없는 이 마음이 제일 중요하다.

만상(萬相)이 불여심상(不如心相)이라고 했다.

아무리 상이 좋아도 마음의 상보다는 못하다는 말이다.

결국 경지에 들어가면 보이는 유형의 상이 아닌 무형의 상으로 심상을 보게 된다.

고요히 명상을 해보면 알게 된다.

부귀빈천(富貴貧賤)을 정하는 것은 상에 의하지만 그 상을 형성하는 것은 사람의 마음에 있다.

그래서 마음이 팔자인 것이다.

링컨도 "나이가 40이면 그 얼굴에 책임을 지라"고 했다.

평소의 마음이 얼굴에 각인되어 있는 것이다.

사람의 마음은 형상의 근본이니, 그 마음을 살피면 능히 그의 선악을 알 수 있고, 행동 또한 마음의 표현이므로 그의 화복(禍福)을 가히 알 수 있는 것이다.

이와 같이 유형의 상은, 상하도 없고 앞뒤도 없고 만질 수도 없고 볼 수도 없는 마음의 지배를 받아 매순간 변화한다.

일정기간이 지나면 또 다른 얼굴의 변화를 나타내기도 하다.

학교 졸업후 세월이 지난 후 동창의 얼굴을 보면 알 수 있다.

결국 우리 얼굴에 담긴 모든 부분과 상징들을 하나씩 짚어보면 마음의 씀씀이와 밀접한 연관성이 있음을 알 수 있다.

관상을 연구하는 기본은 마음을 읽는 공부라고 하기도 한다.

관상은 꽃(얼굴)을 통해 열매(마음)을 보는 과정이라고 할 수 있다.

진실한 마음은 선(善)을 낳는다.

복을 짓는 것이다. 팔자를 고치게 되며 운명이 바뀌게 된다.

마음을 깨끗이 하면 얼굴빛이 환해진다.

마음을 너그럽게 가지면 얼굴빛이 부드럽게 된다.
그러면 모든 일이 순조롭게 풀리고 좋은 결과가 잉태되는 것이다.

옛 속담들은 마음의 중요성을 이렇게 표현하고 있다.

−마음과 힘을 다하면 바위도 뚫는다.(念力通岩)
−마음속에 스승이 있어야 한다.
−마음이 성실하면 외면에 나타난다.(誠於其中 達於其外)
−마음이 없으면 보아도 보이지 않는다.
−마음은 늙지 않는다.(心不老)
−마음을 고치면 얼굴도 달라진다.
−마음을 안정시키는 일은 말을 적게 하는데서 시작된다.
−마음이 너그러우면 몸도 편하다. 마음이 맑으면 꿈자리도 편안하다.
−마음이 즐거우면 걸음걸이도 가볍다.
−마음이 편안하면 초가집에 살아도 평온하다.(心安茅屋穩)
−마음한번 잘 먹으면 북두칠성이 굽어본다.

마음이 평온한 사람에게는 백가지 복이 저절로 모여든다고 했습니다(心和氣平者, 百福自集).(2006.6.14)

행복한 인생

어떤 사람이 행복한 사람일까?

돈이 억수같이 많은 사람, 아니면 높은 자리에 출세한 사람?

미인을 얻어 잘 사는 사람, 아니면 건강하고 장수하는 사람?

자식농사를 잘 지어서 남들이 부러워하는 사람,

아니면 학식이 많고 고매한 인격을 가진 사람?

아니, 이 모든 것을 구비한, 이른바 오복을 갖춘 사람이 행복한 사람일까?

글쎄, 일응 그런 사람들이 상대적으로 행복한 사람일는지는 모른다.

그러나 내가 생각하는 행복한 사람은 다르다.

나는 자기가 하는 일에 보람을 가지고 언제나 즐거운 마음으로 생활해 나가는 사람이야말로 진짜 행복한 사람이라고 생각한다.

행복을 물질의 다과에서 구하기보다는 자기 마음의 만족 여하에서 구하는 것이 현명하다고 생각되기 때문이다.

지난 달 말경에 언론에 보도된 40년 양복짓기 외길인생을 걸어온 부산의 한분이 그 모델이 될 수 있다고 하겠다.

"정신일도 하사불성, 절박하면 인생이 보이고 무슨 일이든지 할 수 있다는 신념으로 매진해 왔을 뿐입니다."

40년 동안 수제 양복만 지어온 명인이 대학에서 명예박사학위를 받았다.

주인공은 신사복의 명가로 외길 인생을 걸어온 부산 토종 브랜드 〈당코리 테일러〉의 이영재(61세)씨.

부경대는 3월 28일 오전 오로지 맞춤신사복에 열정을 쏟아 패션산업발전에 기여해 온 공로로 이씨에게 명예디자인학 박사학위를 수여했다.

22세때인 1969년 재단사로 출발한 그는 몸에 편하고 건강에도 좋은 최고의 신사복을 만들기 위해 인생을 걸기로 마음먹었다.

농촌 출신인 그는 심한 결핵을 앓는 등 몸이 약해 고교를 쉬고 있던 중 우연히 양재학원에 간 것이 계기가 됐다.

"촌놈이 멋쟁이 (테일러)가 될 수 있다는 직업에 매료돼 아픈 몸을 이끌고도 하루에 12시간 이상 배우고 양복만을 짓는 생활을 해 왔다"고 말하고 있다.

불같은 노력으로 25세에 최연소 국가기능검정재단 1급자격증을 따냈고 부산국제시장에서 〈당코리 코리아〉라는 브랜드로 양복점을 열었다.

단골고객을 중시한다는 생각으로 '단골'의 발음을 프랑스식으로 세련되게 붙였고 한자(堂古)로도 오래된 집처럼 포근한 양복을 짓겠다는 철학을 담았다고 했다.

그가 인체의 모든 부분을 정확히 알아 최고의 양복을 짓기 위해 목욕탕 때밀이 생활은 물론 이발, 구두제조기술까지 배웠다는 일화는 유명하다.

그는 "양복은 팔다리 길이나 허리 굵기, 가슴둘레, 목 굵기만 재서 만드는 것이 아니라 뼈나 근육의 구조는 물론 피부상태까지 고려해야 좋은 옷을 만들 수 있다"고 강조하고 있다.

또 구두제조 기술에 대해서는 "비올 때 정확한 발의 움직임구조를 알아야 물이 튀어 양복이 젖는 것을 방지할 수 있다."고 할 정도로 지독하다.

이 같은 40년 열정으로 〈당코리〉는 한 벌에 100만~300만원을 호가할 정도이지만 국내는 물론 일본, 미국 등 외국에서도 옷을 지어달라는 주문이 올 정도로 유명브랜드가 됐다.

지금까지 그가 지은 양복은 대략 10만 여벌, 일에 몰두하느라 휴일도 없었고, 자녀들의 입학·졸업식에도 단골의 주문이 있어 참석하지 못했다고 한다.

그러나 언제나 보람 있고 양복 짓는 것이 더없이 즐겁다고 한다.

그렇다!

이렇게 자기 일에 긍지를 가지고 몰두하는 인생이야 말로 행복하고 아름다운 인생일 것이다.

나는 그를 직접 보지는 못했으나 신문에 게재된 그의 천진난만한 웃음으로 보아서 그가 행복한 사람이라는 느낌을 여실히 받았다.

행복이란 결코 거창하고 먼데 있는 것이 아니라 이렇게 우리주변에 가까이 있으며 작은 데에서 구할 수 있는 것이다.(2008.4.2)

버드나무

버드나무는 옛 문헌에 '버들'로 표기되고 있다.

그러나 어느 사전에도 그 어원을 밝힌 곳은 없다.

다만 버들유(柳)자 + 나무목(木)으로만 풀이해 놓고 있다.

어떤 학자는 '가는 가지'에서 유래되었을 것이라고 주장하기도 한다.

즉, 버드나무의 가는 가지는 실바람에도 흐느적거리기 때문에 그 나뭇가지가 '부드럽고 부들부들하다'는 뜻이 변해 '버들'이 되었다는 것이다. 그럴 듯하기도 하다.

버드나무는 전통적으로 아름다움을 표현하거나 섬세함에 많이 비유되었다.

늘어진 버들가지의 모습을 아름다운 여인의 모습에 비유하여 "유요(柳腰)"라 했는데 이는 버들가지와 같이 가는 허리를 뜻한다.

사자성어의 하나로 "노류장화(路柳墻花)"가 있다.

'길가에 늘어진 버들과 담장 밑에 핀 꽃'이라는 뜻이지만, 길을 지나가는 사람은 누구나 꺾을 수 있다는 의미로 창부 · 창기 등 화류계의 여인을 일컫는 말로 변했다.

더 나아가 '패류잔화(敗柳殘花)'라 하면 '잎이 떨어진 버드나무와 시든 꽃'을 뜻하는데 이는 아름다움을 잃은 미인이나 권세를 잃은 관리를 비유한다.

화류계라는 말은 본래 당나라 시선(詩仙) 이태백의 시에서 유래 된 것으로 유흥가의 여성을 꽃과 버드나무에 비유한 것이다. 옛날에는 아가씨가 있는 주막을 가리켜 '버드나무집'이라고 부르기도 했다.

서양에서도 마찬가지로 버드나무는 여인을 상징했다.

황금사자를 지키던 요정 헤스페리데스의 네 사매 중 한사람인 아이글레가 버드나무로 변신했다고 한다. 그래서 'Willowy(버들같은)'라고 하면 우아하고 날씬한 여인을 뜻한다.

버드나무는 귀신과 통한다고 하여 옛날부터 집 뜰에는 심지 않았다. 이 버드나무를 집안에 심지 말아야한다는 설화 한 토막이 있다.

옛날 어떤 난봉꾼이 술을 마시고 집으로 돌아가던 중에 냇가를 지나다가 목욕을 하는 여인을 보았다. 난봉꾼은 허겁지겁 달려가 그녀를 밤새도록 껴안았다.

이튿날 아침에 정신을 차린 난봉꾼은 자신이 밤새도록 껴안고 몸부림쳤던 그녀가 여인이 아니라 귀신같이 생긴 버드나무였음을 알았고, 그 후 그는 양기를 잃어 남자구실을 못했다고 한다.

버드나무의 장점은 그 유연성과 탄력성에 있다.

폭풍우가 몰아칠 때마다 딱딱한 소나무나 상수리나무 등이 많이 부러지고 버드나무는 멀쩡해서 흔늘거리고 있는 것이다.

부드러운 것이 단단한 것 보다 더 강하다는 것을 알 수 있다.

인간세계에서도 겉으로는 남성이 강한 것 같아도 부드러운 여성을 당해내지 못한다. 물에 빠져도 남성이 버티는 시간은 여성의 절반도 되지 못한다는 것이다. 수명 역시 남성이 여성에 비하여 월등히 짧은 것은 세계적인 공통현상이다.

버드나무같은 유연성을 길러야 한다.

그래야 시시각각으로 변하는 정보화시대에 적절히 대응해 나갈 수 있다.(2008.2.28)

거문고 줄을 끊은 뜻은

중국역사상 거문고를 제일 잘 타는 사람은 춘추시대의 유백아(兪伯牙)를 꼽는다. 장님이었던 유백아의 거문고 타는 소리를 제대로 이해한 것은 뜻밖에도 초라한 나무꾼 종자기(種子期)라는 사람이었다.

유백아가 거문고를 타 높은 산울림으로 표현하면 종자기는 "굉장하다! 마치 웅장함이 태산과 같다"고 하였고, 흐르는 물을 거문고에 싣자.

"소리의 양양함이 양자강 같다"고 하였다.

이처럼 유백아가 나타내려는 마음의 생각을 종자기는 여지없이 짚어낸 것이다. 다시 말해 유백아에게 있어 종자기는 자기의 음악을 알아주는 친구였다. 어느 때인가 유백아가 종자기를 찾아 갔는데, 그는 이미 죽고 없었다.

그러자 유백아는 종자기의 묘 앞에서 한 곡을 뜯고 거문고를 부수고 줄을 끊어 다음부터는 타지 않았다고 한다. 이제는 자신의 음을 알아주는 사람이 없으니, 더 이상 거문고를 탈 필요가 없다는 의도였다.

여기에서 백아절현(伯牙絶絃: 백아라는 사람이 거문고를 끊다)이라는 말이 생겨나 친구나 절친한 사람의 죽음을 애도할 때에 위안의 말로 쓰여지기도 하는 것이다.

직장에서도 상사가 알아 줄 때 부하가 신이 나서 있는 힘을 다하게 된다. 그래서 옛 말에 "선비는 자기를 알아주는 사람을 위하여 목숨을 바치고, 여인은 자기를 좋아하는 사람을 위하여 치장을 한다." 고 했다. 이를 한문으로는 사위지기자사, 여위열기자용(士爲知己者死, 女爲悅己者容: 戰國策)이라고 한다.

다른 사람을 인정하고 존중한다는 것은 그 만큼 그 사람이 인격적으로 품격이 갖추어졌다는 것을 의미한다. 인간의 됨됨이는 상대방을 이해하고 배려하는 정도를 보면 정확히 알 수 있다.(2021.5.15)

느리게 사는 즐거움

잠시 발걸음을 멈추고 생각해 보자.
붉게 물든 석양을 바라볼 시간이 없을 정도로
바쁘게 살고 있지는 않은가?

만일 그렇다면 생각을 바꾸어라.
가던 길을 멈추고 노을진 석양을 바라보며
감탄하기에 가장 적당한 순간은,
그럴 시간이 없다고 생각되는 바로 그때이다.

언제든 즉흥적으로
이삼일 동안 짧은 휴가를 떠날 수 있도록
만반의 준비를 해놓는다.
지체하지 말고 미리 가방을 꾸려놓아라.
자전거를 타고 동네나 공원을 한바퀴 돌아보아라.
아름드리 나무와 새들, 푸른 잔디
그리고 예쁜 꽃들과 신선한 공기를 마음껏 즐겨라.

한 무명의 현자가 이런 말을 했다.
“어제는 역사,
내일은 미스터리,
그리고 오늘은 선물이다.”
(Yesterday is history,
tomorrow is a mystery,
and today is a gift)

그래서 ‘오늘’을 영어로 프레젠트(present)라고 하는 것이다.

바로 지금 이 순간,
우리는 어제를 기념하며 축하할 수도 없고,
내일을 기념하며 축하할 수도 없으니,
오늘을 기념하며 축하해야 하지 않을까?

석양뿐만 아니라,
이따금 일출도 보도록 한다.
그렇게 할 마음이 있다면
조금만 더 일찍 일어나라.

하루 중 가장 어두운 때는
해가 뜨기 직전이라고 한다.
몹시 힘들고 우울할 때는 이렇게 생각하자.
지금이 바로 해가 뜨기 직전이라고,
이제 곧 해가 떠올라 모든 것이 환하고
따사로워질 것이라고 말이다.

인생은 짧다.
그러니 자질구레한 일들로 삶을 채우며
너무 많은 시간을 낭비하지 말자.
인생에는 중요한 일들도 많지만
전혀 그렇지 않은 일들도 있다.
따라서 그 차이를 포착해 낼 줄 알아야 한다.

그 차이를 구별해 내지 못한다면
단 한 번뿐인 인생에서
온갖 환멸과 낭비를 초래할 수 있다.
당신이 갖고 있는
유머감각과 삶에 대한 열정을 발휘해
찌부드한 아침을 산뜻한 아침으로 바꾸어라.

주변환경을 바라보는
당신 자신의 눈을 바꾸면
인생의 질을 높일 수 있다.

아무리 우울한 일이라 하더라도
긍정적인 관점으로 바라보도록 하자.
밑에 누워 한두 시간 정도
소설책을 읽을 수 있을 만한 나무를 찾아봐라.

뭉개구름, 새털구름, 양털구름...
구름이 만들어내는 각양각색의 형태들은
참으로 매혹적이다.
어린 시절 이후로 팔베개를 하고 누워

구름을 올려다 본 일이 있었는가?
지금이라고 못 할 것도 없다.
잔디가 아니라면 벤치에라도 누워
지금 당장 한 번 해보자.

어떻게 하면 삶을 더욱 잘 이끌어갈 수 있는지에 대한 효과적인 이야기가 있다.

"만일 당신이 당신 자신의 가치를 계산하고 싶다면,
당신의 친구들을 세어 보라."
직장동료가 아닌 옛 친구나 일상의 친구들이야 말로
인생과 세계에 대해 더욱 폭 넓은 정보들을 주고받을 수 있다.

지나치게 목표지향적인 태도나 매사를 전적으로 일과 관련짓거나,
물질적인 성취만으로 스스로를 판단하는 것은 바람직하지 못하다.

하루 해가 저물 무렵엔, 하루를 얼마나 잘 보냈느냐는 것만큼이나
얼마나 많이 긴장을 풀고, 웃고 즐겼는지도 판단하자.
세상과 더불어 행복하고 느긋하며 평온한 기분을 느끼려면,
팔짱끼고 뒤로 물러 앉아 삶이 자연스러운 흐름을 따라가도록
관망할 줄도 알아야 한다.

그 흐름을 따라가는 방법을 좀 더 배우자.
때로는 뭔가 일이 되도록 애쓰지 말고
차라리 일이 되는대로 일어나도록 놔둬 보는 것도 좋다.

-어니 J 젤린스키의 〈느리게 사는 즐거움〉 중에서-

제5부

웃는 것이 보약이다

너무 짜다. 낭비하지 마라

오성 이항복은 선조 때 공신으로 이조판서와 우의정를 지냈다. 한음 이덕형(漢陰 李德馨)과 더불어 재치 있는 일화(逸話)가 많다.

이항복은 9세 때 부친을 여의고 어머니 슬하에서 사랐다, 어렸을 때부터 총명하고 재기(才氣)가 뛰어나 권율장군이 그 사람됨을 보고 사위로 삼는다.

소년 때 재치로는 다음과 같은 "밥 한 숟갈에 게장 한번 외치기"가 유명하다.

[오성 이항복이 소년일 때, 절에 올라가서 글을 읽었는데, 하루는 밥을 먹는데 반찬이 없거늘 중(僧)으로 하여금 밥상 곁에 앉아, 밥 한 숟갈 마다 '게장'하고 외치게 명령하니, 대여섯 숟가락에 이르러 중이 잘못하여 '게장, 게장'하고 겹쳐 외치자, 오성이 재빨리 제지하며 말하기를 '심히 짜다, 심히 짜다, 낭비하지 마라, 낭비하지 마라']

(鰲城少年時 上寺讀書 一日食無饌 令僧坐床傍 每一匙一呼蟹鹽 僧依其言 一匙一呼 幾至五六匙 誤疊呼蟹鹽 鰲城亟止 太鹹太鹹 勿浪費 勿浪費)

오성대감은 선조와 광해군 시대의 혼란하고 어려운 상황을 호방한 기개와 지혜로 헤쳐나간 명재상이었다.

그러나 그도 광해군 5년에 일어난 인목대비의 폐비론(廢妃論)에 반대하다가 삭탈관직(削奪官職)되어 북청으로 유배되어 생을 마치는데, 유배길 철령을 넘으면서 다음과 같은 시조를 남긴다.

"철령(鐵嶺)높은 봉(峰)에 쉬어 넘는 저 구름아
고신원루(孤臣寃淚)를 비삼아 띄어다가
님계신 구중심처(九重深處)에 뿌려본들 어떠리"

"철령 높은 봉우리를 쉬었다가 넘는 저 구름아!
귀양길에 오르는 외로운 신하의 서러움의 눈물을
비 대신 띄워 가지고 가서
임금 계신 깊은 대궐 안에 뿌리는 것이 어떠하겠는가~"

구구절절이 외로움과 회한(悔恨)이 넘치는 글귀이다. 후일 이 시조의 내용을 듣고 광해군 조차 눈물을 흘렸다고 전해지고 있다.

(2018.11.19.)

시선(詩仙) 김삿갓

"죽장에 삿갓쓰고 방랑삼천리,
흰구름 뜬 고개넘어 가는 길이 어데냐?
열두대문 문간 방에 걸식을 하며,
술 한잔에 시 한 수로 떠나가는 김삿갓~…"

영월의 김삿갓 유적지 입구의 가게에서 흘러나오는 이 노래는 언제 들어도 구수하고 여수(旅愁)와 해학(諧謔)으로 젖어들게 한다.

토요일과 일요일, 연속해서 비가 온다고 하여 이번 주 산행을 포기했다. 그 대신 영월에 있는 김삿갓 유적지나 한번 찾아보기로 했다.

동서울터미널에서 단양가는 버스를 타고 단양에서 택시로 갈아탔다.
김삿갓 유적지로 가는 길에는 비가 계속 흩뿌리고 있었다. 크고 작은 산에는 희뿌연 연무가 가득했다.

김삿갓의 본명은 김병연(金炳淵: 1807~1863).
안동김씨 뿌리로 경기도 양주에서 태어났다.

시문에 출중한 그는 영월도호부 과거(백일장)에서 장원급제를 한다.
그때 시제(詩題)가 "論鄭嘉山忠節死, 嘆金益淳罪于天" 이었다.

김병연은 그의 시에서 전개하기를 정가산의 충절은 송나라의 악비(岳飛)도 미치지 못하고 은(殷)의 백이(伯夷)도 따르지 못한다고 극찬했다.

반면에 홍경래(洪景來)에게 무릎을 꿇었던 김익순은 '혼이 죽어서 황천에도 못가리라'라고 준열히 꾸짖었다.
그러나 그가 맹렬히 비난했던 김익순은 실은 그의 조부였다.

그의 조부 선천부사 김익순은 홍경래 란 때 투항했다.
그래서 역적의 집안으로 폐문을 당하고 김병연은 모친을 따라 영월 땅으로 은거하게 된 것이었다.

그의 모친은 이 사실을 숨기고 있다가 김병연이 장원하자 비로소 밝혔던 것이다.

폐문의 자손으로 조상을 탄핵한 김병연은 번민 끝에 푸른 하늘을 등지고 평생 삿갓을 쓴 채 전국을 유랑걸식하면서 시를 읊다가 전라도 화순땅에서 57세의 나이로 비운의 인생을 접게 된다.
화순땅의 무덤을 그의 둘째아들이 이곳 영월땅으로 이장했다고 한다.

유적지 들어가는 길 옆에는 잘생긴 돌에다 김삿갓의 시를 새긴 시비(詩碑)가 수없이 많이 세워져 있다.

아마도 그 시를 모두 감상하려면 반나절은 족히 걸리리라.
역시 '인생은 짧고 예술은 길다'라는 말이 실감이 난다.
시선의 그림자가 당금에도 두텁게 미치고 있는 것이다.
유적지 인근에는 온통 '김삿갓'이 앞에 붙었다.
김삿갓 계곡, 김삿갓 식당, 김삿갓 여관, 김삿갓 민박집, 김삿갓생가, 김삿갓 문학관등 사방십리에 김삿갓의 이름이 펼쳐져 있다.

계곡의 청아한 물소리를 들으며 김삿갓 묘소에 오르니 말끔히 단장된 묘가 아늑한 느낌을 준다.

김삿갓은 허허로우면서도 소박하고 서민적이어서 정이 간다.
그의 시는 신묘한 운율을 지닌 작품으로 가히 시선의 경지에 도달했다고 후세에 평가되고 있다.

유적지에 다녀온 후 다시금 김삿갓의 작품집을 펼쳐보니 맑고 시원한 계곡물 소리가 들리는 것 같다.

시비가 세워진 시 중 한 수를 골라 음미해 본다.

김삿갓이 개성에 들려 하룻밤을 청했었으나, 모든 집에서 땔나무가 없다는 핑계로 내쫒자 이렇게 개성인심을 읊었다.

"邑號開城何閉門, 山名松嶽豈無薪, (읍호개성하폐문, 산명송악개무신)
黃昏逐客非人事, 禮儀東方子獨秦" (황혼축객비인사, 예의동방자독진)

고을 이름은 '문을 연다'는 개성인데,
어찌 문이 굳게 닫혔으며,

산 이름은 '소나무가 많다'는 송악인데
땔나무가 없다는 게 웬 말인가,
석양에 나그네를 쫓는 것은
사람의 인사가 아닐진데
예의 동방의 나라에서 이 지방만이 진시황처럼 못됐구나...

인생을 달관한 자 만이 이러한 진실이 깃든 해학의 시를 읊을 수 있으리라.(2008.7.21)

미륵반가사유상의 미소

1980년 초, 나는 프랑스 파리에서 열리는 국제회의에 참석한 적이 있다. 회의가 끝난 후 동행인들과 함께 파리의 루브르 박물관을 방문했다. 1층에서 그 유명한 모나리자의 미소를 보았다. 유럽여인의 은은한 미소는 아름답고도 신비스러웠다. 역시 명화는 천재화가(레오나르도 다빈치)의 손에 의하여 창출됨을 새삼 느꼈다.

모나리자는 그 앞에 선 사람이 슬픈 감정을 가지고 보면 우울한 미소가 되고, 반대로 기쁜 마음으로 쳐다보면 환희의 미소로 보인다는 말이 풍미할 정도로 불후의 작품이다.

한국대사관 근처에 있는 로댕미술관도 들려보았다. 역시 천재조각가가 조각한"생각하는 사람"이라는 조각품을 감상할 수 있었다.

"인생은 짧고 예술은 길다"라는 말이 실감되었다.

그러나 이러한 감동들도 우리나라의 국립중앙박물관의 미륵반가사유상을 본 순간에 모두 보잘 것 없는 것이라는 생각이 들었다.

미륵반가상은 “모나리자의 미소”와 “생각하는 사람”이 가지고 있는 신비한 미소와 사유를 동시에 담고 있었다.

인간내면의 모든 것을 초월하여 우러나오는 반야의 미소와 사색의 아름다움을 온몸으로 발산하고 있는 것이었다.

어디서 이렇게 잔잔하고 여유로운 사유의 모습을 찾아 볼 수 있을 것인가?

나는 미륵반가사유상을 보는 순간 그 자리에서 얼어붙었다.

마치 뒷통수를 맞은 것 같은 충격과 함께 온 몸이 전기에 감전된 듯 꼼짝을 할 수가 없었던 것이다.

아 아, 득도한 부처가 보일 수 있는 신비스럽고 만족스러운 미소는 바로 이런 것이구나! 중생의 어리석음을 넌지시 깨우쳐 주는 것만 같았다. 도를 깨우친 그 자체를 드러내지 않으려는 듯 살며시 미소를 지우면서 한없이 넉넉하게 깨우침의 기운을 천지사방에 발산하고 있는 것이다.

무어라고 설명하기 힘든 감동과 충격을 받은 나는 그 후에도 여러 번 박물관을 드나들면서 미륵반가사유상 앞에 망연히 서있기도 했다. 그러다가 조계사 앞의 불상 가게에서 조그마한 미륵반가사유상을 구입하여 서가에 모셔놓고 즐겨 보곤 한다. 물론 진품과 같은 서기와 기품은 없다. 그러나 보고 있노라면 마치 박물관에 서 있는 듯한 감이 들기도 한다.

미륵반가사유상은 삼국시대의 작품으로 놋쇳물로 부어낸 것인데, 쇳물을 부어서 어떻게 그렇게 흠 없는 잔잔한 아름다움을 부어냈는지, 그 주조기술을 현대과학으로도 풀지 못하고 있다고 한다.

미륵은 석가가 입멸한지 56억 7천만년 후에 세상에 나타나 중생을 제도한다는 보살이다. 반가사유상이란 반가부좌의 자세로 의자에 앉아 생각에 잠긴 모습을 뜻한다.

불교에서는 깨달음을 얻으면 부처가 될 수 있다고 했다.

누구나 보기만 해도 신비하고 거룩한 사념의 세계로 깊이 빠져드는 미륵반가사유상!

우리 선인들이 중생을 구제하기 위하여 수천년 전에 주조해 놓은 세계최고의 종교예술품일 것이다.(2008.6.18)

공처가와 경처가

군수의 아내가 독살스럽고 질투가 심했다. 하루는 군수가 동헌에 앉아 송사를 들었다. 백성이 고발하기를, 어떤 사람의 아내가 그 남편의 얼굴에 상처를 냈으니, 마땅히 죄로 다스려 달라고 했다.

군수가 상처를 낸 여자를 불러 말하기를 "네가 어찌 풍속을 허무러 뜨림이 이와 같으냐" 하고 꾸짖었다.

그러자 그 여자를 따라와서 옆에 있던 남편이 변명하기를 "제 아내가 저의 얼굴에 상처를 낸 것이 아니라, 마침 저의 집 문짝이 넘어져서 다쳤을 뿐 입니다."고 했다

그런 말이 끝나자, 문 뒤에서 군수의 아내가 손으로 막대를 잡고, 문 판대기를 마구치며 크게 소리쳐 말했다.

"경박하고 한심한 양반아!

당신이 한 고을의 우두머리가 되어 공무를 하고자 하면, 도둑에 관한 일도 있고, 토지에 관한 일도 있으며, 살인과 치상에 관한 일도 있거늘, 어찌 하찮은 아녀자의 일에 용감하게 나서서 판결하려고 하

는가."라고 크게 소리쳤다.

그러자 군수가 그 촌부에게 손짓을 하여 물러가게 하면서 말하기를 "나의 집 문짝도 역시 장차 무너지려 하니, 너희는 마땅히 속히 돌아가라" 하더라.

조선조 때, 얼굴에 상처가 있는 재상을 보고 임금이 그 까닭을 물으니, "아내가 투기가 심하고 성정이 강해서 손톱으로 낸 상처" 라고 이실직고(以實直告) 했다.

그러자 왕이 그 부인을 어전에 불러 사약을 내리면서, "부인은 앞으로 투기심을 버릴 것인가, 또는 사약을 마시든가 둘 중에 하나를 선택하라"고 분부를 내렸다. 임금으로서 정승의 아내의 질투심을 꺾어주기 위함이었다.

그러자 잠시 생각하던 정승부인은 사약 그릇을 두 손에 받쳐들고 서슴없이 마시기 시작했다. 물론 임금이 겁주려고 사약인 채 꾸민 물 사발이었기 때문에 생명에는 지장이 없었다.

임금은 탄식하면서 말했다.

"임금인 짐으로서도 여인의 질투심은 도저히 바로 잡을 수가 없도다! 정승도 이를 운명으로 알고 체념할지어다."

"세계를 정복하는 것은 남자이다. 그러나 그러한 남자를 지배하는 것은 여자이다." 라는 말이 있듯이, 모든 남자들은 애처가이면서 공처가이기도 하다. 공처가를 넘어서면 아내가 무슨 말을 하면 깜짝깜짝 놀래는 경처가(驚妻家)의 경지까지 이른다고 한다.

나일론이 강철을 이기는 원리와 같고, 물이 바위를 뚫는 것과 같은 이치다. 무릇 연한 것이 강고한 것을 이기는 법이다. 노자도 "세상에서 제일 연한 물이 세상에서 제일 강하고 단단한 쇠와 돌을 마음대로 다룬다(天下之至柔 馳騁天下之至堅: 천하지지유 치빙천하지지견)고 했다.

지엄(至嚴)한 원님조차도 투심이 많고 성격이 강한 자기 아내에게는 꼼짝 못하는 것을 알 수 있다. 옛날이 그러했을 진대, 가부장(家父長)의 권위가 땅에 떨어진 요즘 세상에서야 더 이를 것이 있겠는가! 필자 역시 예외가 아니다.(2019.01.25.)

처칠 경(卿)의 유머감각

*윈스턴 처칠卿(Sir Winston Leonard Spencer-Churchill 1874년 11월 30일 ~ 1965년 1월 23일)

영국의 전 총리(2회), 노벨 문학상 수상자, 작가. 160cm를 겨우 넘는 단신에 뚱뚱한 대머리. 나비넥타이, 시거는 그의 상징이었다. 그는 2002년 BBC에서 설문조사한 영국인 중에 세익스피어, 뉴턴 등과 함께 가장 위대한 인물로 선정되었다.

학교에서도 낙제할 수준의 처칠은 후에는 노벨문학상을 받을 만큼 뛰어난 작가였다.

그리고 그의 유머감각은, 웃음을 중요하게 여기는 자신의 주관과 오랜 독서의 산물이기도 했다.

– 미국을 방문한 처칠에게 한 여인이 질문을 던졌다.

"연설할 때마다 사람들이 자리가 미어 터지게 모여드니 기분이 정말 짜릿하시겠어요?"

처칠은 웃음을 지어 보이며 대답했다.

"물론 기분이 좋습니다."

하지만 내가 이런 정치연설을 하는 것이 아니라 교수형을 당하는 것이라면 지금보다 최소한 2배 이상의 사람들이 몰려들 것이란 사실을 늘 기억하고 있습니다.

– 2차 세계대전 당시 전 세계의 결속을 모으는 연설을 하러 방송국에 가야 했던 처칠. 택시를 잡았다.

"BBC 방송국으로 갑시다."

운전수는 뒤통수를 긁적이며 대꾸했다.

"죄송합니다. 손님. 오늘 저는 그렇게 멀리까지 갈 수 없습니다. 한 시간 후에 방송되는 윈스턴 처칠경의 연설을 들어야 하거든요."

이 말에 기분이 좋아진 처칠이 1파운드짜리 지폐를 꺼내 운전수에게 건네 주었다.

그러자 운전수는 처칠을 향해 한쪽 눈을 찡긋하며 말했다.

"타십시오. 손님. 처칠이고 뭐고 우선 돈부터 벌고 봐야겠습니다."

"그럽시다. 까짓 것!"

– 2차대전 초기 루즈벨트 대통령을 만나러 미국으로 건너간 처칠. 숙소인 호텔에서 목욕을 한 뒤 허리에 수건을 두르고 있는데 갑자기 루즈벨트 대통령이 나타났다.

그때 공교롭게도 허리에 감고 있던 수건이 스르르 내려갔다. 정장의 루즈벨트를 향해 처칠은 어색한 분위기를 완벽하게 전환시킨다.

양팔을 넓게 벌리며 "보시다시피 영국은 미국과 미국 대통령에게 아무 것도 감추는 것이 없습니다."

내가 좋아하는 유머들

◓ 용감한 노인

뱃전에서 아우성 소리가 들렸다.

난간에 있던 어린 소녀가 바다에 빠졌든 것이다.

그러나 누구 하나 선뜻 나서는 사람이 없었다.

그러던 차에 70대 노인이 바닷물에 뛰어들었다.

노인은 천신만고 끝에 간신히 소녀를 구출하여 배에 올라왔다.

배에 탔던 손님들은 모두 용감한 노인에 대하여 박수를 쳤다.

저녁에 노인을 위한 감사파티가 열렸다.

사람들이 노인에게 한 말씀 해 달라고 했다.

노인이 마지못해 연단에 나갔다.

그리고 한참 뜸 들인 후 노인이 말했다.

"아까 뱃전에서 나를 바닷물로 떼민 사람이 도대체 누구요? 제엔장!"

◓ 모피오바

추운 겨울날 값비싼 모피오바를 입은 여인이 길을 걸어가고 있었다.

동물애호가 한사람이 그녀 옆에 가서 넌지시 얘기했다.

"아가씨! 이 모피오바 한 벌을 만들기 위해 얼마나 많은 짐승들이 고통을 겪는지 아십니까?”

그러자 여인이 샐쭉 돌아보면서 동물애호가에게 말했다.

“아니 선생님 !

나는 이 모피를 얻기 위하여 얼마나 많은 짐승들에게 시달렸는지 아세요?! ”

◓ 열애 청년

한 처녀를 열렬히 사랑하는 청년이 있었다.

자존심이 강한 처녀는 청년의 사랑을 좀처럼 받아들이지 않았다.

청년의 사랑이 진실성 여부가 의심스러웠든 것이다.

어느 날 처녀가 말했다.

“앞으로 100일간 당신이 매일 내 집을 찾아와

창밖에 서 있으면 당신의 구애를 받아들이겠다.”

그래서 청년은 그로부터 매일 저녁 퇴근하자마자.

처녀 집 창문 앞으로 달려가 서 있곤 했다.

99일째는 폭풍우와 비바람이 심하게 치는 날이었다.

처녀가 창밖을 내다보니 오늘도 어둠속에

청년이 비바람을 맞으며 오돌오돌 떨면서 서 있는 것이었다.

너무나 감동한 처녀는 집밖으로 나가 청년에게 다가갔다.

그리고 외쳤다.

“됐어요! 구태여 100일을 채우지 않아도 당신의 사랑을 받아들이겠어요.~”

하면서 처녀가 청년 가까이 가보니

생전 처음 보는 낯 선 남자였다.

처녀는 의아해서 물었다.

“도대체 당신은 누구데 여기 서 있는 거요?”

낯모르는 남자가 말했다.

"나는 지금 아르바이트 하고 있는데요!!

◒ 의심 많은 거북이

오래간만에 거북이 셋이서 소풍을 갔다.

점심때가 되어 산중턱에서 김밥을 먹으려는데 물이 없었다.

더운 날씨라 갈증이 심했다.

친구들은 '가위 바위 보'를 해서 진 쪽이 물을 떠오기로 했다.

진 거북이는 자기가 올 때까지 김밥을 하나도 먹어서는 안 된다고 다짐을 받고 옹달샘으로 향했다.

그러나 1시간이 지나고 2시간이 지나도 물 뜨러간 거북이는 나타나질 않았다.

무려 3시간동안이나 기다리다 지친 두 거북이는 배가 너무나 고팠다. 더 이상 참을 수가 없어서 할 수 없이 김밥을 풀었다.

그리고 하나씩 김밥을 입에 넣으려는 순간, 바위 뒤에서 물 뜨러간 거북이가 뛰어나오면서 소리쳤다.

"야~ 너네! 그런 식으로 할까 봐, 나 물 뜨러 못 간거야!

이 나쁜 넘들~"

◒ 노인과 보청기

한 노인이 몇 년간 귀가 잘 들리지 않아 고생을 하다가 의사를 찾아갔다.

의사는 귀 속에 쏙 들어가는 신형보청기를 주면서 사용해 보고, 한 달 후 다시 병원에 찾아오라고 했다.

한 달이 지나고 노인이 다시 의사를 찾아 왔다.

"어떠세요?"
"아주 잘 들립니다."

"축하합니다. 가족 분들도 좋아하시죠?"

"우리 자식들에겐 아직 보청기 얘기 안했어요.
그저 여기저기 왔다 갔다 하며 그냥 대화내용을 듣고 있어요.
그리고 그 동안 유언장을 세 번 고쳤지요." (2015.02.28)

닭 빌려 타고 돌아가리라

김선생은 우스개 소리를 잘했다. 일찍이 친구 집을 방문하였더니, 주인이 술상을 베풀었는 데 달랑 채소와 나물만 있었다.

주인이 미안해 하며 말하기를
"집이 가난하고 시장이 멀어서, 맛을 돋구는 음식이 없고 오직 담박하니 부끄러울 뿐이네."

마침 닭 무리가 있어서 어지러이 뜰에서 쪼아대고 있었다.
김선생이 말하기를
"대장부는 천금이 아깝지 아니하니 마땅히 내 말을 목베서 술안주 하리라."

주인이 말하기를 "말을 잡으면 무엇을 타고 돌아가려나?"
김선생이 대답하기를 "닭을 빌려 타고 돌아가리라."
그 말에 주인이 크게 웃고 닭을 잡아서 대접했다.
(金先生 善談笑 嘗訪友人家 主人設酌 只佐蔬菜 先謝曰 家貧市遠 絕無兼味 惟淡泊是愧耳 適有群鷄 亂啄庭 金曰 大丈夫 不惜千金 當斬吾馬佐酒 主人曰 斬馬 騎何物以還 金曰 借鷄騎還 主人大笑 殺鷄餉之)

위의 얘기는 서거정의 태평한화골계전(太平閑話滑稽傳)에 수록된 우스운 이야기이다. 골계란 우스운 이야기를 말한다.

마당에 닭이 어지럽게 모이를 찾아 부리를 쪼고 있음에도 찾아 온 친구에게 술안주로 오직 나물과 채소만을 내놓자, 자기가 타고 온 말을 잡아 안주를 삼겠다고 하는 친구의 허풍과 비유가 대단하다.

그 말을 듣고 닭을 잡아 친구를 대접하는 주인의 마음씨 역시 그리 좁지는 않음을 알겠다.

왕소금처럼 짠 사람에게는 이러한 해학이 통하기 어렵다.

사람은 누구나 사소한 실수를 하면서 인생을 살아가게 마련이다. 그런데 그 실수를 저지르고 그 후에 어떻게 하느냐에 사람의 크기와 인품이 다르다. 아무런 안주 없이 술을 마시자던 친구가 지적받고 난 후, 닭잡아 대접했다면 그의 인품은 칭찬받아 마땅하다.

자기가 잘못하고도 그렇지 않다고 우기는 사람들이 비일비재(非一非再)한 것이 오늘의 현실이다. 무릇 자기의 잘못을 알고 이를 즉시 시정하는 사람은 훌륭하다.

이 해학(諧謔)은 은근히 우리에게 웃음과 교훈을 더불어 선사하고 있다.(2018.11.15)

파자묘미(破字妙味)

한 선비가 이웃집 규수(閨秀)를 사랑한 나머지 글을 써서 동네 어린애에게 과자값을 주고 전달하게 했다.

편지를 펼쳐 본 규수는 홍조를 띠고 조용히 웃었다.

선비가 보낸 글은 "좌사우사 중언하심(左糸右糸 中言下心)이요" 이였다.

왼쪽에 실糸, 오른쪽에 실糸, 가운데에 말씀言, 그리고 아래에 마음心을 글자로 표현하면, 사모할 연(戀)자가 된다.

즉 당신을 사모합니다(I love you.)라고 선비의 마음을 표현한 것이다.

규수 역시 부친으로부터 한문을 습득한지라 이렇게 답장을 써 보낸 것이다.

"사선하구 우두불출(四線下口 牛頭不出)이라.

선을 4개 그은 밑에 입口하면 言자가 되고 소머리(牛頭)에 튀어나온 것이 없으면(不出) 午자가 되니 두 글자를 합치면 허락할 허(許)자가 되는 것이다.

규수는 선비의 뜻을 받아들여(I agree. Me too.) 화답한 것이었다.

파자(破字)로 꾸민 우스개 소리이기는 하지만 한자의 재미가 엿보이기도 한다.(2018.03.12)

사나이 인생 6단계

남자를 일러 '사나이'라고 한다. 나이에 따라 사나이의 앞 글자인 '사'를 한자로 엮어 보았다. 나름대로 여섯 가지 한자를 골라서 사나이의 특징을 구분해 보았다.

〈四나이〉 1세~9세 나이의 남자.

넉사(四)자 사나이다.

어린아이 철부지 사내아이는 무어가 무언지 모르고 천지사방(天地四方)으로 뛰논다. 코가 빨갛게 되어도 눈 속에 뒹굴고, 얼음위에 미끄럼 타기를 그리 좋아한다. 흡사 들개처럼 잠시도 가만히 있지를 못한다. 사방에 장난감으로 방안이 어지럽다. 조카놈은 '마징가' 흉내 내느라고 소파에서 뛰어내리다가 이마가 찢어져 대학병원에서 열바늘 이상 꿰메기도 했다. 사방으로 쏘다니고 헤집는 것이 사내아이 어린 시절이다. 목욕탕에 데리고 가보면 안다. 대부분 뛰고 물장난질하고 소리지르기 마련이다.

〈思나이〉 10대~20대의 남자

생각 사(思)자 사나이다.

꿈 많은 학창시절이다. 장래를 꿈꾸고 이성을 그리워하는 시절의 사내들이다. 하루 종일 그리고 자나 깨나 여자생각 하는 놈은 색(色)을 밝히는 놈으로 장차 크게 되지는 못한다. 열심히 공부하고 열심히 탐구하며 인생을 심각하게 사념하기도 한다. 위대한 작가, 시인들이 사랑과 우정을 잘 그려내는 시절이기도하다. 그 꿈이 얼마나 이루어졌는지 또는 얼마나 허망(虛妄)한 지는 한참 세월이 지나보면 알게 된다.

〈事나이〉 30대~40대 남자

일사(事)자 사나이다.

결혼도 하고 자식농사도 지어서 어엿한 가장이 된 나이이다. 가장(家長)의 권위가 땅으로 추락한 지 오래 되었다. 그러나 남자 구실을 하려면 돈을 잘 벌어야 한다는 것은 예나 다름없다. 남자 30~40대는 죽어라 하고 일(事)만 하는 나이이다. 한국 남자들 대부분이 일에 중독된 사람들이라는 평가도 있다. 명예도 얻고 돈도 버느라고 잠도 제대로 자지 못해서 눈이 벌겋게 충열된 채 일에 매달리는 시절이다. 이때 열심히 벌어놔야 노후가 그래도 편하게 된다. 늙으면 누가 도와주랴. 한창일 때 부지런히 일해서 벌어놓아야 할 것이다. 일 중독자 소리를 들어야 마땅하다. 고진감래(苦盡甘來)라는 말도 있지 않는가.

〈斜나이〉 50대~60대 남자

이때 '사'자는 기울어질 사(斜)자이다. 50대 후반 60대에 들어서면 체력도 전과 같지 않다. 갱년기 노화 현상이 나타나기 시작한다. 직장에서도 눈치를 보고 밀려나는 시절에 접어든 것이다. 이른바 내리막길인 사양(斜陽)길로 들어선 감을 느끼게 된다. 요즘 100세 시대라고 해도 체력은 어쩔 수 없다. 지하철 공짜로 타는 65세의 지공(地空)처사가 되면 누구나 느끼게 된다. 손주들이 하나 둘 생겨 자연스럽게 '할아버지' 소리를 듣게 된다. 처음에는 생소할지 몰라도 자꾸 듣다보면 결국 포기하게 된다.

〈辭나이〉 70대~80대 남자

사양할 사(辭)자 사나이 시절이다.

두보(杜甫)라는 당나라 시인은 인생칠십고래희(人生七十古來稀)라고 했다. 그러나 요즘은 70대가 아주 흔하다. 그래서 노인정에 가도 막내 취급받기 십상이다. 그러나 80을 넘어서면 술을 좋아하던 사람도 그 양이 줄어들어 술잔을 사양하게 되고, 즐기던 담배도 사양하게 된다. 이성관계도 관심에서 멀어지게 된다. 이 시기에 이르면 주로 건강이야기가 주류를 이룬다. 종로 3가 '파고다 공원'에 가서 노인들 얘기를 들어 보면 알 것이다. 머리에 서리도 내리고 눈썹도 산신령처럼 하얗게 변해간다. 심지어 콧속의 털도 하얀 색깔로 변하는 시기이다. 딱히 오라는 데는 없어도 그래도 갈 곳은 많다. 우선 집을 나서고 볼 일이다.

〈死나이〉 90대~100세의 남자

90세를 넘긴 남자는 죽을 사(死)자 사나이다. 이제는 죽음을 생각하는 나이에 다다른 것이다. 하긴 졸수(卒壽: 90세)를 넘겼다는 것도 대단하고 경하스러운 일이다. 이 시기에는 잘 운명(殞命)하는 것이 제일이다. 자식들 고생 안 시키고 건강하게 지내다가 행복하게 세상을 훌훌 털고 떠나는 것이 제일이다. 이를 웰다잉(well-dying)이라고 한다.

웰 비잉(well-being)도 중요하지만 웰 다잉도 이에 못지않게 중요하다고 한다.

우리나라에는 100세 넘는 노인 인구가 4,700명에 이른다고 한다. 이웃 일본의 경우 7만 명이라는 보도가 얼마 전 있었다. 대부분 여성이 압도적으로 많다.

그런데 이러한 장수 노인들의 공통점은 ① 맛있는 음식은 돈이 허락하는 한 즐겨 든다는 점 ② 평생 글을 놓지 않고 학습한다는 점과 ③ 인생을 긍정적이고 낙관적으로 본다는 점이 한결같다고 한다. 사나이 6단계를 다 거치려면 귀담아 들을 말이라고 하겠다.(2018.11.22.)

제6부

학이시습(學而時習)의 즐거움

학이시습(學而時習)의 즐거움

공자는 평생에 걸쳐 학문에 힘쓰며 수많은 제자들을 길러냈다. 당시 열국의 군주들에게 인정받지 못했으나, 이에 개의치 않고 위편삼절(韋編三絕)에 이르도록 배움에 정진하고, 가르침을 마다하지 않았다(學不厭而 誨而不倦). 이러한 공자의 정신을 논어의 첫 구절에 명시한 것이다.

배운다는 것은 새로 알고 깨닫고 느끼고 하는 모든 것을 포괄하는 말이라고 생각된다. '때로 익힌다'는 뜻으로 풀이되기도 하는 '시습(時習)'은, 배운 것을 실지로 행해 보고 실험해 본다는 뜻이다 그렇게 함으로써 배우고 느낀 것이 올바른 나의 지식으로 체화(體化)될 수 있다.

공자가 배우고 때로 익히면 또한 기쁘지 아니하겠는가(學而時習之 不亦說乎)의 이 "기쁘지 아니하랴"고 말한 것은, 배운 것을 생활을 통해 차츰 내가 타고난 천성처럼 익숙해 가는 기쁨을 의미한다. 마치 어린 새가 날갯짓을 거듭하여 날게 되는(鳥數飛也) 기쁨과도 같은 것이다.

공자가 계속해서 "벗이 있어 먼 곳으로 부터 오면 또한 즐겁지 아니하냐"(有朋自遠方來 不亦樂乎)라고 한 것은, 학문과 덕이 심원하여 뜻을 같이하는 사람들이 먼 곳에서 그 소문을 듣고 찾아오게 되면 그 속에서 즐거움을 얻게 된다는 뜻이다.

그러나 학문이 깊고 높다고 해도 세상이 몰라줄 경우가 있다. 이러한 외부적 평가에는 개의할 필요가 없다. 그래서 공자는 "사람이 몰라도 노여워하지 않으면 이 또한 군자라 아니하겠는가"(人不知而不慍 不亦君子乎)라고 말하고 있다.

배움의 기쁨과 즐거움은 나의 내면으로 느끼면 족한 것이다. 세상이 인정하든 아니하든 상관치 말고 내가 갈 길을 꾸준히 추구해 나가는 것이 참다운 인생이라고 생각된다.

위기지학(爲己之學)은 자기가 좋아서 하는 공부의 즐거움을 말한다. 이러한 공부를 할수록 즐거움은 배가되고, 깊은 경지에 도달하게 된다. 위대한 예술가가 되고, 그 분야의 전문가가 되며, 다른 사람들에게 도움을 줄 수 있었던 위인들은 이렇게 공부한 사람들이다.

반면 위인지학(爲人之學)은 다른 사람들이 요구하는 것을 공부하는 것이다, 합격을 위한 시험공부와 돈벌이를 위한 공부가 이런 공부이다. 이런 공부는 즐거움이 없기 때문에 오래가지 못한다. 또 이렇게 공부한 사람이 출세를 해도 그 혜택이 다른 사람들에게 돌아가는 일은 드물다.

21세기는 지식 정보화시대이다. 지식의 생명주기는 하루가 다르게 짧아지고 있다. 작년의 지식은 이미 낡은 것으로 되기 십상이다. 이런 시대에 꾸준히 평생학습을 하지 아니하면 변천하는 시대에 뒤떨어진 낙오자가 될 수밖에 없다.

따라서 평생을 두고 학습을 연면하게 해나갈 필요가 있다. 배움에는 끝이 없으니(活到老, 學到老), 쉬지 말고 수불석권(手不釋卷)의 자세로 생활해 나가고자 스스로 다짐해 본다.(2021.03.23)

한자를 통해본 생활 지혜(智慧)

우리말의 70% 정도가 한자에서 비롯된 것이고, 도서관 장서(藏書)의 대부분이 한자를 모르고는 이해하기 어렵게 되어 있다. 우리말을 보다 풍요하게 사용하기 위하여도 우리말 속에 섞인 한자의 정확한 이해가 필요하다.

그리고 선인들이 물려준 문화유산을 계승하여 새로운 민족문화를 창달하기 위하여도 고전을 비롯한 한문지식의 습득이 필요하다.

김구선생이 암살로 돌아가셨다고 하면 "아, 암(癌)으로 돌아가셨어?" 하는가 하면, 또 북한산을 등산하면서 "남 쪽에 있는 산인데 왜 '북한산'이라고 부르는 거야?" 하고 되묻는 어처구니 없는 일이 벌어져서는 아니 된다. 한자어에서 유래된 암살(暗殺)이라는 말을 정확히 이해하기 위해서는 한자 지식이 밑받침되어야 한다. 또 한강(漢江)을 기준으로 해서 북쪽에 위치한 산이라고 해서 북한산(北漢山)이라고 하는 것을 단순히 한국의 북한산(北韓山)으로 잘못 이해해서는 아니 될 것이다.

따라서 우리말을 보다 풍성하게 사용하기 위해서는 유래된 한자지식이 필수적으로 요청된다. 간월도(看月島)는 '달을 바라볼 수 있는 아름다운 섬'이라는 것은 한자를 알면 금방 알 수 있는 것과 같다. 볼 看자는 손 手밑에 눈 目자를 받힌 글자로, 손을 들어 멀리 바라보는 것을 뜻한다. 看板(간판), 看做(간주), 走馬看山(주마간산)에 쓰이는 경우와 같다. 저 멀리 밤하늘에 휘영청 떠 있는 달을 쳐다보는 간월(看月)은 그 얼마나 아름다운 의미인가.

■ **금년이 기해년(己亥年) '돼지의 해'**이다. 음양오행에 '갑 · 을'은 청색이고, '병 · 정'은 적색이다. '무 · 기'는 황색이다. 따라서 기해년은 '황금색의 돼지 해'가 되는 것이다.

흔히 옛날에는 손 있는 날인가 아닌가를 따져서 이사를 가기도 하고 택일을 하기도 했다. 음력으로 쳐서 1.2가 들어가는 날은 동쪽에 손(損)이 있고, 3.4는 남쪽에, 5.6은 서쪽에, 7.8은 북쪽에 각 손이 있는 날이라고 했다. 9.0은 아무 곳에 가도 손이 없으므로 길일로 치고 있다.

민속학적 이야기이기는 하지만 옛날 초근목피(草根木皮)로 연명하고 보릿고개가 있던 시절에는 손이 있는 날이라는 것은 곧 손님이 와서 자기집 식량을 축내는 날이라 꺼려하기도 했다고 전해진다.

■ **풍수지탄(風樹之嘆)**이라는 말이 있다. 나무가 조용히 있고자 하나 바람이 그치지 아니하고, 자식이 부모를 봉양하고자 하나 부모가 돌아가시어 모시지 못하는 탄식어린 말이다. 한문으로 '樹欲靜而風不止 子欲養而親不待(수욕정이풍부지 자욕양이친부대)'라고 한다.

■ **친할 친(親)자**를 파자해 보면 나무위에 올라서서 보는 형국이다. 사랑하는 자식들이 언제나 오나 기다리다가 결국 나무위에 올라가 동구밖 먼 길을 내다보는 어버이의 심정을 연상하면 親이라는 글자의 의미를 알게 된다. 親舊라든지 親友도 그런 간절함이 깃들어져

있어야 관포지교(管鮑之交)라고 할 수 있다.

■ 영종도(永宗島)와 용유도(龍游島)

인천공항은 서울도심에서 52km 거리인 영종도와 이 섬에서 5km 거리인 용유도 사이를 메워 활주로 등 공항시설을 건설한 세계굴지의 국제공항이나.

영종도는 1989년 경기도에서 인천광역시로 편입되었다. 이곳의 옛 이름은 '제비섬(紫燕島)'이었는데 조선조 중기부터 지금의 이름으로 부르기 시작했다.

'영종(永宗)'은 '긴 마루' 라는 뜻으로 광활하게 뻗은 활주로를 의미한다고 볼 수도 있다.

'용유(龍游)' 역시 용이 구름을 뚫고 하늘을 넘나드는 것으로서 현대의 의미로는 비행기가 끊임없이 하늘로 뜨고 내림을 의미한다. 이미 옛날 옛적에 이 자리가 장차 공항이 될 것을 예기하고 점지한 것만 같다. 온천이 나올 것을 예견하여 따뜻할 온(溫)자를 지명으로 쓰는 것과 같다.(溫陽, 溫井里, 溫水洞, 溫惠洞 등등)

■ 두한족열(頭寒足熱)

17세기 네델란드의 유명한 의사이며 화학자인 '헤르만 보이하브' 박사가 세상을 떠나면서 밀봉한 유서 한통을 남겼다. 그 유서에는 인간의 건강비결이 담겨져 있는 것이었다. 가족들이 박사의 유서를 경매에 부쳐 당시 엄청난 금액에 낙찰되었다. 유서를 펴본즉 내용은 아주 간결했다.

"머리는 차게 하고 발은 따뜻하게 하면 세상의 의사들은 할 일이 없을 것이다." 라는 내용이었다고 한다.

우리 선조들은 이미 옛날부터 두한족열을 권장해 오고 있었다. 발만 따뜻한 물에 담그는 반신욕(半身浴)이 건강에 효험이 있다고 하기도 했다. 드라이한다고 해서 머리에 전기로 더운 열을 가하고 오히려 발은 차갑게 하는 경우를 왕 왕 볼 수 있게 된다. 선현의 건강지혜에 역행하는 것이다.

■ 목계(木鷄)

싸움닭을 훈련시킬 때 초기단계의 싸움닭은 다른 닭을 보면 무조건 핏대 세우고 싸움만을 하려고 한다. 그 다음 훈련 단계를 마치면 싸움닭이 여기저기 싸움 잘한다는 닭만을 골라서 싸움을 즐긴다. 흡사 무술인이 각 도장과 문파를 찾아다니며 도전하는 것과 같은 것이다.

그런데 싸움닭 훈련의 최종단계가 끝나면 그 싸움닭은 아무러한 닭이 와서 싸움을 걸어도 전혀 도전에 응하지 않는다. 그 자세가 천근의 무게로서 장중하기 그지없다.

그러다가 결전의 시기가 오면 그 때 경천동지(驚天動地)의 기량을 펼치게 된다.

장자(莊子)는 이를 일러 목계(木鷄)라고 했다. 마치 나무로 깍아 놓은 닭과 같아 전혀 동요됨이 없는 것을 뜻한다. 인물이 되려면 웬만한 풍우에는 꿈쩍도 하지 않는 자세가 필요하다. 큰 인물은 결코 작은 일에 동요되지는 않는 법이다. 그래서 충무공 이순신 장군께서도 전투에 임하여 물령망동(勿令妄動)하고 정중여산(鄭重如山)하라고 했다.

■ 줄탁동시(啐啄同時)

어미닭이 정성껏 품은 알은 20일쯤 되면 알속에서 자란 병아리가 '삐약 삐약' 탁 소리와 함께 밖으로 나오려는 신호를 한다. 병아리는 알 속에서 나름대로 쪼기 시작한다.이때 귀를 세우고 그 소리를 기다려온 어미닭은 같은 부위를 밖에서 쪼아 준다. 그리하여 병아리는 알을 깨고 비로소 세상 밖으로 나오게 된다.

병아리가 안에서 쭉쭉 빠는 것을 [줄]이라 하고, 어미 닭이 그 소리를 듣고 밖에서 쪼아 주는 것을 [탁]이라 한다. 쭉쭉빨 줄(啐), 쪼을 탁(啄)을 동시에 하는 것이 줄탁동시이다.

스승이 제자를 도와 같이 학업을 성취하는 것도 줄탁동시이고, 선배와 후배가 서로 도와서 큰일을 성취해나가는 것도 줄탁동시이다, 무릇 행복한 가정은 부부(夫婦)가 「줄탁동시」할 때 이루어지고, 훌륭한 인재는 사제(師弟)가 「줄탁동시」할 때 탄생하며, 세계적인 기업도 노사(勞使)가 「줄탁동시」할 때 가능하다.

■ 사명대사(四溟大師)와 덕천가강(德川家康)

임진왜란이 종료한 후 사명대사는 일본으로 건너가 포로 귀환과 관련해서 당시 통치자 도쿠가와 이에야스를 만나게 된다.(1604년 선조37)

이에야스가 거만한 어투로 다음과 같이 시 한수를 던진다.

石上難生草(석상난생초) 돌위에 풀이 나기 어렵고
房中難起雲(방중난기운) 방안에서는 구름이 일어나기 어려운데
汝爾何山鳥(여이하산조) 너는 도대체 어떤 산새이기에
來參鳳凰群(래참봉황군) 여기에 와서 봉황의 무리에 섞여 있는가?

척박한 조선 땅에서 일본으로 건너온 사명대사를 보잘것 없는 산새로 지칭하고, 자기들은 봉황의 무리로 비유한 것이 오만하기 짝이 없다. 남의 나라를 침략해서 쑥대밭을 만들어 놓고도 사과는커녕 '봉황 운운'하는 그 언행이 얄밉기만 하다. 이래서 일본사람들이 고래로부터 욕을 먹는 것이다.

이에 대하여 사명대사는 의연한 자세로 답변시(答辯詩)를 읊는다.

我本靑山鶴(아본청산학) 나는 본시 청산에 사는 학으로서
常遊五色雲(상유오색운) 항시 오색 구름 속에 노닐고 있었다.

一朝雲霧盡(일조운무진) 어느 아침에 구름과 안개가 다해서

誤落野鷄群(오락야계군) 잘못되어 들닭들 무리 속에 떨어지게 되었도다.

참으로 당당한 도인(道人)의 기품과 자세가 시를 통하여 훌륭하게 표현되어 있다.

사명대사는 자신을 고고한 학으로 비유하고, 덕천가강을 비롯한 일본의 지배자들을 보잘 것 없는 들닭으로 묘사했다. '산새'가 '학'이 되었고, '봉황의 무리'는 '들닭의 무리'로 전락했다. 生死(생사)를 超越(초월)한 도인만이 표현할 수 있는 거침없는 말이다. 사명대사는 일본과 강화를 맺고 포로가 되어 갔던 사람 3천 5백명을 데리고 이듬해 귀국해서 가의(嘉義)의 직위와 어마(御馬) 등을 하사받았다.

■ 반포지효(反哺之孝)

새 조(鳥)는 날아가는 새의 모습을 본뜬 상형문자(象形文字)이다. 그런데 새 중에 까마귀는 눈마저 까매서 눈이 어디 있는 지를 분별 할 수 없기에 까마귀는 눈 부분의 한 획을 생략해서 까마귀 오(烏)를 만들었다고 한다. 까마귀는 암컷이 2-9개 알을 품고 있을 때, 수컷은 암컷에게 먹이를 부지런히 물어다 준다. 알이 부화(孵化)한 후 60일간은 어미가 새끼들에게 먹이를 갖다 키운다.

세월이 흘러 어미가 늙어 힘들면 이번에는 새끼가 어미에게 먹이를 물어다 준다. 효도를 하는 것이다. 이를 반포지효(反哺之孝) 또는 반포보은(反哺報恩)이라고 한다. 여기서 포(哺)는 '먹인다'는 뜻이다.

백로(白鷺)가 희다하여 까만 까마귀를 흉보아서는 아니된다. 조선 고종 때 박효관의 시조가 이를 잘 나타내고 있다.

"뉘라서 까마귀를 검고 흉타하였는고,

반포보은이 그 아니 아름다운가,
사람이 저 새만 못함을 못내 슬퍼하노라."

참고로 바둑을 오로(烏鷺)라고 부르기도 한다. 오(烏)는 바둑판의 검은 돌을 의미하고, 로(鷺)는 흰 돌을 나타내고 있는 것이다.

■ 한양4대문(漢陽四大門)

주선조는 한양을 도읍으로 정히고 동시남북에 문을 실지했나. 동대문(東大門)을 흥인문(興仁門)이라 하여 어진 마음을 일으키라는 문으로 명명했다.

서대문(西大門)을 돈의문(敦義門)이라 하여 의리를 굳게 하라고 했다.

남대문(南大門)을 숭례문(崇禮門)이라 하여 예의를 숭상하라고 했다.

북대문(北大門)을 홍지문(弘智門)이라고 하여 시혜를 넓혀 나갈 것을 강조했다.

그리고 사대문 복판에 보신각(普信閣)을 설치해서 신의를 지킬 것을 나타내고 있다.

가운데 글자 모두를 모아보면 인의예지신(仁義禮智信)을 강조하고 있음을 알 수 있다. 주지하는 바와 같이 조선조는 유교국가로서 유학에 기반을 두고 있었다.

유교에서는 인의예지신을 오상(五常)이라 하여 사람이 갖추어야 할 기본덕목으로 삼고 있었다. 이를 각 성문에 절묘하게 배합시킨 것이다.

동대문 현판을 흥인지문(興仁之門)으로 하여 '之'자를 보탠 것은 서울의 좌청룡(左靑龍)에 해당하는 낙산의 기운이 약하여 흥인문에 글자 한자(之)를 보태고 성곽을 주위에 둘러쌓아 기운을 연장하려는 풍수학적(風水學的) 의미가 담겨 있다고 한다.(2019.02.26)

우리말을 제대로 쓸려면 한자를 알아야 한다

-우리말과 한자어는 상생관계-

한자가 한반도에 처음 전래된 정확한 시기는 미상(未詳)이지만, 이미 고조선 때에 한자를 썼던 것으로 보인다. 그 증거로 고조선 때의 공무도하가(公無渡河歌)를 꼽을 수 있다.

고조선의 뒤를 이은 삼한과 삼국시대 그리고 고려 때까지의 모든 기록은 한자로 이루어졌다. 조선조의 세종임금의 훈민정음 창제 이후에도 한자는 한글과 병행하여 오늘날 까지 사용되고 있다. 그래서 우리말의 70% 정도가 한자에서 비롯된 것이고, 도서관 장서의 대부분이 한자를 모르고는 이해하기 어렵게 되어 있다.

글을 읽을 수는 있지만 내용을 이해하지 못하는 '실질 문맹(文盲)'인 아이들이 갈수록 늘고 있다. 문해력(文解力) 조사에 의하면 중학교 3학년 학생 10명 중 7명이 자기학년 교과서를 온전히 이해가기 어려운 상태인 것으로 나타났다. '문상(問喪)간다' 하면 '문화상품권 타러가냐'고 되묻기도 하고, '윤봉길 의사(義士)는 훌륭한 분이다' 라고 하면 '그 분이 내과의사야, 아니면 외과의사냐'고 묻기도 한다.

이러한 어처구니 없는 일이 벌어지게 된 것은 젊은이들의 잘못이 아니다. 그간 수십년간 무조건 한글전용만을 강행해온 탓에서 비롯된 것이다.

우리말을 보다 아름답고 풍요롭게 사용하기 위해서는 한자어의 지식이 밑받침이 되어야 한다. 우리말과 한자는 대립되는 문자가 아니라 서로 돕는 상생의 관계에 있는 것이다.

한자어에서 유래된 생활 속의 우리말을 살펴보기로 한다.

• 흥청망청(興淸亡淸)

연산군 때 생긴 말이다. 전국의 예쁜 여자들을 뽑아 궁궐에 살게 했다. 그 중에 용모가 수려하고 가무에 능한 여자를 '흥청(興淸)'이라고 불렀다. 연산군은 연일 잔치를 벌이고 국사를 돌보지 않았다. 여기서 "흥청거린다"는 말이 나왔다. 중종반정으로 연산군은 쫓겨나 강화도에서 사망했다. 흥청거리다가 망했다 하여 '흥청망청'이라는 성어가 생겼다. 따라서 흥청망청은 '이것저것 가릴 것 없이 마구 낭비하는 것'을 말한다.

• 어영부영(御營非營)

어영부영하다보니 지하철 공짜로 타는 노년(65세)에 달하여 '지공거사'가 되었다는 우스게 소리가 있다. 어영부영이란 '되는대로 아무렇게나 어물어물 넘겨서 처리하는 모양'을 말한다. 조선시대 군영(軍營)에 어영청(御營廳)이라는 정예부대가 있었다. 조선말기에 이르러 군기가 풀어져서 이 군영이 오합지졸(烏合之卒)로 변모했다. 그래서 사람들은 '어영청은 군대도 아니라는 뜻'에서 어영비영이라고 하다가 발음을 편리하게 어영부영이라고 쓰게 되었다.

• 흐지부지(諱之秘之)

시작한 일을 제대로 마무리 짓지 않고 끝낼 때 '흐지부지'되었다고 말한다. 이는 휘지비지가 변한 말이다. 諱는 '꺼린다'는 뜻이고 秘는 '비밀로 감추어 숨긴다'는 뜻이다. 그래서 휘지비지는 '자꾸 입에 오르내리는 것이 꺼려지기 때문에 감춘다'는 뜻이다. 소리내기 쉽게 적다보니 흐지부지로 변화된 것이다.

• 야단법석(野壇法席)

여럿이 모여 떠들썩하고 다투고 시끄러운 모습을 야단법석 이라고 한다. 많은 사람들에게 설법하기 위하여 들(野)에 자리를 마련하고 그 위에서 교화하는 설법장(說法場)을 말한다. 군중이 많이 모이니 자연히 시끌벅적하기 미련이다. 야단법석을 떨게 되는 것이다.

• 이판사판(理判事判)

불교의 교리를 탐구하는 스님을 '理判僧(이판승)'이라 하고, 절의 살림을 맡아 꾸려나가는 스님을 '事判僧(사판승)'이라고 한다. 조선조에 스님이 된다고 하는 것은 마지막의 신분계층이 된다는 것을 의미했다. 사대문 안에 스님들이 드나드는 것조차 금지되었던 시대였다. 그래서 이판이 되었던 사판이 되었던 그것은 가릴 것 없이 마지막이 된 것이다. 막다른데 이르러 어찌할 수 없게 된 지경에 이르게 된 것이다. 이른바 끝장이 된 것이다.

• 횡설수설(橫說竪說)

도무지 알아들을 수 없게 떠드는 말. 橫은 가로를 나타내고 竪는 세로를 의미한다. 그러나 橫에는 '멋대로 함부로'라는 뜻도 있다. 橫人은 제멋대로 행동하는 버릇없는 사람을 의미한다. 橫說 역시 '어거지로 우기는 이야기'라는 뜻을 남고 있다. 비명횡사(非命橫死) 역시 제명대로 살지 못하고 뜻밖의 사고를 당하여 죽는 것을 의미한다.

말을 많이 하게 되면 횡설수설하기 십상이다. 자기가 말해놓고도 '내가 무슨 말을 했지?'하기도 한다. 술 취한 사람이 혀 꼬부라진 소리로 알아듣기 힘들게 떠들어대는 소리도 횡설수설일 것이다.

• 이팔청춘(二八青春)

십육세 무렵의 젊은이를 뜻한다. 2곱하기 8은 16이다. 한창 좋은 나이이다. 몸은 늙었어도 마음은 이팔청춘(身老心不老)이라고 흔히 이야기 한다.

• 박장대소(拍掌大笑)

손벽을 쳐가며 크게 웃는 것을 박장대소라고 한다. 되도록 많이 웃어야 건강에 좋다. 일소일소(一笑一少)요 일노일노(一怒一老)인 것이다. 웃으면 혈압이 떨어지고 심장 박동수가 증가하며 혈액순환이 좋아진다고 한다. 웃음에도 여러 가지가 있다. 빙그레 잔잔하게 웃는 微笑, 입가에 웃음을 머금은 含笑, 쓴 웃음을 짓는 苦笑, 차가운 웃음의 冷笑, 어이없어 웃는 失笑, 조롱하여 비웃는 嘲笑, 껄껄대며 좋아 웃는 呵呵大笑, 기뻐서 얼굴이 일그러질 정도로 크게 웃는 破顔大笑, 배를 잡고 구르며 웃는 抱腹絕倒(포복절도) 등이 있다.

• 만신창이(滿身瘡痍)

온몸이 흠집투성이가 되거나, 어떤 사물이 엉망진창이 되었을 때 쓰는 말이다. 글자에 '병들 녁'(疒)자가 들어가면 모두 질병과 관련되는 것이 상례이다. 창(瘡)은 원래 부스럼이나 종기를 말한다. 하지만 칼과 같은 쇠붙이에 찔리거나 베인 상처도 창(瘡)이라고 한다. 이(痍)는 상처를 뜻한다. 따라서 창이(瘡痍)는 '칼과 같은 무기에 의하여 다친 상처'를 말한다. 만신창이는 온몸이 칼이나 창 따위의 날에 베이거나 찔린 상처투성이라서 어떻게 해보기 어려운 상태를 의미한다.

• 천안호도(天安胡桃)

고려말 유청신(柳淸臣)이라는 학자가 원나라 사신으로 갔다가 돌아올 때, 묘목과 종자를 가지고 왔다. 문익점이 목화씨를 가지고 귀국한 것과 흡사하다. 묘목은 광덕사 보화루(普化樓)앞에 심고, 종자는 천안의 광덕면 매당리 자기 집에 심었다고 한다. 광덕산 밑의 광덕사에 가보면 광덕사 호두나무가 천연기념물로 지정되어 있음을 알 수 있다. 그래서 천안하면 호두과자가 유명하고 또 그만큼 맛도 있다. 광덕사 일주문 옆에는 호도전래사적비(胡桃傳來史蹟碑)가 서 있다.

• 창피(昌披)

옷고름이나 치마끈을 풀어놓고 죄어 매지 않는 것을 창피(昌披)라고 한다. 창(昌)은 '연다' 라는 뜻이고 披도 '풀어 헤친다' 라는 뜻이다. 옷고름을 매지 않거나 치마끈이 풀어지면 속곳이 다 보인다. 그야말로 부끄러운 일이 아닐 수 없다. 한자로는 猖披(창피)나 裮被(창피)로 쓰이기도 한다. 창(裮)은 '옷을 입고 허리띠를 안 맨 상태'를 말하고, 피(被)는 '상의를 어깨에 걸친 모습'을 뜻한다. 동방예의지국에서 허리띠가 풀어지거나 옷고름이 풀어졌다면 이야말로 남에게 부끄럽기 짝이 없는 노릇이다. 창피한 것이다. 세상이 바뀌어 일부러 바지를 찢고 다니거나 배꼽을 내놓고 다니는 요즘 세상에서는 설령 옷고름이 풀어졌다고 해서 얼굴이 화끈 거리는 사람이 과연 얼마나 있을는지 격세지감(隔世之感)이 아닐 수 없다.

• 짐작(斟酌)

짐(斟)은 '술을 따를 때 술잔이 넘치지 않도록 따르는 것'을 의미한다. 이와 반대로 작(酌)은 '술이 잔에 넘치도록 따르는 것'을 뜻한다. 그래서 술을 알맞게 따르기 위해서는 꼼꼼히 살펴서 결정하는 것을 짐작(斟酌)이라고 하게 되었다.

짐(斟)은 '속이 보이지 않는 술병으로 보아 술을 따를 때 얼마나 남았는지를 알 수 없을 때 나타내는 말'로도 쓰인다. 그러다가 세월이 지나 짐작은 '생각'이라는 말과 거의 유사어로 쓰이게 된 것이다.

• 쑥맥(菽麥)

세상물정 모르는 어리숙한 사람을 쑥맥이라고 지칭한다. 여기서 숙(菽)은 콩나무를 뜻하고, 맥(麥)은 보리를 말한다. 숙맥불변(菽麥不辨)이라는 말이 있다. 콩과 보리를 구별하지 못하는 어리석은 사람을 가리키는 말이다. 콩인지 보리인지는 삼척동자도 다 아는 것인데 그것을 구별 못한다면 정말 '쑥맥' 같은 사람이 아닐 수 없다.

• 건달(乾達)

건달은 범어 건달바(乾達婆, Gandharva)에서 유래한다. 건달바는 수미

산 남쪽 금강굴에 사는 하늘나라의 신이다. 밥과 고기는 먹지 않고 香만 먹고 살며 허공을 날아다니면서 노래를 하고 지내는 존재이다. 이것이 '하는 일 없이 빈둥거리며 노는 사람'을 가리키는 뜻으로 변했다. 백수건달(白手乾達)하면 일정한 직업 없이 빈둥거리며 지내는 사람을 뜻한다.

• 찰나(刹那)

범어의 순간(Ksana)의 음역에서 비롯된 한자어이다. 하루는 '648만 찰나'로 구성되었다고 한다. '75분의 1초' 시간이다. 찰나의 반대어는 영겁(永劫)인데 이 역시 범어 Kalpa의 음역에서 비롯된 말이다. '천지가 한번 개벽된 후 다음번 개벽할 때까지의 동안'을 겁파(劫波)라고 하는 데 겁은 겁파의 준말이다.

• 백미(白眉)

여럿 중에 가장 뛰어난 사람이나 물건을 백미라고 한다. 미(眉)는 눈썹을 말한다. 미인의 눈썹을 아미(蛾眉)라고 한다. 나방(蛾)모양의 동그랗게 그린 눈썹이다. 초미(焦眉)는 눈썹에 불이 붙었다(焦)는 뜻이다. 눈썹에 불이 붙었으니 정말로 다급한 일이 아닐 수 없다. 백미는 흰 눈썹을 뜻한다. 옛날 촉나라에 마량(馬良)이라는 사람이 살았었다. 그에게는 형제가 다섯 명 있었는데 모두 재주가 출중했다. 그 중 흰 눈섭의 마량의 기량이 가장 두드러졌다. 그래서 가장 우수한 것을 백미라고 불렀다.

• 한심(寒心)

정도에 지나치거나 모자라서 가엽고 딱하며 기가 막힐 때 한심스럽다고 한다. 한(寒)은 '춥다'라는 말이다. 발을 내놓고 거적만 덥고 자는 형국이다. 한심은 '심장이 차갑다'는 뜻이다. 심장이 차가우니 혈액순환이 저하되어 의욕이 없어진다. 그래서 한심한 사람이 하는 행동이나 일은 모두 제대로 된 것이 없고 엉망인 것이다. 심장은 뜨겁게 열심(熱心)히 집중해야 제대로 일을 할 수 있게 된다.

• 주착(主着)

일정한 줏대가 없이 이랬다저랬다 하여 요령 부득인 것을 주책이 없다고 한다. 흔히 '주책바가지'라고 하기도 한다. 실수를 연발하는 사람을 빗대어 조롱하는 말이다. 술을 많이 먹으면 실수를 저지르기 십상인 까닭에 주책(酒責) 즉 술의 책임이라고 잘못 생각할 수도 있다. 그러나 主着은 '일정한 주견이나 주장이 있는 것'을 뜻한다. 그래서 주책없다' 해야 바르게 쓰는 것이 된다.

19. 서랍(舌盒)

설합이 서랍으로 우리말로 된 것이다. 숨어 있다가 혀(舌)처럼 쑥 내미는 그릇이라는 뜻이다. 이처럼 한자어가 우리말로 변형되어 쓰이는 말이 상당히 있다. 예를 들면 雪馬→썰매, 廉恥→얌체, 迷惑→미욱, 愚鈍→아둔, 作亂→장난, 石硫黃→성냥, 白菜→배추, 沈菜→김치 등이 우리말로 된 한자어 들이다.

20. 단장(斷腸)

몹시 슬퍼서 창자가 끊어질 정도로 애달플 때 '단장의 슬픔'이라고 한다. 진(晉)나라 시절 한 병사가 원숭이 새끼를 잡아서 배에 싣고 강을 지나는 데, 원숭이 어미가 배를 따라 천리길 삼협(三峽)을 계속 따라왔다. 강가에 도착하여 어미원숭이가 새끼를 찾아 배에 올랐으나 지친 나머지 죽고 말았다. 원숭이 배를 갈라보니 창자가 마디마디 끊어져 있었다고 한다. '애'가 창자의 우리말인데 '애끓다', '애타다'가 그러하다. 단장이란 '창자가 끊어졌다'는 것이다. '단장의 미아리 고개'에는 애달픈 사연이 많을 것이다. 한편 제 정신이 아닌 것을 환장(換腸)했다고 한다. 창자가 뒤집힌 상태를 말한다. 그래서 환장하면 눈에 보이는 것이 아무것도 없게 되는 것이다.(2021.07.20)

베트남 전쟁의 교훈

동서고금을 통하여 민족과 국가는 이합집산(離合集散)을 거듭하기 마련이다.

베트남 역시 마찬가지이다. 오랜 왕조국가를 거듭하던 베트남이 1883년 서세동점(西勢東占)의 물결에 휩쓸려 프랑스의 식민지가 된다. 1930년대 사회주의 성향의 민족주의자들이 호찌민을 중심으로 독립운동을 전개했다. 그러다가 제2차 세계대전으로 프랑스 세력이 약해지자 1940년 베트남은 일본의 보호국이 된다.

1945년 2차 대전이 끝나고, 일본이 물러가자 베트남은 프랑스와의 8년 전쟁(인도차이나 전쟁) 끝에 1954년 제네바 협정으로 독립을 이룬다. 북위 17도선을 기준으로 북부는 호찌민의 민주공화국, 남쪽은 미국의 지원을 받는 베트남 공화국으로 나뉜다. 이는 한반도의 38도선을 기준으로 남북으로 나뉜 것과 흡사하다.

분단국가였던 베트남이 어떻게 통일을 이루었는지를 살펴보는 것은 오늘날 한반도의 남북통일에 시사(示唆)하는 바가 크다.

베트남과 우리나라의 교류는 점점 늘고 있다. 우리나라에 거주하는 베트남은 약 15만 명에 이른다. 전체국가 중 중국 다음으로 많다.

2017년 10월말 기준으로 우리나라 최대 무역국은 중국으로 전체

무역액의 24.1%를 차지하고 있다. 그 다음으로 미국 12%, 베트남 8.3%, 홍콩 6.6%, 일본 4.6%이다.

한국과 베트남의 무역 규모가 2009년 2%로 10위였다가 2017년 3위로 뛰어오른 것이다.

베트남 여성과 한국의 국제결혼도 증가하고 있다. (주1, 동아일보 2018. 2. 7. 이환병, 베트남과 우리나라의 교류)

베트남의 인구는 9,500만 명에 달한다. 경제성장률 역시 6%선의 높은 수치를 유지하고 있어, 앞으로 동남아 소(小)패권국으로 자리매김할 수도 있다. (주2, 문화일보 2018. 3. 14. 황성준, 동남아 '소패권' 베트남 - 美연대) 베트남에는 5,000여 한국기업이 진출해 있고, 유·불·선과 한자 문화권에 있어 베트남 전쟁과 통일과정은 우리에게 교훈이 될 수 있다.

베트남전쟁의 의의와 경과를 간략히 살펴본다.

1960년에 결성된 남베트남민족해방전선(NLF)이 베트남의 완전한 독립과 통일을 위해 북베트남의 지원 아래 남베트남 정부와 이들을 지원한 미국과 벌인 전쟁이다. 베트남의 독립을 위해 프랑스와 벌인 제1차 인도차이나전쟁(1946~1954)과 구분해 '제2차 인도차이나 전쟁'이라고도 하며, '월남전(越南戰)'이라고도 한다. 남베트남 정부가 붕괴된 1975년 4월 30일까지 지속되었다. 초기에는 북베트남의 지원을 받은 남베트남민족해방전선과 남베트남 정부 사이의 내전(內戰)이라는 성격을 띠었으나, 1964년 8월 7일 미국이 통킹만 사건을 구실로 북베트남을 폭격한 뒤에 전쟁은 북베트남과의 전면전으로 확대되었다. 그리고 미국과 소련의 냉전 체제 하에서 한국, 타이, 필리핀, 오스트레일리아, 뉴질랜드, 중국 등이 참전한 국제적인 전쟁으로 비화되었으며, 미국이 캄보디아와 라오스 등으로 군사개입의 범위를 넓히면서 전장도 인도차이나 전역으로 확대되었다.

남베트남(베트남공화국)의 초대 대통령에는 옹오딘지엠(Ngo Dinh Diem)이 선출되었다.

그러나 지엠 정권에 대한 민중반발이 확대되자 1963년 즈엉반빈(Duong Van Minh)등은 미국의 방조 아래 군사쿠데타를 일으켜 응오딘지엠을 죽이고 정권을 장악했다. 하지만 1964년 응우옌칸(Nguyen Khanh)이 다시 쿠데타를 일으키는 등 남베트남 정권은 잇따른 쿠데타로 크게 불안정해졌다. 이렇듯 남베트남의 상황이 악화되자 미국의 존슨(Lyndon Baines Johnson)정부는 남베트남에 주둔하는 미국의 숫자를 늘렸다. 그리고 미국의 구축함이 북베트남의 어뢰 공격을 받았다는 이른바 '통킹만 사건'을 구실로 1964년 8월 7일 북베트남에 폭격을 가해 전쟁을 북베트남과 전면전으로 확대했다. 미국은 그 뒤 1968년까지 북베트남에 약 1백만 톤에 이르는 폭탄을 퍼부었으며, 약 55만 명에 이르는 지상군을 파병했다. 그리고 동남아시아조약기구(SEATO)등에 파병을 요청해 한국, 오스트레일리아, 뉴질랜드, 태국, 필리핀 등의 참전을 이끌어냈다.

그러나 남베트남민족해방전선은 1968년 1월 30일 음력 설날을 이용한 구정대공세를 펼쳐 주요 도시들에서 미국과 동맹국들의 주요 시설을 점령했다. 그리고 그 성과를 배경으로 1969년 6월 8일에는 남베트남공화국 임시혁명정부를 수립했다. 미국과 남베트남 정부군은 곧바로 빼앗겼던 도시와 시설들을 탈환했지만, 이 사건은 미국의 여론에 큰 영향을 끼쳤다. 전쟁의 승리를 낙관하기 어렵다는 사실이 알려지면서 미국에서는 반전 여론이 높아졌고, 결국 존슨 대통령은 재선에 실패하고 군사개입의 중단을 내세운 닉슨이 대통령으로 당선되었다. 닉슨은 1969년 '닉슨 독트린(Nixon Doctrine)을 새로운 안보·외교 전략으로 내세우며 미군의 철수 계획을 발표하였다.

구정대공세 이후인 1968년 5월부터 미국과 북베트남의 정전 협상이 시작되었으나, 1972년까지 성과를 거두지 못했다. 오히려 1970년 이후에는 미국이 캄보디아의 내전에 군사적으로 개입하면서 전장이 캄보디아와 라오스 등 인도차이나 전역으로 확대되었다. 1972년 4월 남베트남민족해방전선이 각지에서 대규모 봉기를 일으키자, 미국은 북베트남의 모든 항만에 기뢰를 부설하고, 하노이와 하이퐁에 대규모 폭격을 가하는 등 북베트남에 대한 공세를 더욱 강화하기로 했다. 그러나 1972년 여름부터 미국과 북베트남 사이의 정전 협상이 비밀리에 재개되었고, 마침내 1973년 1월 27일 파리에서 평화협정이 체결되었다. 파리평화협정은 남북의 휴전과 선거를 통한 통일정부 구성, 60일 안에 모든 미군의 철수 등의 내용을 담고 있었다.

평화협정을 체결한 뒤 미군은 남베트남에서 완전히 철수했고, 북베트남과 미군 사이에 포로 교환도 이루어졌다. 미국은 남베트남에 대한 원조 규모를 크게 줄였고, 오일쇼크로 촉발된 경제위기를 배경으로 1974년 1월부터 남베트남민족해방전선과 남베트남 정부 간의 갈등은 다시 무력충돌로 확대되었다.

결국 북베트남은 1975년 대규모 공세를 벌여 그해 4월 30일 남베트남의 수도인 사이공을 점령했고, 남베트남의 대통령이던 즈엉반민의 항복을 받았다. 사이공이 점령된 뒤 남베트남공화국이 수립되었고, 1976년 7월 2일 남북 베트남이 통합해 베트남사회주의공화국을 수립하면서 베트남은 하나의 국가로 통일되었다.

전쟁의 결과 그 참화와 피해는 엄청났다.

베트남민은 사망자 120만 명, 부상자 300만~400만 명의 인명피해를 내고 집을 잃고 농촌과 산업시설은 모두 파괴되고 황폐화되었다. 600만 명의 난민이 생겨났다.

고엽제는 1960년대 초부터 메콩강 삼각주 지역을 포함한 베트남

일대와 라오스, 캄보디아 등에서 북베트남의 은신을 억제하고 식량 공급을 방해하기 위해 사용한 것으로, 에이전트 오렌지 등의 고엽제에는 다이옥신을 비롯한 독성이 강한 화학물질이 포함되어 있었는데, 이 물질은 생태계를 파괴하고 이 물질을 접한 주민과 참전군인에게 회복하기 어려운 질환과 장애, 기형을 유발했다

전쟁 중에 있었던 민간인 학살이 후일 국제적 문제로 제기되었다. 각 지역에서의 학살 등 여성과 어린이를 대상으로 양민 학살 사건으로 진상이 속속 밝혀지면서 미국과 한국 등 관계 국가들과의 사이에서 사회문제가 되었다. 특히 한국군은 노인과 아동, 여성 등 노약자를 무차별하게 사살했으며, 중장비로 학살 현장을 뒤엎는 등 상상하기 어려운 만행을 보였다고 민간인 학살에 대한 베트남인들의 증언을 들을 수 있었다. 베트남 당국조사결과 한국군에 의해 죽은 베트남인수의 공식통계로 4만 1,450명이며, 한국군에 의한 민산인 학살 사례는 80여건, 피해자는 9천명에 달한다고 한다. 한국군 학살이 이뤄진 곳에서는 아직도 '요 따이한(한국제사)'이라고 하는 합동제사를 지낸다고 한다. 한국은 베트남전쟁에 미국 다음으로 많은 병력을 파병한 국가이다. 한국은 1964년 9월 의료진을 중심으로 한 비전투요원을 파견한 것을 시작으로, 맹호부대와 청룡부대, 백마부대 등 30만명이 넘는 전투병력을 베트남에 파병했다. 그 과정에서 1만6천여 명의 사상자가 발생했으며, 많은 참전 군인들이 고엽제 피해 등의 후유증에 시달렸다. 1999년에는 고엽제 피해자들이 고엽제 제조사들인 미국의 다우케미칼과 몬산토 사를 상대로 손해배상소송을 제기하기도 했다.

베트남전쟁이 한반도 통일에 주는 시사점을 나름대로 생각해 보았다.

첫째, 지도자의 역량 여하가 중요하다.

인물이 역사를 만드는가 또는 역사가 인물을 만드는가에 대하여는 논란의 여지가 있다.

베트남 전쟁의 승리와 통일은 북 베트남에 호찌민 이라는 탁월한 인물이 있었기 때문이라고 평가되고 있다.

호찌민은 일생을 독신으로 청빈하게 살았고, 79세인 1969. 9. 2 사망시에도 유산으로는 옷 몇 벌과 낡은 구두가 전부였고, 사적으로 재산을 축적하지 않았다. 그가 죽은 지 6년 후인 1975년 4월 30일, 사이공이 함락되면서 1976년 베트남 사회주의 공화국이 성립되었고 남베트남시의 수도였던 사이공은 호찌민 시로 개칭되었다. 청빈하면서도 뛰어난 리더십을 발휘하는 지도자는 국가 발전과 통일의 밑거름이 됨을 우리에게 시사하고 있다.

둘째 부정부패의 일소가 중요하다

큰 나무는 도끼를 찍는다고 해서 넘어가지는 않는다. 나무에 곰팡이와 벌레가 썩게 만들어 거목을 자괴하게 만드는 것이다. 국가 역시 마찬가지다.

부정부패는 국가를 몰락시킨다. 베트남 전쟁 당시 전력이 절대적으로 우세하던 미국이 패퇴하게 된 것도 월남정권과 사회가 부정부패로 얼룩졌기 때문에 제대로 기강이나 힘을 쓰기가 어려웠던 것에 기인한다. 이른바 상탁하부정(上濁下不淨)인 것이다. 윗물이 맑아야 아랫물이 맑게 되고 사회질서가 제대로 잡히게 되는 것이다.

셋째 국민화합이 핵심이다

일찍이 맹자는 전쟁에 있어서 가장 중요한 것은 국민의 화합이라고 했다. 즉 천시(天時)는 지리(地利)만 같지 못하고, 지리(地利)는 인화(人和)만 같지 못하다고 했다. (天時不如地利, 地利不如人和) 북베트남은 호찌민이라는 청빈한 국민적 지도자하에 단합되어 있었던데 비하여,

남베트남은 부패한 정권하에 국민화합이 이루어지질 않았기 때문에 북베트남 주도하에 통일을 이룰 수 있었다고 생각된다. 이상과 같은 세가지 점들은 오늘날 남북대치의 한반도 정세에 시사하는 바가 크다고 생각된다.(2021.07.21)

알권리와 정보공개제도

1948년 세계인권선언 제19조에서는 「모든 사람은 모든 수단에 의하여 국경을 초월하여 정보·사상을 요구하거나 입수 또는 전달할 자유를 갖는다」라고 규정하고 있다. 또한 독일 헌법 제1조 5항에서도 「일반적으로 접근할 수 있는 정보원으로부터 방해받지 아니하고 정보를 수집할 자유를 가진다」라고 규정하고 있다.

알권리의 개념은 다의적인 것이기는 하지만, 정보공개제도와 관련하여 논의되는 경우에는 「정보공개청구권」으로서의 정보 접근권이라고 할 수 있다. 즉, 알권리라 함은 일반적으로 접근할 수 있는 정보원으로부터 방해받지 않고 보고, 듣고, 읽을 자유와 권리일 뿐만 아니라 정보의 공개도 청구할 수 있는 권리를 뜻한다.

현대사회가 정보화 사회로 급속히 진전됨에 따라 ① 정보의 양적 거대화 ② 정보의 독점화, ③ 정보유통의 불균형 ④ 정보유통에 수반되는 인권침해 문제 등이 중요한 국가적 관심사로 등장하게 되었다. 과거 생산의 3요소가 자본·토지·노동이었다면 오늘날 정보사회에 있어서는 「정보」가 생산의 제4요소로 추가되었다. 문제는 「정보」라는 제4요소가 앞서 종래의 3요소를 압도하고 있다는 점이다.

현대사회는 인구의 폭증과 경제 · 사회 · 과학기술의 급속한 발전으로 인하여, 이와 관련되고 있는 각종의 정보들이 매우 빠른 속도로 유통되며 그와 비례하여 점차 그 양이 증폭되고 있다. 즉 개인이 수용하고 있는 정보의 양은 해가 지날수록 거의 제곱으로 증가되어 인간의 능력으로 소화될 수 없으며, 컴퓨디 등을 이용하여 관리하고 있다. 이와 같이 대량의 정보를 체계적으로 관리함에 있어서 적응하는 사람은 성공하고 적응하지 못하는 사람은 낙오자가 되고 있다.

이는 학문을 연구하는 교수, 법률업무를 담당하는 입법기관, 변호사, 판사 등이 모두 홍수처럼 밀려오는 새로운 정보를 입수하여 이에 따른 종합적 관리시스템을 확보하고 적절히 선택 · 판정함으로써 그 방면의 전문가가 되거나 명 판정을 내릴 수 있기 때문이다. 특히 기업을 경영하는 경우 정보의 관리는 기업의 성패와 관련이 있으며 국가의 경우도 마찬가지라고 할 것이다.

즉, 고도의 정보산업사회에서는 누가 어떤 양질의 정보를 얼마만큼 가지고 있느냐에 따라 국가간 · 기업간 · 개인간 우열이 판가름나게 된 것이다. 사회가 종래의 하드웨어적 사회에서 소프트웨어적 사회로 전환한 것이다. 정보독점이 이루어지고 정보공개가 억제를 받는다면 결과적으로 다량의 정보를 획득 보유한 자는 「정보부자」가 되는 반면에, 그렇지 못한 사람은 「정보 빈자」가 되는 것이다. 따라서 정보의 「부익부, 빈익빈」 현상이 벌어지게 되며, 이는 현대사회에 있어서 정보가 「재산적 가치」를 띠게 됨에 따라 소득의 격차로 연결되기도 하는 것이다. 정보문제는 국민의 기본권과 직결되는 문제가 되는 것이다.

공공기관에서 보유·관리하고 있는 정보는 그 자체가 국민에게서 유래된 것이므로 그 정보의 주체는 국민이어야 하는 것이다. 그러한 의미에서 정보주권 원리가 민주주의 국가에서는 필수적인 것으로 된다. 정보는 국민의 것이라는 전제하에 국민으로 하여금 개인의 인간다운 삶과 주체로서의 생활을 영위할 수 있도록 정보의 접근이용을 보장해야 한다. 일반국민이 정부의 행정활동이나 국가 활동에 대하여 정보를 필요로 할 때 국가 등 공공기관을 통한 정보획득이 어렵게 된다면, 해당 국민은 정부활동에 대하여 정확한 판단을 내릴 수 없게 될 뿐만 아니라, 주권자로서의 국정감시·비판도 제대로 할 수 없게 된다.

나아가 정보관리에 권력의 적극적인 개입이나 독점이 이루어지게 되는 경우 일반국민은 피치자로서의 역할만 하게 됨으로써 자유로운 주체로써 또는 주권자로서 자율적인 판단에 입각한 생활을 해 나가기 어렵게 된다. 이것은 결과적으로 민주주의의 근간을 흔들어 놓는 결과를 야기하는 것이다. 따라서 공공기록은 공공의 재산(public records are public property)이라는 인식하에 정부는 국민의 정보접근이용권을 보장해야 한다. 국민의 정보주권 원칙을 확립함으로써 알권리가 보장되고 민주국가의 「인간의 존엄과 가치」를 구현할 수 있게 되는 것이다.(행정포커스, 한국행정연구원, 2003. 11/12호)

21세기형 리더십

리더십을 가진 사람을 리더라고 부른다. 그러면 리더십이란 무엇인가, 견해의 차이는 있어도 리더십이란 일반적으로 하나의 목표로 향하도록 하는 영향력을 뜻한다. 리더십(leadership)은 조직구성원들로 하여금 자발적으로 기꺼이 공동목적을 향해서 협조케 하는 점에서 구성원의 행동을 명령과 강제에 의하여 지배하는 헤드십(headship)과 구별된다.

동양에서는 흔히 사람을 대인(大人)과 소인(小人)으로 구분하기도 한다. 소인은 자기 이익만을 우선적으로 챙기고 네편, 내편을 가르며 편협한 사고방식을 가진 사람을 말한다. 따라서 소인이 있는 곳에는 항상 갈등과 분쟁이 야기되기 마련이다. 소인의 무리를 소인배(小人輩)라고 비하하기도 한다. 이에 비하여 대인은 자기보다 공동이익을 먼저 생각하며 타인에게 감화와 동기를 부여하는 사람이다. 그릇이 큰 사람이라고 하여 대인군자(大人君子)라고 높여 부르기도 한다.

리더 또는 대인군자가 되는 조건에는 여러 가지가 있을 수 있으나 병법의 대가인 손자(孫子)는 용기(勇), 지혜(智), 어짊(仁), 엄격함(嚴), 신용(信)의 다섯 가지를 꼽고 있다.

① 용기는 무턱대고 앞으로 나아가기만 하는 필부지용(匹夫之勇)이 아니라 나아가야 할 때는 결단성 있게 나아가고, 물러서야 할 때는 과감히 물러설 줄 아는 용기를 뜻한다.

② 지혜란 상황을 정확히 파악하고 이에 유연하게 대처 할 수 있는 사고력을 의미한다.

③ 어짊이란 다른 사람의 입장에서 생각하고 상대방에게 먼저 베푸는 것을 말한다. 공적은 부하에게 돌리고 책임은 자기가 지는 것과 같다.

④ 엄격함이란 읍참마속(泣斬馬謖)의 자세를 가지고 기강과 질서를 바로잡는 것을 말한다.

⑤ 신용이란 한번 입 밖에 낸 말은 번복하는 일이 없고, 약속은 반드시 지키는 것을 뜻한다.

리더십에 관한 초창기 이론은 이러한 특출 난 자질을 가진 사람이 리더가 된다는 자질론(trait theory)이 주장되기도 했다. 뛰어난 영웅이나 인물이 시대를 만든다는 것이다.

그러나 그러한 걸출난 자질을 완벽하게 갖춘 사람이 현실적으로 존재하기는 어렵다. 또 아무리 자질이 뛰어나더라도 처해진 상황에 따라 리더십 발휘 정도가 달라지게 된다. 그래서 특정인이 처해진 여건에 따라 리더십의 여하가 결정되는 상황이론(contingency theory)이 거론되기도 했다. 그리고 리더십은 리더의 개인적 자질과 그가 처한 상황, 그리고 추종자간의 상호작용에 의해 결정된다는 통합이론(interaction theory)이 제기되기도 했다.

그러면 오늘날 21세기에 있어서 바람직한 리더십의 형태는 무엇인가?

주지하는 바와 같이 우리가 살고 있는 오늘의 시대는 정보와 기술이 급속히 발전해서 시간적·공간적 요소가 엄청나게 단축되었다. 체력으로 버티던 시대가 지나가고 머리와 정보력에 의해 승패가 좌우되는 시대가 된 것이다. 강물은 도도히 흘러가고 있기 때문에 똑같은 한강물에 발을 씻을 수는 없다. 시대가 변했기 때문에 리더십의 형태도 마땅히 변하게 된다.

우리나라의 60~70년대의 개발연대에 있어서의 리더십 스타일은 가부장적 리더십이었다. 가부장적 리더십이란 가부장권을 가지고 있는 가장이 절대적이고 일방적인 권위를 행사하는 통솔 방식을 뜻한다.

그러나 이러한 종래의 통솔방식을 가지고는 오늘날 조직 목표의 효율적인 달성을 기하기 어렵게 되었다. 사회환경이 엄청나게 변했고, 사람들의 사고방식과 인식의 틀이 모두 바뀌었기 때문이다.

오늘날의 지도자는 그들의 추종자들로부터 순응(compliance)이 아닌 적극적 참여(commitment)를 확보해야만 한다.

그 결과 권위에 의존하기 보다는 추종자에게 지식을 창조하고 공유하도록 유도하는 새로운 형태의 리더십이 요청되고 있다.

따라서 21세기 리더십스타일은 권력을 리더가 독점하는 것이 아니라, 하위자와 공유하며 자율 경영이 가능하도록 하위자의 능력을 개발하는데 초점을 두어야 한다. 하위자들을 강압에 의한 복종이나 감정적동화에 의해서가 아니라 주인의식에 기초한 동화에 의하여 업무를 수행해나가게 해야 된다. 환언한다면 리더는 자신이 영웅이 되는 것이 아니라, 하위자들을 영웅으로 만들어내는 역할을 담당하는 데 중점을 두어야 한다.

앞으로 성공적인 리더는 새로운 경쟁상황과 변화하는 환경에 대응하여 이상적인 조직형태와 제도를 만들고, 구성원 한사람 한사람의 능력을 개발해 주어 그들이 바람직한 마음가짐과 창의적 행동을 하도록 동기를 부여해 주는 사람이 바로 바람직한 리더인 것이다.

태산은 흙을 가리지 않는다. 그래서 클 수가 있다. 큰 강과 바다는 물을 가려 받지 않는다. 그래서 크고 깊은 것이다. 21세기 리더는 자기가 모두 해치우는 힘을 발휘하는 것이 아니라 조직구성원에게 각자의 일을 맡겨 큰 줄기만을 쥐고 조직을 효과적으로 통솔하는 것이라고 할 수 있다.(행정포커스, 한국행정연구원, 2004. 9/10호)

모방과 경청

모방의 사전적 의미는 "본떠서 함" 또는 "흉내를 냄"으로 되어 있다. 남을 모방하는 것은 일반적으로 좋지 않은 것으로 인식되고 있는 것이 현실이다. 그것은 남의 것을 본뜨거나 흉내를 낸다는 것은 창의력이 부족하거나 주체성이 없는 사람의 행동으로 인식되기 쉽기 때문이다.

그러나 모방을 하다보면 새로운 착안을 할 수도 있고 기존의 것에 새로운 아이디어를 추가하여 새로운 제품을 만들어 낼 수도 있게 된다. 이렇게 되면 모방이 모방에서 끝나는 것이 아니라 새로운 발전과 혁신을 이루게 되는 계기가 되는 것이다.

세계에서 모방을 제일 잘하는 것으로 알려진 나라는 일본이다. 일본이 오늘날 세계 제품시장을 석권하게 되었던 것도 결코 모방과 무관하지는 않다. 일본은 1868년 명치유신 직후부터 천황칙령으로 모방을 장려해왔다. 5개 조항으로 이루어진 명치천황칙령 제5조에"일본은 출처를 불문하고 새로운 지식과 기술을 받아들이고 학생을 미국과 유럽에 파견하여 그곳의 문물을 배우도록 하며 외국의 전문기술자를 초빙하여 일본전역에서 그들의 지식을 전파할 수 있게 한다"라는 내용의 규정을 두고 있다.

일본인들은 미국사람들이 개발해 놓은 자동차, 트랜지스터, 컴퓨터 등을 비롯하여 독일 사람이 만들어 놓은 카메라, 광학제품, 스위스 사람들이 개발한 전자시계 등을 들여와 줄기차게 모방하다가 몇 단계 우수한 상품을 만들어 냄으로써 종주국들을 패퇴시키는 성과를 올렸던 것이다.

1960년대 일본상품에 대한 미국인들의 인식은 싸구려 불량품, 모조품 등이었다. 그러나 40여년이 지난 오늘날 일본상품에 대한 미국사람들의 인식은 고품질, 최신기술, 세련미, 결점전무의 첨단기술품등으로서 격세지감을 느끼게 하는 변화된 모습을 보이고 있다. 지금 뉴욕이나 로스엔젤레스 등 어느 미주지역을 막론하고 미국인들은 일본생산의 자동차와 카메라 등을 가진 것을 아주 자랑스럽고 만족하게 생각하는 것이 현실이다.

이렇게 저질 싸구려 일본상품이 고급스러운 특급 상품으로 변모할 수 있었던 것은 일본고유문화를 바탕으로 외국 우수 문물을 주저 없이 받아들이고 이를 체질화하는데 일본사람들은 능란했던 것에 기인한다고 생각된다.

제품 생산 분야 뿐만 아니라 바둑 · 예술 등 모든 분야도 처음 시작할 때는 모방부터 비롯된다고 할 수 있다. 바둑을 잘 두려면 우선 바둑 명인들의 기보(棋譜)를 암기하여 흉내바둑을 계속 두어 보는 것이 기량발전의 중요한 요체중의 하나로 꼽히고 있다. 학문연구 분야 역시 좋은 글을 많이 읽고 꾸준히 연마하다 보면 나름대로의 세계가 열려지게 되는 것이라고도 할 수 있다.

그렇다고 무턱대고 무비판적으로 모방하는 것만이 좋다는 의미는 아니다. 자기 나름대로 과감히 수용할 것은 수용해서 이를 발전시켜 나가는 의미의 모방을 뜻한다. 요즘 흔히 인구에 회자되는 벤치 마킹(Bench Marking)과도 통하는 의미이다.

경청(傾聽)의 사전적 의미는 "귀 기울여 들음"이다. 남의 말 가운데는 다양한 정보나 새로운 아이디어가 포함되어 있는 경우가 많고, 이들 정보나 아이디어는 발전의 밑거름으로 유용하게 활용될 수 있다. 그러기 때문에 상대방 말에 잘 경청할 필요가 있는 것이다.

가장 대화를 잘하는 사람은 남의 말을 잘 듣는 사람이라고 한다. 남의 말 듣는 것과 자기가 말하는 것의 비율이 6 : 4가 되는 것이 바람직하다고 한다. 남의 말 듣는 비중이 더 높다는 것이다. 학술세미나, 또는 토론 장소에 가보면 의사소통(Communication)이 원활치 못한 경우를 간혹 발견 할 수 있는데 이는 서로가 상대방 발언에 귀 기울이는 것을 소홀히 하는데서 비롯된 것이 많음을 알 수 있다.

올바른 경청은 상대방과의 의사소통을 원활히 하고 상대방에게 협조를 이끌어 내게 된다. 부처님도 "마주보지 않고 등을 돌린 채 얘기를 듣는 사람은 싫어 한다"는 말이 있다. 대화의 당사자가 서로 상대방에 대하여 관심을 갖고 진지한 분위기가 조성된 상태에서만 진정한 대화가 이루어질 수 있다. 관여(involvement)없는 대화는 일방의 타방에 대한 선전이나 광고에 불과하다.

부하의 말을 경청하면 하의상달(下意上達)이 제대로 되어 조직이 활성화되며, 타인의 말을 경청하면 새로운 정보 · 지식을 얻게 되어 자기 혁신과 발전이 이루어지게 된다.

"우리나라에는 인물이 없다"라고 한탄하는 사람에게 도산 안창호 선생께서는 이렇게 답했다. "인물이 없다고 하는 그 사람 자신이 인물 공부를 하면 된다"라고. 위대한 인물을 본뜨느라고 노력하면 어지간한 인물이 될 수 있고, 상대방의 말을 진지하게 경청하다보면 훌륭한 의견을 제시 할 수 있게 되는 이치와 같다.

(행정포커스, 한국행정연구원, 2004. 5/6호)

오수(五守) 원칙

현대민주정치의 발전과정에서 가장 병적인 존재로 부각된 것 중의 하나가 공직자의 부패문제였다. 오늘날 공직자의 기능과 영향력은 매우 광범한 것이기 때문에 그들의 부패가 사회전체를 오염시키는 파급영향이 심대했으며, 정부와 국민 간에 건널 수 없는 깊은 불신을 조성하여 정치 · 행정체제를 항상 불안하게 하여 왔고 행정의 비효율성을 야기하는 요소로 작용하여 왔다. 행정학자 Paul. H. Appleby는 "미숙하고 비능률적인 행정행위가 정부의 중요한 문제가 아니라, 보다 복잡하고 미묘한 문제는 관료들의 비윤리성에 있다"라고 지적한 바 있다.

따라서 공직자의 윤리성 확립은 언제나 정치 · 행정체제가 직면한 중대문제였다고 하지 않을 수 없다. 사실 어느 나라 어느 시대를 막론하고 집권계층은 국민으로부터 신뢰를 획득하기 위하여 깨끗한 정부구현에 작건 크건 간에 모두 노력해 왔고, 그를 위한 제도적 · 법적 장치를 마련 · 시행하여 왔다.

공직자의 부패(corruption)란 다의적이며 문화적인 개념이기는 하나 일반적으로 공직자가 그의 직무와 관련하여 부당한 사익(private rewarding)을 취하는 행위를 의미하는 것으로 볼 수 있다. 결국 부패는 공직자가 지켜야 할 행동규범의 하나인 청렴의무를 위반하는 행위를 의미한다. 부패가 발생하는 요인에 대하여는 보는 이의 관점에 따라 상이할 수 있으나 대체적으로 ① 정치구조의 취약성, ② 정부기능의 허약성, ③ 관리기준의 비현실성, ④ 직업공무원제의 미흡, ⑤ 이권의 증가와 다양화, ⑥ 사회적 불안정 및 ⑦ 관직사유의식 등이 지적되고 있다.

아시아에서 공직자의 부정부패추방에 가장 성공한 나라는 대만과 싱가포르를 꼽고 있다. 대만의 경우 공직의 부패가 큰 요인이 되어 국민당정부가 중국본토를 빼앗기게 되었기 때문에 부패추방을 강력히 추진하였다. 대만은 깨끗한 정부를 만들기 위하여 1963년에 전시부패방지법(戰亂時期貪汚治罪條例)을 제정하여 금품수수와 횡령 공직자는 최고 사형까지 처하도록 규정했다. 또한 공직자의 행동기준으로 1972년에 혁신요구 10항목(革新要求十項目)을 제정하여 공직자의 유흥업소 출입금지, 향응금지, 공무집행책임제, 환영 · 환송 동원금지, 관혼상제의 안내장 제한, 예산절약을 위한 전용금지, 불필요한 회의금지 및 부하의 상신권리와 상관의 부하의견 청취의무 등 공직자의 기강을 쇄신하는 일대혁신조치를 취하였다.

대만정부의 가장 유명한 것으로는 오수(五守)원칙을 들 수 있다. ① 守時: 시간을 지키는 것, ② 守分: 분수를 지키는 것, ③ 守法 : 법을 지키는 것 ④ 守秘: 비밀을 지키는 것, ⑤ 守信: 신용을 지키는 것의 5가지 실천덕목을 제시하고 그 실천을 엄격히 요구하고 있다. 대만 공무원들은 5守 원칙을 철저히 지키고 있기 때문에 부정부패는 생각하기 어렵고, 또한 특권층이 따로 존재할 수가 없었다. 이 같은 일련의 과감한 조치로 국민들이 가지고 있던 정부와 지도층에 대한 불신이 점차 사라지고 신뢰사회의 뿌리가 내리기 시작하여 오늘날 대만

경제의 번영을 이룩한 원동력이 되었다고 평가되고 있다.

우리나라의 경우 경제규모는 세계 10위권임에도 국가투명도지수(Corruption Perceptions Index, CPI)는 조사대상국 146개국 중 47위를 기록하고 있다. 133개국 중 50위에 머물렀던 지난해 보다 다소 개선되기는 했으나 1995년부터 10년 동안 한국의 CPI가 10점 만점에 3.8~5.02점으로서 계속 중위권수준에 머물고 있는 실정이다.

「청렴하면 공평하고 공평하면 명확할 것이다. 행정을 하는 데는 백성을 사랑하고 만물을 사랑하는 마음가짐을 가져야 한다. 廉則公, 公則明, 爲政, 以仁民愛物爲心.」 조선조 선조 때 이원익대감이 그 아들이 고을 수령으로 부임할 때 경계한 말이다. 「직책을 제대로 수행하려는 자는 반드시 인자해야 한다. 인자하려면 반드시 청렴하여야 하고 청렴하려면 반드시 검약해야 한다. 善爲牧者 必慈, 欲慈者 必廉, 欲廉者 必約, 節用者 牧之首務也.」고 목민심서에도 적혀 있다.

이 모두가 부정부패의 폐해가 어떤지를 정확히 알고 이를 경계한 선현들의 가르침인 것이다. 역사적으로 우리에게는 선비정신, 청백리정신이 면면히 이어져 오고 있다. 공직사회를 맑고 깨끗이 해서, 서로가 서로를 믿는 신뢰사회를 구축하고, 선진국으로 진입해야 한다. 그러기 위해서는 무엇보다도 공직수행의 청렴성과 투명성의 확보가 가장 중요하고 이러한 의미에서 대만정부의 5수원칙은 타산지석이 될 수도 있는 것이다.(2006.09.15)

고령화 사회와 사회안전망

지난 세기만 하더라도 환갑이 지나면 노인 취급을 받았었다. 60세가 되면 자기 나이를 다 찾아먹고 이제부터 남의 나이를 먹고 있다고도 했다. 또, 인생 70은 흔치 않다고 해서 「人生七十古來稀」라는 말도 인구에 회자 되곤 했다. 하긴 그것도 무리가 아닌 것이 통계에 따르면 20세기 들어설 때 평균 수명(life span)은 49세에 불과했다고 한다. 그러던 것이 의술의 발달과 생활환경의 개선 등에 따라 20세기 말에는 평균 수명이 70세에 이르렀다고 한다. 한 세기만에 무려 21년이라는 수명이 늘어나게 되었던 것이다.

오늘날 환갑잔치 대신에 부부여행을 떠나는 것이 상례로 되었고, 또 60대가 동네 노인정에 가면 청년 취급을 받는 세상이 되었다고도 한다. 아마도 이러한 추세라면 21세기 말에는 누구나 100세까지 살 수 있는 꿈같은 현실이 다가올지 모르겠다. 유엔에 따르면 우리나라의 평균 수명은 2005년도 76.8세로 나타나고 있다. 최장수 국가인 일본은 82.8세를 마크하고 있다.

선진국을 중심으로 고령화가 진행되고 있는 가운데 우리나라는 급속한 출산율 하락 및 평균수명의 연장으로 빠르게 고령 사회로 진입하고 있다. 합계 출산율은 2003년 현재 1.19로 OECD 국가 중 가장 낮은 수준(OECD평균 1.6, 미국 2.01, 영국 1.65, 프랑스 1.88, 일본 1.32)을 기록하고 있다.

통계청의 인구추계에 의하면 2000년 65세 이상 고령자가 인구의 7.2%를 차지하여 이미 고령화 사회로 들어간 우리나라는 2018년 노인인구가 전체인구의 14%를 넘어선 고령사회가 되고, 2026년에는 노령인구 비중이 20% 이상인 초 고령사회가 될 것으로 전망되고 있다.

우리나라 고령화 속도는 미국, 일본 등에 비하여 엄청나게 빠르게 진행되고 있다. 즉, 고령화 사회에서 고령사회로 옮겨가는데 걸리는 시간이 일본은 24년, 미국은 72년인데 비하여 우리나라는 18년에 불과하다.

장수는 오복중의 하나로서 돈과 건강만 보장된다면 축복 받을 일이다. 그러나 노년에 가난과 질병에 시달린다면 수명연장은 비극과 고통일 것이다. 고령사회는 경제적으로 많은 문제를 야기하게 된다. 급격한 고령화로 인해 우선 생산가능 인구 및 취업자 수 증가율이 급격히 둔화 될 것이며 피부양 인구비중 증대에 따른 저축률하락, 그리고 복지비용 상승 등이 예상된다. 따라서 적절한 대비책이 없을 경우 그 만큼 잠재 성장률이 하락할 것으로 예상되고 있다.

우리나라의 경우 고령화가 신속하게 진전됨에도 불구하고 사회안전망은 제대로 갖추지 못하고 있는 실정이다. 노후대비의 핵심적 사회 안전망인 국민연금은 잘못된 제도설계로 인하여 재정고갈의 위험성이 지적되고 있고, 또 국민 연금만으로 안정된 노후 생활을 유지할 수 있을 것인지도 의문으로 제기되고 있다. 이제 자식이 노후 밑천인 시대는 지났으며 그렇다고 연금에 전적으로 의지 할 수도 없는 상황에 처해 있는 것이다. 요즘 얘기되는 것처럼 30대부터 일찌감치 노후 대비책을 강구해야 된다는 말이 실감이 나는 상황에 있는 것이다.

인구의 고령화로 인하여 전체 인구 중 20대가 차지하는 비중은 2000년 17.5%에서 2005년 15.8%, 2010년 13.9% 등으로 감소하게 될 전망이다. 반면 50-64세 인구의 비중은 2000년 13.2%에서 2005년 14.5%, 2010년 18.1%로 증가하게 되고 이와 같은 추세에 따라 취업자의 평균연령은 계속 상승할 것이다. 지속적인 고용안정과 일자리 창출이 국가의 시급하고도 중대한 과제로 되는 것이다.

전 세계 많은 전문가와 학자들은 고령화를 시한폭탄 또는 허리케인에 비유하며 사회경제적 파급효과와 그 역작용등을 우려하고 있다. 질병, 고독, 빈곤, 갈등, 지구온난화 야기 및 물 부족 초래 등이 대표적이다. 급속하게 진행되고 있는 고령화 사회에 대비하여 만일 정부가 적절한 재정적 방안 마련과 예방적 조치 등을 통해 사회 안전망을 마련하지 못하게 되면 사회 불만이 심화되고 정부 실패로 귀결 될 위험성이 크다.

우리 정부도 보건복지부 산하에 저출산·고령화 대책전담부서를 설치 운영하고 있으며 아울러 관련 위원회도 가동하고 있다. 고령화에 대비한 사회 안전망을 구축함에 있어서는 단기적인 성과에 치중하기 보다는 장기적이고 체계적인 분석과 연구에 따른 근본적인 대책 강구가 보다 중요하다고 할 것이다.

(행정포커스, 한국행정연구원, 2006. 3/4호)

갈등 해결 전문가 양성이 시급하다

사회가 단순사회에서 복합사회로 변화될수록 갈등과 분쟁은 더욱 빈번하게 일어나게 된다. 우리 속담에 「가지 많은 나무 바람 잘 날 없다」라고 하듯이 엄청난 사회의 분화속에서 갈등과 분쟁 때문에 하루도 편안할 날이 없게 된 것이다.

새만금간척사업, 폐기물처리장건설, 정규직 · 비정규직문제, 세제문제, 교육문제 등 우리 주변에 논란과 분쟁에 휩싸이지 않은 것이 거의 없을 지경이다. 노사 대립, 지역 갈등, 계층간 갈등, 세대간 갈등 등은 정권의 변동과 관련 없이 끊임없이 전개되는 갈등문제이기도 하다.

그러나 골치 아프기만 한 이러한 갈등도 따지고 보면 반드시 해로운 것만은 아니다. 갈등으로 잠재해 있던 모순된 요소가 불거져 나와 공론화됨으로써 제대로 해결의 실마리를 찾을 수 있게 되어, 새로운 발전의 동력이 되기도 하는 것이다. 비온 뒤에 땅이 더 굳어지는 것과 같은 것이며, 망치로 많이 두드려 맞을수록 제대로 명검이 되는 것과 같은 이치이기도 하다.

이제 한국은 GDP가 6800억 달러로서 세계 11위의 경제규모도 크게 성장했고 1인당 국민소득도 14,000달러에 이르렀다. 세계가 칭송하고 있는 한국의 발전도 따지고 보면 4·19와 5·16 그리고 10·26과 6·29같은 사회적 혼란과 국가적 갈등을 극복하는 과정 속에서 성장과 발전이 이루어진 것이다.

어쨌든 갈등과 분쟁은 어느 국가, 어느 사회, 어느 시대를 막론하고 일어나는 보편적인 현상이라고 할 수 있다. 변화와 발전과정에서 불가피하게 일어나는 필요악(necessary evil)이라고 할 수 있다. 문제는 이러한 갈등을 어떻게 슬기롭게 대처할 수 있느냐 하는 것이다.

어떻게 하면 모두가 흔쾌히 동의할 수 있는 상생(win-win)의 해법을 찾아나가느냐 하는 것이다.

우리보다 앞서 시민사회가 형성되고 일찍이 분쟁의 시대를 경험한 미국 등 서구 선진국에서는 수십년 전부터 각종 갈등 분쟁에 대한 효과적인 해결 기법, 제도를 발전시켜왔다. 분쟁해결 전문가를 양성하고 효과적인 분쟁해결 절차를 도입한 것이 그것이다.

갈등해결의 가장 기본적인 방식은 당사자 간의 협상과 토론이다.

가부장적 권위주의의 유교문화권이 아직 잔존하고 있는 우리사회는 아직 토론과 협상의 문화가 미성숙상태에 있다. 이러한 상황에서는 중립적인 입장에서 분쟁을 조정하고 협상을 유도해 주는 조정인(mediator)과 중재인(arbitrator) 같은 분쟁해결전문가의 도움이 매우 절실하다.

현재 국내 각 분야의 분쟁조정기구(환경분쟁조정위, 언론중재위, 금융·통신분쟁근정위 등)들이 있기는 하지만 턱없이 부족한 것이 분쟁전문가라고 할 것이다.

선진국에서는 중재 등 분쟁해결활동이 하나의 전문직업으로 형성되어 있다. 미국의 경우, 분쟁해결전문가협회(SPIDR)에 가입된 중재인만도 3천명이 넘는다고 한다. 중재인은 당사자들이 건설적인 대화를 통해 오해를 풀고 얽힌 문제를 함께 풀 수 있도록 돕는 역할을 할 뿐이다. 그래야만 당사자들이 서로를 깊이 이해하고 진정 화해할 수 있기 때문이다. 그 과정에서 중재인들은 다양한 기법을 활용해 분쟁 당사자들이 함께 최선의 해결책을 만들 수 있도록 도와주는 것이다. 공공분쟁이 발생하면 정부에서는 이러한 전문가들에게 개입을 요청한다. 당사자들이 자발적으로 합의에 이르는 성공률은 낮은 반면에 중재인이 개입하는 경우에는 분쟁해결율이 상당히 높게 올라가게 되는 것이다.

그간 우리사회도 엄청나게 변화했고 정부기능도 복잡·다양해졌다. 이제 제대로 된 분쟁해결제도를 마련하고 또 이를 운용해 나갈 전문 인력의 양성이 시급하다. 분쟁해결 전문가들을 양성할 교육기관과 훈련 프로그램을 만드는 것이 필요하다. 선진국일수록 이러한 전문가를 배출하는 교육기관이나 훈련프로그램이 다양하다. 우리의 경우 다소 늦은 감이 있기는 하지만 지금부터 시작해도 선진국에 못지않게 갈등해결전문가를 양성할 수 있는 능력과 추진력이 있다고 생각된다.(행정포커스, 한국행정연구원, 2005. 11/12호)

고객만족 행정

찰스 다윈의 적자생존의 원리는 생태계에만 해당되는 것이 아니라 기업간 · 국가간에도 적용된다. 특히 오늘날과 같은 무한경쟁의 글로벌 시대에 있어서는 강한 국가 · 초일류 기업만이 생존해 나갈 수 있다. 스포츠계에서도 같은 원리가 적용된다. 지구촌을 열광케 하는 월드컵 축구에서도 강한 팀만이 경쟁 대열에 진입할 수 있다.

고객을 상대로 제품을 생산 판매하는 기업에 있어서는 누가 얼마만큼 신속하게 고객을 만족시키는 가가 성패의 관건이 된다. 전자제품 세계시장에서 SONY를 앞지른 삼성전자의 경우, 안 팔리는 물건은 아예 만들지 않는다는 것이 기업 방침이라고 한다. 고객이 찾지 않는, 고객에게 만족을 줄 수 없는 제품은 생산하지 않는다는 것이다.

햄버거로 세계시장을 석권한 맥도날드 회사의 경우 역시 고객만족의 서비스 정신 발휘는 유명하다. 이 회사는 수 없는 실험과 연구를 거듭한 결과 고객이 가장 맛이 있다고 느끼는 빵의 두께는 17mm라는 점을 알아내서 이를 표준화 했다. 아울러 햄버거는 만든 후 10분, 튀김감자는 튀긴 후 7분이 가장 맛이 있는 시간이므로 만일 이 시간이 경과하면 버린다고 한다. 이렇게 고객의 기호에 맞추어 역지사지

(易地思之)함으로써 제품의 질을 가장 우수하게 창출했던 것이다.

물론 이러한 서비스 정신은 행정부문에도 도입이 가능하다. 행정을 폄에 있어서 고객인 국민의 소리를 들어야 하고 국민의 뜻에 부합하는 행정서비스를 제공해야하기 때문이다.

일본의 한 지방도시에 전원분위기를 조성하기 위하여 연못을 만들어 놓았더니 개구리가 번성하여 인근주민들이 잠을 제대로 이루지 못할 정도까지 되었다. 그런데 어느 날 갑자기 개구리 울음소리가 멈추게 되었는데, 나중에 알고 보니 시청에서 시직원들을 교대로 밤새 연못에 돌을 던지게 함으로써 개구리들의 울음소리를 그치게 했음이 판명되었다. 물론 이런 일까지 공무원들이 해야 할 것인지는 논란의 대상이 될 수도 있다. 그러나 주민들의 수면까지 돌보는 행정서비스 정신은 높이 평가하지 않을 수 없다.

고객의 소리(voice of the customer)를 적극적으로 귀담아 들어야 고객과의 눈높이를 맞출 수 있고 그래야 고객만족(customer satisfaction)이 이루어지게 된다.

결국 고객만족 행정을 구현하기 위해서는 국민이 불편해 하지 않는 행정형식과 절차를 제공해야하며, 또 행정 서비스를 적기에 신속하게 제공함으로써 대기비용을 절감해야 한다. 아울러 국민들에게 심리적 안정감과 편안함 및 신뢰감을 줄 수 있는 행정서비스가 이루어져야 한다.

이렇게 각 행정기관과 해당공무원들이 질 높은 행정서비스를 제공할 때 국민들로 하여금 만족감을 느끼게 할 수 있다. 그리고 행정기관의 이미지를 쇄신하고 정부의 신뢰성을 증가할 수 있게 된다. 이는 결국 정부 전체의 경쟁력을 제고(提高)하는 계기가 될 것이다. 그리고 고객만족 행정을 펼침에 있어서는 거창한 구호나 캠페인 보다는 오히려 작은 부분이라도 국민이 원하는 것이 무엇인지를 정확히 파악하고 그 불편을 해소하는데 최선의 노력을 하는 것이 실효성이 있다.

아울러 고객에게 불만이 있는 경우, 그 불만을 실제로 표시하는 사람은 극소수라는 점, 그리고 그 불만의 소리 중 불과 5% 정도만이 관리층에게 보고된다는 유명한 굿맨(J. Goodman)의 법칙은 언제나 유의할 사항이다.(서울신문, 1994.06.28 굄돌)

실질의 추구

바둑으로 세계를 제패한 이창호기사의 기풍(棋風)은 두텁고도 실질을 추구하는데 특장(特長)이 있다고 한다. 태산과도 같은 묵중함을 지닌 채 견실하고도 두텁게 두어나가는 그의 바둑에 일본과 중국의 기라성같은 바둑명인들이 추풍낙엽처럼 떨어지는 것이다.

히말라야를 정복한 등산가를 따라 산행을 다녀온 적이 있다. 그는 서둘지도 않고 느리지도 않게 자기 류(流)대로의 등산을 하는데 전혀 자세의 흐트러짐이 없이 산의 정상에 오르는 것이었다. 실질적인 산행을 하는 모습을 보고, 저런 자세와 행보(行步)라면 히말라야보다도 더 높은 곳이 있더라도 오를 수 있을 것이라는 생각이 들었다. 전혀 허세와 가식이 없는 산행이었던 것이다.

근면성실과 실질을 추구하는 국민으로 손꼽히는 독일민족이 역사상 지속적인 국가발전과 문화창조를 해나가는 것은 세계가 인정하고 있다. 모든 면에 있어서 형식보다는 알맹이인 실질을 추구하는 것이 무엇보다도 중요하다는 것을 보여주는 것이다.

우리나라 행정문화의 두드러진 특징의 하나로 의식주의 (儀式主義)가 꼽힌다. 명분적 가치를 중심으로 한 의식주의가 보편화 될 때 행정은 내용보다는 겉치레 위주로 빠지게 된다. 형식이 내용보다 중요시되어 본질적이고 근본적인 것들이 뒷전에 밀리게 된다. 공무원의 행위가 고객에게 얼마나 많은 만족을 주고 있는가 하는 질적인 문제보다도 그 행위가 법규나 절차적인 요건에 부합하고 있는가에 더욱 신경을 쓰게 된다. 감사를 할 때에도 행정의 효과성과 능률성을 따지는 측면보다 공무원의 행정행위가 법규에 어긋나지 않는가의 적법성 위주로 이루어진다는 비판이 나오게 된다.

의식주의가 팽배한 국가의 행정현장에서는 일반적으로 선례답습과 적당주의, 그리고 법규빙자 및 업무방치형의 병폐현상이 야기된다고 지적되고 있다.

선례답습형 행정형태라 함은 기존 행정처리의 타당성여부를 전혀 검토하지 않고 무비판적으로 답습하는 행정처리자세이며, 법령이나 지침 등이 개정되었음에도 이를 간과한 채 구법령, 개정 전의 지침에 따라 만연히 처리하는 자세를 말한다.

적당주의형 행정형태라 함은 근원적인 대책을 강구함이 없이 현실만을 모면하자는 방식이며, 원칙이나 정도대로 처리하지 아니하고 타협·절충 등의 임시방편식으로 처리하는 자세를 말한다.

법규빙자형 행정형태라 함은 법령 자체를 합목적적·합리적으로 해석하지 아니하고 안되는 방향에서 법령을 집행하는 행위이며, 또한 경미한 사항의 하자를 이유로 기본행정처분 자체를 거부하는 행위를 말한다.

업무방치형 행정행태라 함은 적극적으로 업무를 처리하지 아니하고, 업무처리자체를 계속 방치하는 자세, 또는 업무의 성격상 단시일에 완결할 수 있는 사업임에도 미리 장기간으로 계획·설정하고, 시기가 임박하여 착수하거나 상사의 재독촉을 받고서야 비로소 처리하는 행위 등을 말한다.

한국행정이 의식주의에서 벗어나는 길은 실질주의로 탈바꿈하는 것이다. 실질을 추구하게 되면 실용적이지 못한 관념이나 원리 또는 이론은 배격된다. 이러한 것들이 현실행정이나 정부정책으로 이어지지 않을 때 공허하고 무의미하다고 생각되는 것이다. 한마디로 공허한 원리는 존재가치가 없다는 것이다.

국책연구기관의 연구보고서 역시 그 정책적 건의가 실제 국가의 정책결정이나 형성에 기여하지 못한다면 보고서의 실질적 가치가 낮게 평가되는 것과 같다.

실질을 추구하게 되면 기존의 원리나 관습 또는 형식의 집착에서 벗어날 수 있게 된다. 실질주의는 계속해서 무엇인가를 시도하고 행동하고 개선하려고 노력한다. 말보다 행동을, 이론보다 실천을 강조하게 되는 것이다.

따라서 말 중심적(speaking-oriented) 사람보다 행동 중심적(action-oriented) 사람이 더욱 존경을 받게 되는 것이다.

또한 실질을 추구하게 되면 행정을 권력현상으로 파악하지 않고 문제를 해결하는 관리현상으로 파악하게 된다. 행정은 국민을 지배하고 규제하는 것이 아니라 일반국민들이 가지고 있는 문제를 풀어주는 과정이라고 생각하게 된다.

행정이 권력현상에서 문제해결과정으로 인식될 때에 행정인은 자신도 모르게 지배자나 규제자의 입장에서 벗어나 상담자나 동반자 또는 지원자의 자세를 취하게 된다. 권위주의적 행정편의주의에서 고객편의주의로 자연스럽게 탈바꿈하게 되는 것이다. 고객편의주의로 바뀌게 되면 행정은 절차의 간소화와 탈규제화를 이루게 되는 것이다.

그리고 행정을 문제해결과정으로 인식 할 때에 조직 내에서 집단토론과 팀웍의 조직운영이 민주적으로 된다. 권한의 위임과 분산은 자연스럽게 활성화되게 된다. 또한 행정은 적법성이나 요식성 보다는 생산성과 효율성을 더욱 중시하게 되는 것이다.

중국의 국가행정학원을 들어가면 그 현관에 「실사구시. 實事求是」라는 표어가 크게 각인되어 있음을 볼 수 있다.

실질을 추구할 때 비로소 성과가 있고 발전이 있으며 미래를 기약하게 되는 것은 세계 공통의 상식적 원리라고 할 것이다.

(행정포커스, 한국행정연구원, 2005. 3/4호)

인재를 제대로 쓰면 길이 보인다

풀뿌리 민주주의의 꽃을 피우는 지방선거가 한 달 앞으로 다가 왔다. 각 당마다 후보를 추천하고 후보들은 나름대로 지역 발전과 주민 복지의 청사진을 그리는데 한창이다. 단체장 선거가 끝나면 새 진용을 짜는 인사가 이루어지게 된다. 문제는 이 인사를 어떻게 하느냐가 지역발전을 이룰 수 있느냐의 핵심관건이 된다는 점이다. 사람을 제대로 쓰면 지방자치의 꽃을 피우고 그 열매를 먹게 되지만 사람을 잘 못 쓰는 경우에는 빈곤과 재정적자의 늪에 허덕이게 된다. 왜냐하면 아무리 조직과 제도가 잘 갖추어져 있다 하더라고 실제 그것을 움직이는 것은 사람이기 때문이다. 그래서 「인사가 만사」라는 말이 인구에 회자 되는 것이다.

세계 일류 정부, 일류 기업들은 인재를 적재적소에 배치할 뿐만 아니라 그들의 역량을 끊임없이 배양하고 있다. 세계초일류 기업으로 인정받고 있는 삼성그룹의 경우 글로벌 스탠다드에 맞는 우수인재를 확보하는데 심혈을 기울이고 있다. 삼성은 「똑똑한 한명이 10만 명을 먹여 살린다.」는 표어아래 적극적인 우수인재 확보와 배치에 최선의 노력을 하고 있는 것이다. 핵심인재에 대한 대우도 파격적으로 해준다. 핵심인재를 'S(Super)급', 'A(Ace)급', 'H(High potential)급'

등으로 분류하여 역할에 따라 갖가지 특전을 부여해주고 있다. 아마도 이러한 적극적인 우수인재 확보 노력이 삼성을 세계 기업의 반열에 올려놓은 원동력이 되었을 것이다. 가전제품으로 세계시장을 석권하고 있는 LG그룹 역시 우수인재 유치 확보에 심혈을 기울이는 것은 삼성과 유사하다. 현대, SK등도 마찬가지라고 한다. 확실히 민간 대기업은 막대한 자금력을 바탕으로 정부부문 보다는 유리한 입장에서 인재확보 경쟁을 하고 있다. '한명의 인재가 회사를 바꾼다.'라는 말이 있다. 이 말은 공공부문에도 그대로 적용될 수 있다. 어떤 인물을 쓰는가에 따라 국가가 흥성하기도 하고 퇴락하기도 한다. 매관매직하는 나라는 얼마 못가서 쇠망과 몰락으로 떨어지고 마는 것은 동서고금의 역사가 말해주고 있다.

인재임용의 핵심은 적재적소 배치에 있다. 만약 능력이 없는 사람을 어떤 자리에 앉히면 그 조직이 힘을 못 쓰고 주저앉게 된다. 그 대신 적임자가 배치되면 조직의 활력이 샘솟고 능률이 배가 된다. 「충무공」께서 판옥선 열 두 척과 몇 안 되는 장병들을 가지고도 수 백 척의 왜 함대를 침몰시킨 역사적 사실이 이를 증명해 주고 있다. 미국의 경우, 소위 선거에 승리한 정당이 그 전리품인 공직을 독차지 한다고 하여 이른바 엽관제도(spoils system)을 운용하다가 그 폐혜가 극심하여 능력 본위의 실적주의(merit system)로 전환한 것이 1883년이었다. 그 이후 국력이 날로 발전하여 오늘날 세계 초강대국으로 군림하고 있는 것도 좋은 예가 된다.

'적절한 시기에 적임자를 그 자리에 배치시키는 것'(The right person at the right spot in the right time)이 인사의 핵심이고 정곡을 찌르는 말이다.

속 들여 보이는 연고주의나 분파주의에서 '감'이 되지도 않는 2류급의 사람을 임용하다 보면 '해도 너무 한다.'는 탄식과 분노의 소리가 새어나오게 된다. 자질과 능력이 모자라는 굴러온 돌이 박힌 돌을 빼내고 자리를 차지할 때 조직의 사기는 떨어지고 일이 제대로 처리되기도 어렵다. 그 피해는 고스란히 일반 국민들에게 돌아가는 것이다. 일류기업에서는 글로벌인재를 확보해서 세계와 경쟁하고 있는데, 공공부문에서는 아직도 제사람 심기에 급급하다면 행정과 재정은 계속 낙후 될 수밖에 없다. 앞으로 새로 선출되는 지치단체장들은 정실에 얽매임이 없이 대승적 견지에서 공정하고 객관적인 능력본위의 인사를 펼쳐주기를 기대한다. 그렇게 되면 이른바 세방화(Glocalization)의 길도 활짝 열리게 될 것이다.

(행정포커스, 한국행정연구원, 2006. 3/4호)

인사와 그릇크기

그릇은 그 크기에 따라 쓰임새가 각각 다르다. 사람도 매 한가지이다. 큰 그릇이 있는 가하면 간장 담는 종재기 같은 작은 그릇도 있다. 큰 그릇에는 풍성하게 모든 음식을 담을 수 있지만, 작은 그릇에는 큰 과일이나 좋은 음식을 제대로 담을 수가 없다. 억지로 담아보았자 모양새 만 나쁠 뿐 아니라, 자칫하면 담는 음식이 훼손될 수도 있기 때문이다.

나는 희한하게도 공무원 첫 시작인 사무관 시절부터 이후 30년이 넘게 정부의 인사행정 분야에만 근무해 왔었다. 고시계장→ 고시과장→ 인사과장→ 인사국장→ 국가전문연수원장→ 소청심사위원장(차관급)에 이르기까지 모두가 인사관련 정부업무이었다.

"서당개 3년이면 풍월을 읊는다(堂狗三年. 吠風月)"고 했는데, 하도 오래 한 업무에만 종사하다 보니, 이제는 사람을 척 보기만 해도 대충 이 사람은 어떤 계급까지 올라가겠구나, 또는 이 사람은 이번에 승진하겠구나, 하는 것이 대충 생각이 짚인다. 그리고 난 후 얼마 있다 보면 대개 내가 예측한 대로 진행되고 있음을 확인 하게 된다. 자리만 펴지 않았을 뿐 나도 모르게 반쯤 관상가가 돼 버린 것이다.

정부인사업무에 오래 종사하다 보니, know-how가 쌓여 89년도에 “한국인사행정론”이라는 책을 펴냈는데, 이 책이 예상외로 히트하여 근 20년간 개정5판까지 찍어내며 재미를 쏠쏠히 보고 있다. 물론 이 책은 대학의 교재로도 쓰이고 있으며, 또 중국어와 영어로 번역되어 세계시장에서도 상품구실을 하고 있다. 한 우물을 우직하게 팠더니 성공을 거둔 case라고 할 수 있다.

어쨌든 나의 인사행정경험에 의하면 공무원은 각자 그 나름대로의 “그릇”이 있다는 것이다. 국·과장정도에 적합한 사람이 있는가 하면, 장·차관 등 정무직까지 올라 갈 수 있는 재목도 있다. 물론 그릇만 크다고 다 해결되는 것은 아니다. 이른바 관운도 따라야 하는 것이다. 또 밀어주는 뒷 배경이 있느냐의 여부도 무시할 수 없는 요소라고 할 것이다.

그러면 도대체 “그릇이 크다”, 또는 “그릇이 작다” 하는 것은 무엇을 기준으로 하여 판정하는가?

나는 개인적으로 그릇의 판단기준으로 ① 용기 ② 지혜 ③ 덕망 ④ 품격 ⑤ 신용의 존부를 꼽고 있다.

우선, 용기란 무엇인가, 무턱대고 씩씩거리며 제 힘자랑이나 하는 것, 그것은 만용에 불과할 뿐 용기라고 할 수 없다. 진정한 용기란 자기가 잘못했을 때, 이를 과감하게 시인할 줄 아는 그런 것이다. 어른이 어린이가 고사리 같은 손으로 치면서 항복하라고 할 때 웃으면서 “그래 네가 이겼다. 내가 졌다.” 하고 항복하는 것은 어른에게는 능히 어린이를 제압할 수 있는 힘이 있기 때문이다. 걸핏하면 화를 내고 막말을 해대는 사람은 참다운 용기가 없는 사람일 뿐 아니라, 힘도 없는 사람일 것이다.

둘째, 그릇이 큰 사람은 지혜로운 사람이다. 지혜는 지식과 다르다. 지식은 책에서 얻을 수 있으나, 지혜는 경험과 생활에서 얻어지는 것이다. 지혜로운 사람은 우선 상황파악이 정확하다. 지금 상황이 어떻게 돌아가고 있는지, 국민이 자기를 어떻게 생각하는 지를 정확히 인식하고 이에 알맞게 대처해 나가는 사람이다. 누구나 같은 한강물에 발을 두 번 씻을 수는 없는 것이다. 어제 씻은 한강물은 이미 저 멀리 흘러갔기 때문이다. 민심이 떠난 것도 모르고 좌충우돌하는 것은 결코 지혜로운 사람은 행태가 아닌 것이다. 보기만 딱 할 뿐이다.

셋째, 그릇이 큰사람은 덕망이 있는 사람이다. 덕망이란 무엇인가. 상대방의 입장에서 생각하는 사람을 말한다. 즉 역지사지(易地思之)할 수 있는 사람을 말하는 것이다. 장수가 행군하다가 샘을 발견하면 병정들을 먼저 마시게 하는 것이 덕장인 것이다. 조직사회에서도 공적은 부하에게 돌리고 책임은 자기가 지는 leader가 부하들로부터 존경과 숭앙의 대상이 된다.

옛날 고사에 전장에 나가는 아들을 못 가게 말렸던 어머니가 그 장수가 아들의 곪은 상처의 고름을 직접 입을 대고 빨아서 낳게 해 주었다는 말을 전해 듣고 “이제는 아들이 그 장수를 위하여 전쟁터에서 죽은 들, 내 결코 슬퍼하지 않으리라”고 했다고 한다. 그렇다. 국민의 고통을 자기의 고통으로 여기고 국민의 슬픔을 자기의 슬픔으로 느낄 수 있는 사람이 국민들로부터 덕망 있는 사람이라는 평가를 받게 되는 것이다.

넷째, 그릇이 클려면 법도를 지키기 위하여 때로는 추상과 같이 엄격해야 한다.

군기를 확립하기 위하여 제갈공명이 울면서 사랑하는 장수인 마속의 베었다는 "읍참마속(泣斬馬謖)"의 고사는 이를 두고 한 말이다.

모택동군대에게 밀려나 대만으로 쫓겨 온 장개석총통은 이후 나라의 기강을 바로잡기 위하여 둘째 며느리가 부정에 연루되자 과감히 총살형으로 다스렸다. 그 이후 대만에 수법주의(守法主義)가 철저하게 지켜져 오늘날의 번영을 이루게 되었던 것이다.

그저 정권을 잡았다하면 패거리로 부정부패를 자행해도, 눈가림용으로 처벌을 하는 척 시늉만 내다가, 이후 "보석이다, 사면이다." 하여 종국에는 처벌이 유야무야 되어 버리는 것은 후진국 법집행의 공통된 형태라고 할 수 있다.

후진국일수록 이른바 제8법인 "거미줄법"이 횡행한다고 한다.

법조인이 되기 위해서는 사법시험을 거쳐야 한다. 사법시험과목은 7과목이다. 헌법, 민법, 형법, 상법, 민사소송법, 형사소송법, 행정법 등이 그것이다. 그런데 후진국에서는 이 법 이외에 거미줄법이라는 제8법이 보다 유력하다는 것이다.

누구나 알듯이, 거미줄은 농촌에 가면 처마 밑에 또는 나뭇가지에 거미가 쳐놓은 망을 의미한다. 그런데 이 거미줄에는 힘센 매미 등은 거침없이 뚫고 나가는 반면, 힘없는 잠자리나 하루살이 같은 곤충들은 꼼짝없이 걸려서 거미의 밥이 된다는 것이다.

후진국의 법일수록 "이현령 비현령"적 요소가 많아 돈 있고 권력 있는 자는 법망을 피해 다니고, 힘 없고 돈 없는 서민들만 단속과 처벌의 대상이 되는 경우가 많다.

선진국의 경우에는 법적용에 있어서 신분의 높낮이나 재산의 적고 많음을 가리지 않는다. 그래서 선진국 소리를 듣게 된다.

법의 상징인 "정의의 여신상"을 보라, 눈은 수건으로 가리고 한 손에는 청평저울을 또 다른 한 손에는 칼을 들고 있지 않은가. 눈을 가린 것은 편견 없이 모든 사람을 똑같이 다루겠다는 뜻이요. 청평저울은 치우침도 모자람도 없이 형평성과 공평성을 기하겠다는 것, 칼은 잘못이 있으면 과감히 상응한 처벌을 하겠다는 것을 의미하는 것이다.

그릇이 큰 사람은 이처럼 법적용에 엄정해야 하는 것이다.

"수양산 그늘이 강동 8백리"라 하여 누구하나가 크게 권력 잡으면 주위의 모든 사람이 덕을 보는 것은 전형적인 후진국 인사 태양인 것이다.

끝으로 그릇이 큰 사람은 신용이 두터운 것이 특징이다.

신용이란 언행이 일치하는 것을 의미한다.

신(信)자를 파자해보면 사람인(人)과 말씀언(言)의 합성어임을 알 수 있다.

무릇 사람의 말은 믿을 수가 있어야 한다. 말 따로 행동 따로 인 사람을 누가 믿을 수 있겠는가.

걸핏하면 "국민의 뜻에 따라..." 또는 "뼈를 깍는 애국충정의 마음에서..." 운운한다. 맨날 뼈를 깍으면 더 깍을 뼈는 대체 어디 있으며, 또 진정한 애국자가 어디 자기가 애국자라고 했든가? 참된 효자가 스스로를 효자라고 자처하는 사람이 어디 있든가?

저 만유인력을 발견한 뉴턴 같은 대천재도 "나는 진리의 바닷가에는 갔어도 정작 발을 적셔보지는 못했다"라고 탄식하지 않았든가? 말과 행동이 다른 사람은 결코 큰 그릇이 될 수 없다.

나는 이상과 같은 다섯 가지 요소에 의하여 사람의 그릇크기가 결정된다고 본다.

큰 그릇에는 다소 작은 음식물들을 담을 수 있다,

그러나 작은 그릇에 큰 음식을 담기는 어렵다.

작은 그릇에 억지로 담아 보았자 모양새만 나쁘고 음식만 상할 뿐이기 때문이다.

일류요리점에 가보면 그릇이 다양하고 그 크기가 제각각임에도 불구하고, 모두 가지런히 모양 좋게 그릇에 맞는 음식을 담아 내오는 것을 볼 수 있다. 법도가 있는 집의 제사 음식 차린 것을 보아도 각 그릇이 그 용도에 맞게 쓰여 지고 있는 것을 알 수 있다.

인사도 그릇 쓰는 것과 같다.

제대로 그 그릇에 맞는 인사가 이루어졌을 때 우리는 이것을 적재적소의 임용이라고 한다.

그러나 끼리끼리의 인사로 그릇 크기와는 무관하게 인사가 이루어지면 모양새가 매우 어색해 보인다.

그런 인사가 이루진 후에 정부의 기능과 역할이 제대로 발휘되기를 기대하기는 어렵다.

왜냐하면 "인사가 만사"라는 말이 있듯이, 모든 행정의 업무처리는 사람의 손에 달려 있기 때문이다.

인사가 제대로 이루어지지 않음으로써 야기되는 행정의 비능률과 정책의 실패는 고스란히 국민에게 그 피해가 돌아가게 된다.

그런 점에서 인사권자는 항상 기용하고자 하는 사람의 그릇을 객관적으로 냉철하게 측정하여 그 크기에 맞는 자리에 임용하여야 할 것이다.(2008.1.2)

충무공과 공인(公人)의식

큰 인물은 시공(時空)을 초월하여 그 역사의 향기를 뿜어낸다고 한다. '불멸의 이순신' TV드라마가 장기간에 걸쳐 높은 시청률을 보이면서 인기리에 방영된 바 있다. 필자 역시 주말만 되면 드라마 방영시간이 기다려지기는 마찬가지였다.

임진란이 일어난 지 수 백년이 지난 지금에도 왜 이순신장군이 그렇게 우리에게 존경받고 감명을 주며 인기가 있는 것일까.

여러 가지 이유가 있을 수 있겠으나 필자가 생각하기에 충무공은 해전사에 있어서 길이 빛나는 영웅일 뿐 만 아니라 공인(公人)의 바른 처신자세를 몸소 우리에게 가르쳐 주고 있기 때문이 아닐까 한다.

당시 조정에서는 장군에 대하여 부당한 처사와 핍박이 있었다. 그럼에도 불구하고 장군은 오로지 나라와 백성만을 위하여 묵묵히 참고 견디며 임무에 최선을 다하는 그 모습에서 우리는 공인의 「성실의 의무」가 무엇인지 진면목을 볼 수 있다. 판옥선 12척과 얼마 안되는 병졸을 이끌고 전력에 있어서 비교도 안 될 만큼 월등한 왜(倭)의 대함대를 격파한 저 유명한 명량(鳴梁)대첩은 우리로 하여금 아무리 장비가 훌륭하고 조직이 방대하더라도 결국 그것을 움직이는 것은 사람인 것이며, 따라서 지도자의 자질과 능력여하가 조직의 성패를 좌우한다는 역사적 진리를 새삼 깨닫게 하고 있다.

초기시절 장군이 훈련원의 인사담당자로 근무할 당시 상관인 병부랑으로부터 특정인에 대한 승진 인사청탁을 받았을 때 "서열상 아래에 있는 사람을 특별한 이유 없이 순서를 바꾸어 승진시키면 그 자리에 마땅히 승진해야 할 사람이 승진하지 못하게 되니 이 일은 결코 옳지 못하다"라고 하면서 단호히 거절한 것은 인사의 공정성 확보라는 기본 명제에 부합되는 좋은 예를 보여준 것이다.

또한 전라좌수영의 수군만호(萬戶)로 재직할 때 직속상관인 전라좌수사가 거문고를 만들 생각에서 관청의 뜰 안에 있는 오동나무를 베어서 보내라는 명령에 대해 "비록 한 그루의 나무라 할지라도 나라의 물건(公物)이므로 이를 사사로운 이유로 벨 수는 없다"고 하면서 그 부당함을 건의하고 결국 오동나무를 존치시킨 것은 공(公)과 사(私)가 어떻게 구별되며 '복종의 의무'의 한계가 무엇인지를 명쾌하게 보여준 것이라고 하겠다.

부하는 상사의 직무상 명령에 복종할 의무가 있되, 다만 그 명령은 적법한 명령에 국한된 것이며 위법한 명령에 대해서는 복종의 의무가 없는 것이다. 충무공께서는 위법한 상사의 명령에 대해 소신껏 건의하여 바로 잡았거니와 상사의 명령이라면 그 위법·부당성의 여부를 따짐이 없이 맹종하던 당시 세태에 경종을 울렸던 것이다.

공인이란 무엇인가, 공적 자격을 가지고 있는 사람을 일컫는다. 공적자격이란 사회적으로 널리 알려져 그의 행동 하나하나가 일반대중에게 크게 영향을 미치는 위치에 있는 사람이다.

공직에 종사하는 직종의 사람들로는 일반 공무원을 위시해서 법조인, 교육자, 정치가, 군인등 모든 공복(public servant)이 포함된다. 공직자는 아니라하더라도 성직자, 기업가, 의사, 작가, 예술가, 언론인, 연예인 및 운동선수 의 경우처럼 일반대중에게 일상생활 속에서 폭넓게 영향을 끼치는 직종의 사람들도 모두 공인의 범주에 든다고 할 것이다.

공인의 언행은 그나라 사람들의 사고와 행동의 기준이 될 수 있기에 공인은 보통사람들보다 훨씬 큰 노력과 자제력을 발휘해야 할 책임과 의무가 있다. 일반국민들이 공인에게 기대를 걸고 있는 만큼 공인들의 책임은 더 무거워지는 것이다. 그러기에 공인은 원하든 원하지 않든 또 의식하든 의식하지 못하든 이중의 부담을 지고 처신해야 하는 그런 특수한 위치에 있는 것이다.

고위공직자의 인사청문회에서 우리는 일반인과는 달리 사생활이 낱낱이 밝혀지고 엄격한 잣대로 검증받고 있는 것을 볼 수 있다. 공인의 경우 통상인보다 사생활보호의 범위가 그만큼 축소되는 것이다.

정보공개제도에서 「공적인물(公的人物)의 이론」이 적용되는 셈이다.

충무공은 공인의 자세와 금도가 무엇인지를 우리에게 분명히 제시해주었다.

오로지 피와 땀과 눈물만을 흘리면서 혼신을 다하여 백척간두의 나라를 구하며 자기희생을 하는 장군의 모습을 통하여 참다운 공인의 자세가 무엇인지를 깨우쳐 주고 있는 것이다.

(행정포커스, 한국행정연구원, 2005.7/8호)

춘래불사춘(春來不似春)

봄 춘(春), 올 래(來), 아닐 불(不), 비슷할 사(似).

봄이 와도(春來), 봄 같지 않다(不似春)는 뜻으로 흔히 불우한 처지를 원망할 때 쓰인다.

이 말은 당나라 시인 동방규(東方虯)의 〈소군원: 昭君怨〉이라는 시 구절에서 비롯된다.

소군원(昭君怨)이란 '왕소군의 불우하고 슬픈 처지를 원망'하는 시를 말한다. 왕소군(王昭君)은 중국의 사대미인의 하나로 꼽히는 절세미인의 이름이다. 왕소군이 얼마나 아름다웠는지는 그녀가 장안거리에 나타나자, 하늘에 날아가던 기러기도 그녀의 아름다움을 바라보다가 땅에 떨어졌다고 한다. 이를 낙안미인(落雁美人: 기러기도 떨어지는 미인)이라고 일컫는다.

왕소군은 전한(前漢) 원제(元帝)의 궁녀로서 원래 이름은 嬙(장)이었다. 가인박명(佳人薄命)이었던지, 왕소군은 흉노족과의 화친(和親)정책에 의해 흉노왕에게 시집을 가게 된다. 낯선 이국땅에서 불운한 나날을 눈물로 보내야 하는 기구한 팔자가 된 것이다.

그 여자를 두고 동방규라는 시인은 "이 땅에 꽃과 풀이 없으니 봄이 와도 봄 같지 않다." 胡地無花草(호지무화초) 春來不似春(춘래불사춘)라고 읊었던 것이다.

요즘 코로나19 때문에 '거리두기' '모임자제' '집밖 안 나가기' 등이 강조되고 있다. 정말 죽을 지경이다. 밖에 활동하던 사람은 발이 묶여 온몸이 쑤시고 정신이 몽롱해 질 법도 하다. 봄이 되서 만물이 소생하고 꽃이 다투어 피어나도 '봄 같지 않을 것'이다.

소상공인이나 영세상인들은 물론이고, 기업들도 위험에 직면하고 있다. 국가나 지방자치단체서 돈을 풀어도 그것 또한 국민세금으로 걷은 돈이다. 제꼬리 잘라먹기일 뿐이다. 어서 빨리 코로나사태가 종지부를 찍어야 한다. 그래야 봄을 봄같이 느낄 수 있다.(2020.04.09)

대동강(大同江)

대동강은 평양의 중심부를 지나는 강으로서, 길이는 450.3㎞이고, 유역면적이 20,247㎢로서 한반도에서 다섯 번째로 큰 강이다. 낭림산줄기의 주봉인 낭림산(자강도)에서 발원하여 평안남도 일부 지역과 평양시의 중부를 남서방향으로 흘러 하류에서는 남포시와 황해남북도와의 경계를 이루면서 서해로 흘러든다.

'대동'은 여러 강물이 한데 모여서 이루어진 강이라는 뜻에서 비롯된 이름이다. 대동강은 시 영역에서만도 남강을 비롯한 크고 작은 142개의 지류를 가지고 있다. 대동강에는 능라도(반월도), 양각도, 두루섬, 두단섬, 곤유섬, 벽지도 등 크고 작은 섬들과 옥류교, 대동교, 양각다리, 능라다리, 청류다리 등 많은 다리가 있다.

옛날 대동강 한가운데 반월도와 옥류교 사이에는 조천석이라는 큰 바위가 있었는데, 동명왕이 기린굴에서 말을 타고 이곳에 와서 내려앉았다가 하늘로 올랐다는 전설이 전해지고 있다. 조천석에는 그때의 말발굽자리가 나 있었다 한다.

대동강은 고조선시대에는 열수(洌水), 고구려시대에는 패수(浿水),

패강(浿江) 또는 왕성강(王城江)이라고 불려오다가 고려시대 이래로 대동강이라 부르게 되었다.

고려 고종 때의 문신 최자(崔滋, 1188~1260)는 그의 시구에 "여러 물이 모여서 돌아 흐르므로 이름이 대동강이 되었다(衆水所匯名爲大同)." 라고 그 이름의 유래를 밝혔다.

한반도에서 풍광이 손꼽히게 뛰어난 대동강을 둘러싸고, 시인 묵객들은 다투어 그 아름다움을 그려내고 있거니와 그 중에 고려문인 정지상(鄭知常)의 시 '대동강'이 백미라고 할 수 있다.

雨歇長堤草色多(우헐장제초색다)
送君南浦動悲歌(송군남포동비가)
大同江水何時盡(대동강수하시진)
別淚年年添綠波(별루연년첨녹파)

「비가 갠 긴 언덕에 풀이 무성한 데,
그대를 남포에 보내니 슬픈 노래가 절로 난다.
대동강 물이 어느 때나 다 없어질 것인가.
이별하는 눈물이 해마다 푸른 물결에 보태어 주니라.」

정지상은 고려 때 12시인 중에 하나로 꼽힐 만큼 문재(文才)에 뛰어난 문신이다. 역학(易學)과 불전(佛典)에도 정통하고 노장철학(老莊哲學)에도 조예가 깊었다고 전해진다. 이 작품에도 그러한 기운이 언뜻 비친다.

봄비가 개니 대동강의 기다란 제방에 풀잎이 파릇파릇 돋아나 봄빛이 완연한데, 그대를 멀리 남쪽 포구에 떠나보낼 것을 생각하니 서글픈 마음에 눈물이 쏟아진다. 이 나루터에서 이별하는 사람의 수는 헤아릴 수 없이 많을 것이고, 그들이 뿌리는 눈물이 계속하여 강물을 보태주니 어찌 대동강 물이 마르겠는가?

어려운 표현을 한마디도 사용하지 않고 심금을 울리는 주옥같은 이별의 장면을 그려내고 있어 후세사람들이 모범으로 삼고 있는 한시 작품이기도 하다.

기연(起聯)에서는 비가 오는 바람에 떠나지 못해서 임과의 이별이 늦춰졌는데, 비가 그치는 바람에 더 이상 잡을 도리가 없게 되었음을 노래하고 있다. 비가 갠 뒤의 풀빛은 그전의 것보다 더욱 푸르러서 이별의 마음과는 상반되는 현상을 보여주기 때문에 정서의 이입(移入)이 최고의경지에 이르게 하고 있다. 이별의 장면에 달빛이 교교히 비춰주는 것과 흡사하다.

승구(承句)에서는 대동강을 배경으로 구체적인 이별이 이루어지는 장면을 강물의 소리와 이별의 노래로 연결시키고 있다. 이제 이별은 시인 한 사람만의 것이 아니라 모두의 이별이 되고 있다. 지금까지의 이별과 앞으로 있을 수많은 사람들의 이별을 일곱 글자에 담은 것이다.

그러면서도 전구(轉句)에서는 대동강 물이 언제 마를 것인가 하고 반문하고 있다. 결구(結句)에서 대동강 물은 마르지 않을 것이라고 한다. 왜냐하면 해마다 이별의 눈물을 보탤 것이기 때문에 그렇다.

전구(轉句)와 결구(結句)에서 과장법을 썼는데 이는 한시의 특색이기도 하다. 이별의 정서를 극대화 시킨 것이다.

이 시는 주옥같은 아름다운 이별시로 후대에 계속해서 애송되고 있다.

서경(西京)태생인 정지상의 시재(詩才)는 이미 다섯 살 때에 나타났다고 하는데, 강 위에 뜬 해오라기를 보고 "누가 흰 붓을 가지고 乙자를 강물에 썼는고(何人將白筆 乙字寫江波)"라는 구절을 지었다는 일화가 전해오기도 한다.

재인박명(才人薄命)이런가, 정지상은 묘청과 더불어 서울을 개경(개성)에서 서경(평양)으로 옮기고 금나라를 정벌하여 칭제건원(稱帝建元)을 주장하다가 김부식(金富軾)에 의하여 개경에서 목숨을 잃고 만다. (2016.1.25.)

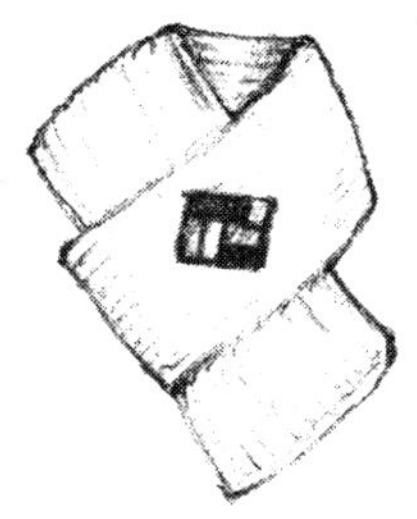

물(水)에 대한 노자와 공자의 생각

부드럽고 약한 것이 단단하고 강한 것을 이긴다. 최고의 선은 물과 같다. 물은 만물에게 큰 이익을 주면서도 자기를 주장하여 다투지 않고, 누구나 싫어하는 낮은 장소에 머무르고 있다. 그래서 도의 본래 모습에 가깝다. 이와 같이 노자는 가장 좋은 것은 물과 같다.(上善若水)고 했다.

물은 온갖 것을 잘 이롭게 하면서도 다투지 않고, 모든 사람이 싫어하는 낮은 곳에 머문다. 그러므로 도에 가깝다고 말하고 있다. 살 때는 물처럼 땅을 좋게 하고, 마음을 쓸 때는 물처럼 그윽함을 좋게 하고, 사람을 사귈 때는 물처럼 어짊을 좋게 하고, 말할 때는 물처럼 믿음을 좋게 하고, 다스릴 때는 물처럼 바르게 하고, 일할 때는 물처럼 능하게 하고, 움직일 때는 물처럼 때를 좋게 하라. 그저 오로지 다투지 아니하니 허물이 없다.(水善利萬物而不爭, 處衆人之所惡, 故幾於道. 居善地, 心善淵, 與善仁, 言善信, 正善治, 事善能, 動善時. 夫唯不爭, 故無尤.)

물은 모든 강의 왕이 될 수 있다. 그것은 가장 낮은 곳에 위치하므로 많은 계곡과 강에서 흘러 들어오는 물을 그 속에 담을 수 있기 때문이다.

인간은 제멋대로 높은 곳에 올라가려고 하기 때문에 분쟁이 일어나게 된다. 그렇지만 물은 스스로 몸을 낮추어 낮은 곳으로 흐르는 까닭에 다른 것과 경쟁할 오류를 범하지 않는 것이다.

그리고 물은 유약하지만 굳고 강한 것을 공격하는 데는 물만한 것이 없다. 그래서 천하의 부드러운 것이 천하의 가장 딱딱한 것을 부러뜨린다고 한다.

이러한 노자의 물에 대한 관념에 대하여 공자의 생각은 다르다.

공자는 물은 한 순간도 끊이는 일이 없으므로 군자는 마땅히 물을 본받아서 스스로 격려하고 노력해야 한다고 말하고 있다.

또 물은 웅덩이를 메우고 또다시 앞으로 나아가 바다로 들어가는 것이므로 이는 순리를 뛰어넘는 우를 범하지 않는 것이라고 했다.

결국 노자가 물의 부드러움과 연약함 그리고 다투지 않고 겸손함을 예찬했다면, 공자는 물의 적극성 혹은 점진성을 생각하여 군자의 수양에 유용한 것이라고 칭송하고 있는 것이다.(2021.5.15)

불언장단(不言長短)의 처세

불언장단이란 다른 사람의 장단을 말하지 않는 것을 말한다. 특히 남의 단점을 말하지 말라고 해서 불언단처(不言短處)라고도 쓰인다.

흔히 사람들은 자기자랑에는 열을 올리다가도, 남의 단점에 대해서는 송곳처럼 콕콕 찌르기도 한다.

황희(黃喜) 정승이 벼슬에 오르지 않았을 때에, 들길을 가다가 길가에서 쉬는데, 농부가 소 두 마리를 부려 밭갈이 하는 것을 보고 물었다. "두 마리 소 중에서 어느 것이 낫습니까?" 하니 농부는 대답을 하지 않고 다가와서 귀에 대고 작은 소리로 말하기를," 이 쪽 소가 낫습니다"라고 했다.

공이 그것을 괴이하게 여기고 말하기를, "어찌하여 귀에 대고 말합니까?" 하니, 농부가 말하기를 "비록 짐승이라도 그 마음은 사람과 같습니다. 이 쪽이 나으면 저 쪽이 못할 것이니, 가령 소가 그것을 듣는다면 어찌 불평하는 마음이 없겠습니까?"라고 했다. 공은 크게 깨달아 평생동안 남의 장단점을 다시는 말하지 않았다고 한다.

아하~ 그래서 황희 정승이 종들의 다툼에 '네 말이 옳다.' '너도 옳다' 라고 했고, 심지어 "아니 그러면 누구가 옳다는 것입니까?" 하고 묻는 사람에게 조차 '그래 너도 옳다'라고 했음을 알 수 있겠다.

잘난 사람이건 못난 사람이건 누구나 장단점을 가지고 있다. 머리가 좋은 반면에 정의감이 부족한 사람이 있는 가하면, 머리는 평범해도 의리심이 두드러진 사람도 있다.

얼굴이 예쁜데 머리가 좋지 않은 사람이 있는가 하면, 머리는 뛰어난데 모습이 잘 생기지 못한 경우도 있다.

장점을 보면 그 사람이 좋아 보인다, 반면에 단점 위주로 본다면 상대방이 나쁜 모습으로 비쳐질 것이다. 모름지기 남의 단점은 들추지 말아야 한다.

나무를 보고 꽃이 아름답게 피어있다고 보는 사람이 있는 가하면, 꽃을 보고도 가시만을 생각하는 사람도 있다.

가시만을 생각하는 사람은 인생을 부정적인 시각으로 살아가는 사람일 것이다.

행복한 사람은 항상 감사하고 긍정적으로 사람을 평가하는 법이다.(2019.01.16)

오상고절(傲霜孤節)

거만할 오(傲), 서리상(霜), 외로울 고(孤), 절개 절(節)로 이루어진 오상고절은 서릿발 같은 추위에도 굴함이 없이 외로이 절개를 지키는 자세를 뜻한다.

세상에 영합하지 아니히고 자기의 지조를 지키는 꿋꿋한 선비를 연상케 한다.

사육신이 그러하고, 일제의 가혹한 시절에도 독립을 위해 만주벌판 등에서 애쓰던 애국지사들이 그러하다.

국화는 찬 서리가 내리는 가을에 홀로 꽃피워 그 향기를 흩뿌리고 있다. 그래서 예로부터 선비들의 사랑을 받아왔다.

조선 영조때 예조판서를 지냈던 이정보(李鼎輔)의 시조가 유명하다.

국화야 너는 어이 삼월동풍(三月東風) 다 지내고
낙목한천(落木寒天)에 네 홀로 피었는가
아마도 오상고절은 너 뿐인가 하노라

찬서리를 이겨내고 고고하게 홀로 피는 국화의 절개를 잘 그려내고 있다.

물질만능인 요즘 세상, 절개보다는 사리사욕에 눈이 어두워지기 십상이다.

국회의원총선이나 지방선거 때마다 이른바 철새정치인들이 등장한다. 자기에게 조금이라도 유리한 정당을 따라 이리저리 옮겨 다니는 것이다.

자기의 신념과는 달리 행동하는 위정자들을 볼 때마다 '찬서리 국화'가 생각난다.

춥고 배고프더라도 자기 자세를 잃지 않는 소신의 정치인을 보고 싶다.

오상고절은 자기소신에서 비롯된 말이기 때문이다.(2019.1.7)

다반향초(茶半香初)

다반향초란 "찻잔 속에 차는 비록 반으로 줄었지만 그 차가 지니고 있는 향기는 언제나 처음과 같다."는 뜻이다.

입후보 할 때는 국민을 하늘같이 모시겠다고 땅바닥에 엎드려 설을 한다. 당선되고 나면 거드름 피고, 면회조차 어렵다면, 이는 향기를 잃어버린 차(茶)일 것이다.

2018년도 저물어 간다. 다사다난했던 무술년(戊戌年) 한 해였다.
북한의 비핵화를 둘러싸고 한반도가 세계의 주목을 받았던 한 해였다. 내년에도 이어질 것으로 예상된다.

2018년이 시작했을 때 사람마다 꿈도 계획도 나름대로 세웠을 것이다. 그것이 차의 향기처럼 지속되었는지, 또는 흐지부지 되었는지는 개인에 따라 다를 것이다. 여간 독(毒)한 마음이나 끈질긴 인내력 없이는 용두사미나 작심삼일이 대부분의 경우일 것이다.

히말라야 설산에 사는 새는 집이 없어 여름에 집을 지울 것을 결심한다. 그러나 즐겁게 놀다보면 집 없이 또 추운 겨울을 맞이하게 된다. 매년 같은 결심을 되풀이 한다.

인간 역시 연약한 존재이기 때문에 꾸준하기가 어렵다.

되풀이 되더라도 연초에 나름대로 꿈을 가지는 것은 필요하다. 이는 등산할 때 목표지점을 설정하는 것과 같다.

추사(秋史)가 초의선사(草衣禪師)에게 보낸 편지에 다반향초라는 말이 나온다.

靜坐處, 茶半香初(정좌처 다반향초)
고요히 앉은 자리, 시간이 흘러 차는 반이 되었지만 향기는 처음과 같고,
妙用時, 水流花開)(묘용시 수류화개)
차를 마시는 동안 묘한 기분으로 마음이 고요해지면, 물이 흐르고 꽃이 피어난다.

한 해를 어떻게 달려왔는지를 점검하고, 내려놓아야 할 것이 있다면 내려놓고, 잊어버려야 할 것이 있다면 잊어버려야겠다.

그리고 새해의 소망을 그려본다. 어느 정도 실천 가능한 것으로 설정하고자 한다.

그래야 처음의 맛을 잃지 않는 차의 향기처럼 시간이 흘러도 처음의 마음을 항상 지닐 수 있기 때문이다.(2018.12.20)

지은이 소개

김중양(金重養: 謙下)

용산고등학교를 거쳐 서울대학교 법과대학을 졸업했다. 행정고등고시를 거쳐 공직에 입문한 후, 총무처 인사국장, 행정자치부 국가전문연수원장과 소청심사위원장(차관급)을 역임했다. 소청심사위원장 재직시 대구지하철 참사수습 중앙특별지원단장으로 현지에 내려가 두달간 수습활동을 했다.

30여년간 주로 정부인사업무를 다뤄온 인사행정전문가로서, 1989년에 펴낸 〈한국인사행정론〉은 개정 6판까지 찍은 스테디셀러로 영어와 중국어로 번역 출간되어 세계적으로 읽히고 있다.

'저서를 가진 공직자모임'의 초대회장으로 공직 전문화를 주장했고, 2004년에는 한국인으로서는 최초로 국제행정교육기관연합회(IASIA)의 이사에 선출되기도 했다. 공직을 마친 후, 2003년에 한국행정연구원장을 거쳐 2007년부터 영산대학교 법경대학장으로 후진을 양성했다. 10년간 대학에서 학생들과 같이 지낸 후, 2017년 이북오도위원회 평안남도지사로 임명되어 3년간 이북오도민과 동고동락했다.

〈삼덕산방〉이라는 브로그에 500편이 넘는 글을 싣고, 누구나 열람하고 퍼가도록 개방했다. 그 결과 십여년만에 45만 명에 넘는 사람들이 다녀갔고, 퍼간 글도 1,600회가 넘어섰다.

한문을 좋아해서 국가공인 한자1급 자격증과 훈장자격증을 취득한 후, 일반인을 상대로 한문교실을 열어 5년간 재능 기부를 해오고 있다. 갈 때 가지고 가는 것도 아닌데, 깊지 않은 한문지식이나마 남들에게 털어버리고 가자는 심정에서 재능기부를 하게 된 것이다.

1994년 서울신문 '굄돌' 필진으로 활동했고, 2006년 '한국문인지를 통해 수필가로 등단했다.

등산을 좋아해서 매주 산행을 거르지 않는다. 100대 명산을 비롯하여 국내 산은 거의 다 오르내렸다. 등산한 산 중 명산 40개를 추려서 2010년도에 〈명산에 오르면 세상이 보인다〉는 산행수필집을 출판했다. 한문재능기부를 하기 위한 교재로 〈웃으면서 익히는 한문교실〉을 출간해서 시판중이다.

이 책에 실린 상당부분은 〈삼덕산방〉 브로그에 실린 글과 한문교실의 강의 내용이 포함되어 있다. 책의 내용은 고교시절부터 현재에 이르기 까지 망라되어 있다. 어찌보면 한 인생의 생각과 여정을 가감없이 노출하고 있어 부끄럽기도 하여 배한삼두(背汗三斗)의 심정이다.

현재 한국인사행정연구회 대표와 대신화물자동차주식회사 자문위원으로 일하고 있다.

명주목도리

초판 1쇄 인쇄 | 2022년 1월 20일
초판 1쇄 발행 | 2022년 1월 30일

지은이 | 김 중 양
펴낸이 | 황 영 성
펴낸곳 | 법 우 사

주 소 | 서울시 관악구 봉천로 485 우진빌딩 4층
전 화 | (02) 876-2261
팩 스 | (02) 875-2263
e-mail | hys8009@hanmail.net

등 록 | 2001년 4월 30일, 제301-10-1747호

ISBN 978-89-97060-69-6 03810
정가 17,000원